metafísicas canibais

EDUARDO VIVEIROS DE CASTRO
metafísicas canibais

Elementos para uma
antropologia pós-estrutural

ubu   n-1
edições

9 NOTA DA EDIÇÃO

11 ESCLARECIMENTOS E AGRADECIMENTOS

PRIMEIRA PARTE *O ANTI-NARCISO*

CAPÍTULO 1
19 UMA NOTÁVEL REVIRAVOLTA

CAPÍTULO 2
33 PERSPECTIVISMO

CAPÍTULO 3
55 MULTINATURALISMO

CAPÍTULO 4
71 IMAGENS DO PENSAMENTO SELVAGEM

SEGUNDA PARTE *CAPITALISMO E ESQUIZOFRENIA* **DE UM PONTO DE VISTA ANTROPOLÓGICO**

CAPÍTULO 5
99 UM CURIOSO ENTRECRUZAMENTO

CAPÍTULO 6
113 UMA ANTISSOCIOLOGIA DAS MULTIPLICIDADES

CAPÍTULO 7
133 TUDO É PRODUÇÃO: A FILIAÇÃO INTENSIVA

TERCEIRA PARTE **CONTRA AS FILIAÇÕES CELESTIAIS:
A ALIANÇA DEMONÍACA**

CAPÍTULO 8
155   METAFÍSICA DA PREDAÇÃO

CAPÍTULO 9
171   XAMANISMO TRANSVERSAL

CAPÍTULO 10
183   A PRODUÇÃO NÃO É TUDO: OS DEVIRES

CAPÍTULO 11
201   AS CONDIÇÕES INTENSIVAS DO SISTEMA

QUARTA PARTE   **O COGITO CANIBAL**

CAPÍTULO 12
217   O INIMIGO NO CONCEITO

CAPÍTULO 13
233   DEVIRES DO ESTRUTURALISMO

265   BIBLIOGRAFIA
285   SOBRE O AUTOR

É em intensidade que é preciso interpretar tudo.

O ANTI-ÉDIPO

Nota da edição

Este livro foi publicado originalmente em francês (*Métaphysiques cannibales*. Paris: PUF, 2009), com tradução do português de Oiara Bonilla. Nesta edição brasileira, Isabela Sanches cotejou e restaurou trechos originais em português, Célia Euvaldo traduziu os acréscimos, e o texto final foi inteiramente revisto pelo autor.

Em citações de obras estrangeiras, o autor quase sempre se baseou na edição original. Nos casos em que adotou edições brasileiras disponíveis, o autor tomou a liberdade de alterar pontualmente a tradução. Quando possível, citamos as páginas da edição brasileira, ainda que a tradução tenha sido modificada. Na bibliografia, optamos por dar a referência tanto da edição original quanto da edição brasileira.

Esclarecimentos e agradecimentos

Este livro, publicado originalmente em francês, está baseado em pesquisas expostas em diversas publicações já existentes, as quais foram adaptadas em vista do presente formato. Este visa principalmente a um público de não especialistas, leitores com uma formação filosófica geral mas de quem não se supõe grande familiaridade com a teoria antropológica e a etnologia dos povos ameríndios. O livro procura destacar a linha de coerência que liga essas publicações anteriores, e portanto o projeto intelectual mais amplo que as motivou. Os textos de referência mais importantes são:

1. "Perspectivismo e multinaturalismo na América indígena", in Eduardo Viveiros de Castro, *A inconstância da alma selvagem*. São Paulo: Ubu Editora, 2017, pp. 299-346.
2. "And". *Manchester Papers in Social Anthropology,* n. 7, 2003, pp. 1-20.
3. "Perspectival Anthropology and the Method of Controlled Equivocation". *Tipití – Journal of the Society for the Anthropology of Lowland South America*, v. 2, n. 1, 2004, pp. 3-22.
4. "Filiação intensiva e aliança demoníaca". *Novos Estudos – Cebrap*, n. 77, mar. 2007, pp. 91-126.
5. "Xamanismo transversal: Lévi-Strauss e a cosmopolítica amazônica", in Ruben Caixeta de Queiroz & Renarde Freire Nobre (orgs.). *Lévi-Strauss: leituras brasileiras*. Belo Horizonte: Editora da UFMG, 2008, pp. 79-124.

Hesitei bastante; tergiversei, e procrastinei, e outros verbos da família, antes de aceitar publicar *Metafísicas canibais* no Brasil. A razão era que eu contava escrever uma versão muito aumentada, que ampliasse a cobertura bibliográfica, consolidasse os fundamentos etnográficos de certos capítulos, aprofundasse a formulação de algumas passagens de modo a deixar mais claras as implicações, epistemológicas e políticas, da concepção de antropologia aqui desenvolvida, e fosse ainda mais direta na identificação das correntes e personalidades teóricas que, no meu entender, militam em sentido contrário a tal concepção. (Contava também assim, é claro, acertar as contas com as críticas e polêmicas que meu trabalho, a edição francesa das *Metafísicas* inclusive, despertou.) Por outras palavras, passei alguns anos fantasiando que iria finalmente escrever *O Anti-Narciso*, a obra de que *Metafísicas canibais* é apenas a "resenha", como explico logo em suas primeiras páginas. Incomodava-me, sobretudo, o fato de que este livro que o leitor tem diante de si, apesar de trazer diversas passagens importantes inéditas, é essencialmente uma colagem de textos já publicados, sobejamente conhecidos em minha comunidade profissional (em alguns casos, mais além), e que a reaparição de parágrafos ou mesmo de capítulos inteiros que já haviam sido publicados em português, agora apresentados em "nova embalagem", seria simplesmente equivalente a um autoplágio, a maldição de todo intelectual, cientista ou artista em decadência.

A decisão de, não obstante, publicar esta tradução foi tomada quando me vi obrigado a aceitar que *O Anti-Narciso* jamais será escrito. Ele jamais o será, de fato – por diversas razões: seja a impossibilidade de desenvolver todas as teses e argumentos aqui contidos, em vista do aumento exponencial da literatura pertinente (boa parte da qual se refere diretamente a *Metafísicas canibais*);[1] seja a preguiça, o cansaço e a idade; seja, por fim, sintetizando tudo o que precede, o sentimento de já ter dito, em minha carreira como antropólogo, tudo o que tinha a dizer de útil, na medida da competência e do talento – ou da falta deles – que me couberam. A inexistência continuada deste livro em português deixava, neste caso, de se justificar, e acabava dando uma impressão desagradavelmente esnobe (acabo de ter notícia, enquanto escrevo estas linhas, de que se prepara uma tradução coreana). Por isso, enfim, aqui vai ele – para constar, por assim dizer. Mas talvez eu tenha a sorte de encontrar leitores, como encontrei na França e nos países de língua inglesa e espanhola, que não conheçam os artigos originais que o livro costura, com destreza variável, em uma única peça, e que possam, por isso, fazer bom proveito dele.

Muitas pessoas contribuíram para a realização dos estudos acima listados; a maior parte delas aparece na bibliografia ao final do volume. Gostaria, no entanto, de inscrever já aqui os nomes de Tânia Stolze Lima, Marcio Goldman, Martin Holbraad, Peter Gow, Déborah Danowski, Marilyn Strathern, Bruno Latour, Marshall Sahlins, Casper Jensen, Oiara Bonilla, Philippe Descola e Anne-Christine Taylor, a quem sou grato por terem, a títulos diversos, ocasionado, colaborado, inspirado, apoiado, criticado, e assim, de uma ou outra maneira, melhorado as ideias avançadas no livro. Agradeço por fim a Isabela Sanches e a Célia Euvaldo, que reconstitui-

---

1. Pense-se no alarido provocado pela expressão – que não é minha – "virada ontológica", movimento (ou algo assim) a que meu trabalho e meu nome terminaram associados, e do qual o presente livro seria um dos exemplos mais ultrajantes.

ram a colcha de retalhos multilíngue a partir do qual trabalhou a tradutora para o francês e me ofereceram uma versão-base em português para que existisse, finalmente, um texto corrido capaz de ser lido e revisto por mim.

A primeira versão de *Metafísicas canibais* foi apresentada em uma série de quatro conferências feitas no Instituto de Estudos Avançados de Paris, instalado na Maison Suger, em janeiro de 2009. Agradeço a Yves Duroux e Claude Imbert por seu generoso convite e o ambiente de trabalho estimulante que me forneceram durante aquelas semanas invernais. Por último, mas não certamente por menos importante, devo agradecer a meu amigo Patrice Maniglier, que tornou o livro possível, ao sugerir o convite ao IEA, ao propor sua publicação, ao oferecer o contexto ideal para isso – a nova coleção MétaphysiqueS da PUF, que este livro inaugurou –, e ao me obrigar, literalmente, a escrevê-lo. Acima de tudo, sou-lhe reconhecido pelo que ele próprio escreveu, sobre temas muito próximos, que me despertaram o desejo de empreender esta obra, simplesmente porque, em seus trabalhos, eu não só havia aprendido algo de novo, como também porque concluíra, ao lê-los, que eu não havia andado muito errado em meus estudos anteriores.

A presente edição em português não traz qualquer modificação importante em relação à versão francesa de 2009, à parte um que outro retoque estilístico ou alguma correção deítica. Tomei medidas estritas, em suma, para não escrever um outro livro. Mentiria se dissesse que tive sucesso absoluto em obedecer a mim mesmo.

Por fim, gostaria de advertir o leitor sobre o caráter esquemático e apressado do último capítulo. Seu esquematismo é ainda mais acentuado que o dos que o precedem;

mas ao menos, espero, é também mais provisório, uma vez que pretendo (não é a primeira vez que o digo) ver publicada, em breve, uma monografia sobre a mitologia estrutural de Lévi-Strauss, onde as proposições avançadas no capítulo "Devires do estruturalismo" serão retomadas, muitas delas revistas, e outras consideravelmente desenvolvidas. *O Anti-Narciso* não será escrito, mas isso ainda não é tudo...

PRIMEIRA PARTE
O Anti-Narciso

1.
Uma notável reviravolta

Certo dia, formei o desígnio e esbocei o desenho de um livro que, de algum modo, prestasse uma homenagem a Gilles Deleuze e a Félix Guattari do ponto de vista de minha própria disciplina. Ele deveria se chamar *O Anti-Narciso: Da antropologia como ciência menor*. Seu propósito seria caracterizar as tensões conceituais que atravessam e dinamizam a antropologia contemporânea. No entanto, já desde a escolha do título os problemas começaram a surgir. Logo me dei conta de que o projeto flertava com a contradição, uma vez que o menor descuido retórico de minha parte poderia transformá-lo em mais uma clássica enfiada de bravatas nada anti-narcísicas a respeito da excelência das posições nele professadas.

Foi então que decidi promover esse livro à categoria das obras imaginárias, ou melhor, invisíveis, aquelas das quais Borges foi o melhor comentador, e que costumam ser muito mais interessantes que os usuais livros visíveis, como podemos constatar ao ler as resenhas escritas por esse grande leitor cego. Assim, em vez de escrever o livro, achei mais oportuno escrever sobre tal livro, como se outros o tivessem escrito. *Metafísicas canibais* é então, menos ainda que uma resenha, uma sinopse, quase que como um press-release, desse outro livro, *O Anti-Narciso*, que, por ser tão insistentemente imaginado, acabou nunca existindo – a não ser, precisamente, nas páginas que seguem.

O objetivo principal d'*O Anti-Narciso* é – eu ia escrever "seria", mas tomemos emprestado de minha disciplina a convenção do presente etnográfico – responder à seguinte questão: o que deve conceitualmente a antropologia aos povos que estuda? As implicações da pergunta poderão sem dúvida parecer mais claras se abordarmos o problema pelo outro lado. A questão se torna, assim: as diferenças e as mutações internas à teoria antropológica se explicariam principalmente (e, do ponto de vista histórico-crítico, exclusivamente) pelas estruturas e conjunturas das formações de poder, dos debates ideológicos, dos campos intelectuais e dos contextos acadêmicos de onde provêm os antropólogos? Seria essa a única hipótese teoricamente relevante? Não poderíamos efetuar uma rotação de perspectiva que mostrasse que os mais interessantes conceitos, problemas, entidades e agentes propostos pelas teorias antropológicas se enraízam no esforço imaginativo das próprias sociedades que elas pretendem explicar? Não estaria aí a originalidade da antropologia: nessa aliança, sempre equívoca, mas amiúde fecunda, entre as concepções e práticas provenientes dos mundos do "sujeito" e do "objeto"?

A questão axial d'*O Anti-Narciso* é epistemológica, ou seja, política. Se estamos todos mais ou menos de acordo para dizer que a antropologia, embora o colonialismo constitua um de seus *a priori* históricos, está hoje encerrando seu ciclo cármico, é preciso então aceitar que chegou a hora de radicalizar o processo de reconstituição da disciplina, levando-o a seu termo. A antropologia está pronta para assumir integralmente sua verdadeira missão, a de ser a teoria-prática da descolonização permanente do pensamento.

Mas, pensando bem, talvez não estejamos todos tão de acordo assim. Pois não falta quem ainda acredite que a antropologia é o espelho da sociedade. Não, certamente, das sociedades que ela pretende estudar – não somos mais tão ingênuos (ou assim pensamos) –, mas daquelas em cujas entranhas foi engendrado seu projeto intelectual, isto é as nossas próprias sociedades, a "nossa" civilização. Sabemos da popularidade que desfruta, em certos círculos, a tese segundo a qual a antropologia, congenitamente exotista e primitivista, não passa de um teatro perverso, no qual o "outro" é sempre "representado" ou "inventado" segundo os interesses sórdidos do Ocidente. Nenhuma história, nenhuma sociologia consegue disfarçar o paternalismo complacente dessa tese, que reduz os assim chamados "outros" a ficções da imaginação ocidental sem qualquer voz no capítulo. Duplicar tal fantasmagoria subjetiva por um apelo à dialética da produção objetiva do Outro pelo sistema colonial é simplesmente acrescentar um insulto a uma injúria; supor que todo discurso "europeu" sobre os povos de tradição não europeia só serve para iluminar nossas "representações do outro" é fazer de um certo pós-colonialismo teórico a manifestação mais perversa do etnocentrismo. À força de ver sempre o Mesmo no Outro – de dizer que sob a máscara do outro somos "nós" que estamos olhando para nós mesmos –, acabamos por tomar o atalho que nos leva ao que realmente, no fim e no fundo, nos interessa, a saber: nós mesmos.

Uma verdadeira antropologia, ao contrário, "devolve-nos uma imagem de nós mesmos na qual não nos reconhecemos" (Maniglier 2005b: 773-74), pois o que toda experiência de uma outra cultura nos oferece é a ocasião para se fazer uma experiência sobre nossa própria cultura; muito mais que uma variação imaginária – a introdução de novas variáveis ou conteúdos em nossa imaginação – é a própria forma, melhor dizendo, a estrutura da nossa imaginação conceitual que deve entrar em regime de variação, assumir-se como variante, versão, transformação. É preciso tirar todas as consequências da ideia de que as sociedades e as culturas que são o objeto da pesquisa antropológica influenciam, ou, para dizer de modo mais claro, coproduzem as teorias sobre a sociedade e a cultura formuladas a partir dessas pesquisas. Negá-lo significa aceitar um construtivismo de mão única que, sob pena de autoimplosão, é forçado a desembocar na mesquinhez narrativa usual: até o exato momento em que o autor da denúncia crítica se pôs a escrever, a antropologia sempre andou mal construindo seu objeto mas, a partir de agora, fez-se a luz e ela começou a construí-lo corretamente. De fato, quando nos debruçamos sobre as leituras que foram feitas d'*O tempo e o outro* (Fabian 1983) e de seus inúmeros sucedâneos, nunca se sabe se estamos testemunhando mais um acesso de desespero cognitivo diante da inacessibilidade da coisa-em-si, ou mais uma manifestação da velha taumaturgia iluminista em que o autor-crítico encarna a razão universal chegada para dispersar as trevas da superstição – não mais a superstição dos indígenas, evidentemente (caminhamos), mas aquela dos antropólogos que precederam no tempo o "auto(r)crítico". Para maior engrandecimento do novo antropólogo, assim, a desexotização do nativo por ele ardentemente professada – nativo que deve ser resguardado de qualquer "outramento" (*othering*), isto é, de qualquer caracterização antropológica que não faça dele um espelho no qual nos reconheçamos – costuma ser acompanhada por uma agressiva exotização condenatória do velho antropólogo de algumas décadas atrás, verdadeiro monstro (no melhor dos casos, vítima) de ignorância, arrogância, preconceito e hipocrisia. Proust, que sabia duas ou três coisas sobre o "tempo" e sobre o "outro", dizia que nada parece mais antigo ou bizarro que o passado recente.

Bloquear esse tipo de reflexo epistemopolítico é um dos objetivos d'*O Anti-Narciso*. Mas para realizar essa tarefa, a pior coisa que se poderia fazer seria submeter a antropologia a uma relação servil com a economia ou a sociologia, obrigando-a a repetir, em um espírito de emulação obsequiosa, as metanarrativas da modernidade (Englund & Leach 2000) disseminadas por essas duas ciências administrativas, esses saberes de Estado cuja função principal parece ser a recontextualização repressiva da prática existencial de todos os coletivos do planeta nos termos do "coletivo de pensamento" do analista, para empregarmos o útil conceito de Ludwig Fleck.[1] A posição aqui sustentada, ao contrário, afirma que a antropologia deve permanecer ao ar livre, no "*grand dehors*" que é seu elemento natural – cultural, melhor dizendo –; que ela deve aperfeiçoar-se na arte das distâncias que ela sempre praticou, permanecendo alheia às crispações autoirônicas da alma ocidental (se o Ocidente é uma abstração, sua alma definitivamente não é); que ela deve se manter fiel ao projeto de exteriorização e estranhamento da razão que sempre a empurrou insistentemente, muitas vezes à sua própria revelia, para fora da alcova sufocante do Mesmo. A viabilidade de uma autêntica endoantropologia, uma "antropologia de nós mesmos", aspiração que está hoje na ordem do dia da agenda disciplinar por múltiplas razões, algumas até razoáveis, depende assim crucialmente da venti-

---

1. Ver a distinção proposta por Lévi-Strauss ([1964a] 1973: 360-61) entre a antropologia, ciência "centrífuga", que adota "o ponto de vista da imanência", e a economia e a sociologia, ciências "centrípetas", que atribuem um "valor transcendental" à sociedade do observador.

lação teórica favorecida desde sempre pela exoantropologia, uma "ciência de campo" no sentido que realmente interessa.

O objetivo d'*O Anti-Narciso*, portanto, é ilustrar a tese segundo a qual todas as teorias antropológicas não triviais são versões das práticas de conhecimento indígenas; essas teorias se situam em estrita continuidade ontológica (em relação de transformação estrutural, portanto) com as pragmáticas intelectuais dos coletivos que se viram historicamente em "posição de objeto" relativamente à disciplina.[2] Trata-se aqui – ali, no livro que comentamos – de esboçar uma descrição performativa das transformações do discurso da antropologia que estão na origem da interiorização da condição transformacional da disciplina enquanto tal, isto é, o fato (teórico, bem entendido) de que ela é uma anamorfose discursiva das etnoantropologias dos coletivos estudados. Tomando como exemplo, por assim dizer o mais à mão, as noções ameríndias de "perspectivismo" e "multinaturalismo" (seu autor é um etnólogo amazonista), a intenção d'*O Anti-Narciso* é mostrar que os estilos de pensamento praticados pelos povos que estudamos são a força motriz da disciplina. Uma consideração aprofundada desses estilos e de suas implicações, em especial do ponto de vista da elaboração de um conceito antropológico de conceito, deve ser capaz de mostrar sua importância na gênese, ora em curso, de toda uma outra concepção da prática antropológica. Uma nova antropologia do conceito que contraefetue um novo conceito de antropologia, nos termos do qual a descrição

---

2. O que não quer dizer de modo algum que as práticas de conhecimento do "antropólogo" e do "nativo" sejam *epistemologicamente* homogêneas, do ponto de vista das técnicas envolvidas e dos problemas implicados (Strathern 1987).

das condições de autodeterminação ontológica dos coletivos prevalece absolutamente sobre a redução epistemocêntrica do pensamento (humano e não-humano) a um dispositivo de recognição: classificação, predicação, julgamento, representação... A antropologia como "ontografia comparativa" (Holbraad 2003) – tal é o verdadeiro ponto de vista da imanência.[3] Aceitar a oportunidade e a relevância desta tarefa de *"penser autrement"* (Foucault) o pensamento – de pensar "outramente", pensar outra mente, pensar com outras mentes – é comprometer-se com o projeto de elaboração de uma teoria antropológica da imaginação conceitual, sensível à criatividade e reflexividade inerentes à vida de todo coletivo, humano e não-humano.

—

Assim, o propósito do título original do livro que (d)escrevemos é o de sugerir que nossa disciplina já está redigindo os primeiros capítulos de um livro-manifesto que seria, para ela, como o seu *Anti-Édipo*. Pois se Édipo é o protagonista do mito fundador da psicanálise, nosso livro propõe a candidatura de Narciso ao posto de santo padroeiro ou demônio tutelar da antropologia (em suas duas versões, a "científica" e a "filosófica"), obcecada como esta sempre pareceu estar pela determinação do atributo ou do critério fundamental que distingue o sujeito do discurso antropológico de tudo aquilo que não é ele, isto é, que não é "nós", a saber: o não-ocidental, o não-moderno, o não-humano. O que

3. O qual não é exatamente, note-se, o *mesmo* ponto que aquele visado por Lévi--Strauss na passagem citada em nota anterior.

os outros "não têm", afinal, que os *constitui* como não-ocidentais e não-modernos – o capitalismo e a racionalidade? O individualismo e o cristianismo? (Ou talvez, mais modestamente, à maneira de Jack Goody: a linguagem escrita e o dote de casamento?) E quais seriam as ausências ainda mais gritantes, mais patentes, que constituiriam os outros como *absolutamente* outros, isto é, como não-humanos, bestas, plantas, a legião de viventes mantida a máxima distância do círculo narcísico do "nós" – a alma imortal? A linguagem? O trabalho? A *Lichtung*? A neotenia? A metaintencionalidade? À escolha do freguês.

Todas essas ausências, essas lacunas, se parecem bastante entre si. Pois, na verdade, pouco importa, visto que "o problema" é justamente *o problema*, que contém a forma da resposta: a forma de uma Grande Partilha, de um mesmo grande gesto de exclusão que faz da espécie humana o análogo biológico do Ocidente antropológico e vice-versa, com as outras espécies vivas e os outros povos humanos confundidos em uma comum alteridade privativa. Com efeito, perguntar-se sobre o que "nos" faz diferentes dos outros – outras espécies ou outras culturas, pouco importa quem são "eles" quando o que importa somos "nós" – já é uma resposta.

Não se trata portanto de, por recusar a questão "O que é [o próprio de] o Homem?", estar-se sugerindo que o "Homem" não tem uma essência, ou que sua existência precede sua essência, que o ser do homem é a liberdade e a indeterminação e por aí afora. Trata-se de afirmar que a questão "O que é o Homem?" tornou-se, por razões históricas por demais evidentes, uma questão impossível de ser respondida sem solércia, em outras palavras, sem que se siga repetindo que o próprio do Homem é não ter nada de próprio – o que lhe daria, por feliz consequência, direitos ilimitados sobre todas as propriedades alheias. Resposta repetida há milênios dentro de "nossa" tradição intelectual, que justifica o antropocentrismo por tal im-propriedade humana: o inacabamento, a finitude, a falta são o estigma que distingue nobremente a espécie, em benefício do restante do vivente (há quem acredite). O fardo do homem: ser o animal universal, o animal para quem existe um universo. Os não-humanos, como sabemos – mas como diabo o sabemos?–[4] são "pobres em mundo"; sequer a cotovia...[5] Quanto aos humanos não-ocidentais, é-se discretamente levado a suspeitar que, em matéria de mundo, eles são, na melhor das hipóteses, apenas modestamente aquinhoados. Nós, só nós, os europeus,[6] somos os humanos completos e acabados, ou melhor, grandiosamente inacabados, os exploradores destemidos de mundos desconhecidos (*plus ultra!*), os acumuladores de mundos, os milionários em mundo, os "configuradores de mundos". Como se vê, a metafísica ocidental é a *fons et origo* de toda espécie de colonialismo – interno (intraespecífico), externo (interespecífico), e se pudesse, eterno (intemporal). Mas o vento vira, as coisas mudam, e a alteridade sempre termina por corroer e fazer desmoronar as mais sólidas muralhas da identidade.

Mude-se então o problema, mudar-se-á a forma da resposta: contra as Grandes Partilhas, uma antropologia menor fará proliferar as pequenas multiplicidades – não o narcisismo das pequenas diferenças, mas o antinarcisismo das

4. Sabemos mesmo, por exemplo, "como é ser um morcego"? Thomas Nagel acha, com alguma razão, que não sabemos (Nagel [1974] 1979).

5. Giorgio Agamben ([2002] 2013) sobre Heidegger.

6. Incluí-me aqui por cortesia com o público original deste livro.

1. Uma notável reviravolta

variações contínuas; contra os humanismos consumados ou finalizados, um "humanismo interminável" (Maniglier 2000) que recusa a constituição da humanidade como se uma ordem à parte, um império dentro de um império. Sublinho: *proliferar* a multiplicidade. Pois não se trata, como lembrou oportunamente Derrida (2006), de pregar a abolição da fronteira que une-separa "linguagem" e "mundo", "pessoas" e "coisas", "nós" e "eles", "humanos" e "não-humanos" – as facilidades reducionistas e os monismos de bolso estão tão fora de questão quanto as fantasias fusionais –; mas sim de "irreduzir" e "imprecisar" essa fronteira, contorcendo sua linha divisória (suas sucessivas linhas divisórias paralelas) em uma curva infinitamente complexa. Não se trata então de apagar contornos, mas de dobrá-los, adensá-los, enviesá-los, irisá-los, fractalizá-los. "Eis o que gostaríamos de dizer: um cromatismo generalizado" (Deleuze & Guattari, doravante D. & G., 1980: 123). "Cromatismo", notem bem – é assim, com um vocabulário consagrado por Lévi-Strauss, ainda que (ou justamente) transmutando-lhe os valores, que se escreve o programa da posteridade do estruturalismo.

—

O rascunho d'*O Anti-Narciso* começou a ser passado a limpo por alguns pensadores que são responsáveis por uma profunda renovação da disciplina. Embora se trate de autores conhecidos, sua obra ainda está algo longe de ter todo o reconhecimento e a difusão que merecem – até mesmo, sobretudo para o primeiro deles, em seus países de origem. Referimo-nos aqui ao antropólogo norte-americano Roy

Wagner, a quem devemos a noção de "antropologia reversa" e a elaboração da vertiginosa semiótica da "invenção" e da "convenção", ou ainda o esboço visionário de um verdadeiro conceito etnológico de conceito; à antropóloga britânica Marilyn Strathern, a quem devemos, naquele que é provavelmente o estudo antropológico mais influente do último quarto de século,[7] a desconstrução-potenciação cruzada do feminismo e da antropologia, bem como as ideias-força de uma "estética indígena" e de uma "análise indígena" que formam como que as duas partes de uma anticrítica melanésia da razão ocidental, ou ainda a invenção do primeiro modo de descrição etnográfico rigorosamente pós-malinowskiano; e ao filósofo francês Bruno Latour, a quem devemos os conceitos transontológicos de "coletivo" e de "ator-rede", o movimento paradoxal de um "jamais-ter-sido" (moderno), e o reencantamento antropológico da prática das ciências. A estes vieram se juntar, mais recentemente, muitos outros colegas que evito nomear, uma vez que seria impossível fazê-lo sem cometer injustiça, por omissão ou comissão.[8]

Mas bem antes de todos os acima, nomeados ou não, já havia o incomodamente incontornável Claude Lévi-Strauss, cuja obra monumental tem uma face voltada para o passado da disciplina, que ela coroa, e a outra para seu futuro, que

7. *O gênero da dádiva* (Strathern 1988).
8. Seria preciso abrir uma exceção de porte para Tim Ingold, que, juntamente com Philippe Descola – de quem falaremos mais adiante –, é sem dúvida o antropólogo que mais tem feito para questionar as partilhas ontológicas abrangentes da nossa tradição intelectual, em particular aquela que passa entre a "humanidade" e o "ambiente" (ver Ingold 2000). A estimulante reflexão de Ingold (que muito influenciou meus trabalhos sobre o perspectivismo ameríndio) reflete, entretanto, uma dívida sistêmica para com a fenomenologia, o que faz com que suas relações com os autores e conceitos discutidos neste ensaio sejam bastante indiretas.

1. Uma notável reviravolta

ela antecipa. Se Rousseau, no dizer desse autor, deve ser visto como o fundador das ciências humanas, então de Lévi-Strauss ele próprio se deveria dizer que não só as refundou, com o estruturalismo, como as "infundou" indicando o caminho para uma *antropologia da imanência*, caminho pelo qual, "como Moisés conduzindo seu povo a uma terra prometida cujo esplendor ele jamais contemplaria", ele talvez não tenha realmente ousado avançar.[9] Ao definir o conhecimento antropológico como uma transformação da práxis indígena – "a antropologia busca elaborar a ciência social do observado" (Lévi-Strauss [1954] 1958: 397) – e, dez anos depois, ao definir as *Mitológicas* como o "mito da mitologia" (id. [1964b] 2004: 31), Lévi-Strauss estabeleceu as balizas de uma "filosofia por vir" (Hamberger 2004: 345) marcada positivamente pelo selo da interminabilidade e da virtualidade.

Claude Lévi-Strauss, fundador do *pós*-estruturalismo... Dez anos atrás, no posfácio a um volume de *L'Homme* consagrado ao balanço da herança estruturalista nos estudos de parentesco, o decano de nosso ofício fazia um comentário tão penetrante quanto decisivo:

> É digno de nota que, a partir de uma análise crítica da noção de afinidade, concebida pelos índios sul-americanos como ponto de articulação entre termos opostos: humano e divino, amigo e inimigo, parente e estrangeiro, nossos colegas brasileiros tenham vindo a extrair o que se poderia chamar de uma metafísica da predação. [...] Dessa corrente de ideias resulta

9. A alusão a Moisés encontra-se em "Introdução à obra de Marcel Mauss" (Lévi-Strauss 1950). O autor acrescenta: "Deve haver em algum lugar uma passagem decisiva que Mauss não transpôs" (Lévi-Strauss [1950] in Mauss [1950] 2017: 32).

uma impressão de conjunto: quer nos regozijemos, quer nos inquietemos, a filosofia está novamente no centro do palco antropológico. Não mais a nossa filosofia, aquela de que minha geração queria se livrar com a ajuda dos povos exóticos; mas, em uma notável reviravolta, a deles. (Lévi-Strauss 2000: 720)

A observação resume com perfeição, como veremos, o conteúdo deste ensaio, escrito por um daqueles seus colegas brasileiros.[10] De fato, os autores d'*O Anti-Narciso* não só adotamos como um de nossos eixos etnográficos esse uso rigorosamente metafísico que os índios sul-americanos fazem da noção de afinidade, como também iniciamos uma retomada do problema da *relação* entre, de um lado, as duas filosofias evocadas por Lévi-Strauss sobre o modo da *não--relação* – "a nossa" e "a deles" – e, de outro lado, essa *filosofia por vir* que o estruturalismo projeta.

Pois trata-se, sem dúvida, de "filosofia" – quer nos regozijemos, quer nos inquietemos... Ou melhor, trata-se de restabelecer uma certa conexão entre a antropologia e a filosofia, por meio de uma nova análise da problemática transdisciplinar que se constituiu de ambos os lados da imprecisa fronteira entre estruturalismo e pós-estruturalismo, naquele breve momento de efervescência e de generosidade do pensamento, no final dos anos 1960, momento imediatamente anterior à revolução conservadora que, no curso das últimas décadas, mostrou-se tão eficaz na tarefa de tornar o mundo, tanto do ponto de vista ecológico-atmosférico como político-policial, literalmente sufocante.

10. Ver Viveiros de Castro 2001a para um primeiro comentário sobre a passagem, destacada também por Maniglier 2005b.

1. Uma notável reviravolta

Um duplo percurso, portanto: iniciar uma leitura cruzada entre a antropologia e a filosofia, informada, por um lado, pelo pensamento amazônico – é essencial aqui não perdermos de vista "os alicerces ameríndios do estruturalismo" (Taylor 2004: 97) – e, por outro lado, pelo estruturalismo "dissidente" de Gilles Deleuze (Lapoujade 2006). O destino visado é duplo, ele também: aproximar-se do ideal de uma antropologia enquanto exercício de descolonização permanente do pensamento e propor um outro modo de criação de conceitos que não o "filosófico", no sentido histórico-acadêmico do termo.

Mas trata-se mesmo, e apenas, no final das contas, de antropologia sociocultural, a disciplina de Morgan e Tylor, Boas e Mauss, Malinowski e Lévi-Strauss. A intenção deste ensaio é prospectiva antes que nostálgica. Ele aspira redespertar alguns possíveis, entrever algumas saídas que permitam à nossa disciplina imaginar para si mesma, enquanto projeto intelectual, um desenlace outro que – sejamos ligeiramente dramáticos – a morte por asfixia.

2.
Perspectivismo

Foi em vista de uma tal requalificação do procedimento antropológico que quisemos, Tânia Stolze Lima e eu, contribuir propondo o conceito de um *perspectivismo ameríndio* para refigurar um complexo de ideias e práticas cujo potencial de perturbação intelectual ainda não havia sido devidamente apreciado (se é esta a palavra que convém) pelos especialistas, não obstante sua vastíssima difusão no Novo Mundo.[1] A ele veio se somar o conceito sinóptico de *multinaturalismo*, que apresentava o pensamento ameríndio como um parceiro insuspeito – um precursor sombrio, para falarmos como Deleuze – de alguns programas filosóficos contemporâneos, tais aqueles que se desenvolvem em torno de uma teoria dos mundos possíveis, ou aqueles que se instalam de saída no exterior das dicotomias infernais da modernidade, ou aqueles ainda que, convencidos do fim da hegemonia criticista que obrigava a encontrar respostas epistemológicas para todas as questões ontológicas, vão definindo pouco a pouco outras linhas de fuga do pensamento sob novas bandeiras, como as do "realismo especulativo" ou da "metafísica experimental".

Os dois conceitos emergiram ao cabo de uma análise dos pressupostos cosmológicos da "metafísica da predação" que acabamos de evocar. Ocorre que essa metafísica, como se in-

---

1. Para as fontes básicas, ver: Lima 1996, 2005; e Viveiros de Castro 1996, [2002] 2017, 2004a,b. No que segue, repetem-se literalmente passagens e temas que são do largo conhecimento do público antropológico, sobretudo dos americanistas, mas cuja retomada pode ser útil aos outros leitores.

fere do resumo de Lévi-Strauss, tem sua expressão mais patente no alto rendimento especulativo das categorias sociológicas indígenas que denotam a aliança matrimonial, fenômeno que traduzimos em mais um outro conceito, o de *afinidade virtual*.[2] A afinidade virtual é o esquematismo característico do que Deleuze chamaria a "estrutura Outrem"[3] nos mundos ameríndios e, como tal, acha-se marcada indelevelmente pelo signo do canibalismo, um motivo onipresente na imaginação relacional dos habitantes destes mundos. Perspectivismo interespecífico, multinaturalismo ontológico e alteridade canibal formam assim os três vértices de uma alter-antropologia indígena que é uma transformação simétrica e inversa da antropologia ocidental – simétrica também no sentido de Latour, e inversa também no sentido da *reverse anthropology* de Wagner. É traçando esse triângulo que poderemos começar a nos aproximar de uma daquelas filosofias dos "povos exóticos" que Lévi-Strauss contrapôs à "nossa", ou, para dizê-lo de outra forma, a tentar cumprir algo do grandioso programa esboçado no capítulo "Geofilosofia" d'*O que é a filosofia?* (D. & G. 1991), ainda que ao preço, em ambos os casos – mas é sempre preciso estar preparado para pagá-lo –, de uma certa imprecisão metódica e de uma equivocidade intencional.

—

Este trabalho conjunto com Tânia Stolze Lima teve como ponto de partida, do meu lado, uma pequena epifania – a súbita percepção da ressonância entre os resultados de nos-

2. Viveiros de Castro 2001b; 2002b. Ver adiante, cap. 11.
3. Deleuze 1969a.

sas investigações sobre as cosmopolíticas amazônicas, que afirmam uma multiplicidade perspectiva intrínseca ao real, e uma conhecida parábola de Lévi-Strauss sobre a conquista da América, relatada originalmente em *Raça e história*:

> Nas Antilhas, alguns anos após o descobrimento da América, enquanto os espanhóis despachavam comissões de inquérito para saber se os indígenas possuíam alma ou não, estes tratavam de submergir prisioneiros brancos, para verificar, com base numa longa e cuidadosa observação, se seus cadáveres apodreciam ou não. (Lévi-Strauss [1973] 2017: 343)

O autor viu nesse conflito de antropologias uma alegoria barroca do fato de que uma das manifestações típicas da natureza humana é a negação de sua própria generalidade. Uma avareza congênita, que impede a extensão dos predicados da humanidade à espécie como um todo, parece ser justamente um desses predicados. Em suma, o etnocentrismo é, como o bom senso – do qual seja talvez apenas a expressão aperceptiva –, a coisa do mundo mais bem compartilhada.

O formato da lição lévi-straussiana é familiar, mas isso não a faz menos mordente. O favorecimento da própria humanidade às custas da humanidade do outro manifesta uma semelhança essencial com esse outro desprezado: como o outro do Mesmo (do europeu) se mostra ser o mesmo que o outro do Outro (do indígena), o Mesmo termina se mostrando, sem se dar conta, o mesmo que o Outro.

A anedota claramente fascinou Lévi-Strauss, que iria recontá-la em *Tristes trópicos*. Mas ali ele introduz um toque irônico suplementar, marcando uma diferença antes que uma semelhança entre as partes, ao observar que em suas investigações etnoantropológicas, os europeus invocavam as ciências sociais, ao passo que os índios mostravam maior confiança nas ciências naturais; e que enquanto os primeiros perguntavam-se se os índios não seriam meros animais, os segundos se contentavam em suspeitar que os europeus pudessem ser deuses. "Dada a igual [mútua] ignorância", conclui o autor, "a última atitude era mais digna de seres humanos" (1955a: 81-83). O que, se é realmente o caso,[4] obriga-nos a concluir que, a despeito de uma igual ignorância a respeito do outro, o outro do Outro não era exatamente o mesmo que o outro do Mesmo. Talvez coubesse mesmo dizer que era seu exato oposto, não fosse o fato de que, nos mundos indígenas, a relação entre esses dois outros da humanidade, a animalidade e a divindade, é completamente outra que aquela que herdamos do cristianismo. O contraste retórico de Lévi-Strauss é eficaz por lançar mão de nossas hierarquias ontológicas, antes que das dos Taino.[5]

De qualquer maneira, foi uma meditação sobre esse desequilíbrio que conduziu à hipótese perspectivista segundo a qual os regimes ontológicos ameríndios divergem daqueles mais difundidos no Ocidente precisamente no que concerne

4. Como Sahlins (1995) demonstrou, a associação dos invasores europeus às divindades nativas, fenômeno observado em diversos encontros entre os Modernos e os Selvagens, revela muito mais sobre o que os indígenas pensavam da divindade do que aquilo que pensavam sobre a modernidade ou a europeidade.

5. A anedota foi extraída da *Historia general y natural de las Indias* de Gonzalo Fernández de Oviedo; ela teria se passado parte em Hispaniola (a pesquisa, pelos monges da ordem de São Jerônimo, feita junto aos colonos em 1517) e parte em Porto Rico (a imersão heurística de um grumete espanhol, de nome Salcedo, afogado à traição pelos índios). Ela é mais um argumento que demonstra a necessidade de fazermos remontar a "arqueologia das ciências humanas" pelo menos até a disputa de Valladolid (1550-51), a célebre controvérsia entre Las Casas e Sepúlveda a respeito da natureza dos índios americanos (Pagden 1982).

às funções semióticas inversas atribuídas ao corpo e à alma. Para os espanhóis do incidente das Antilhas, a dimensão marcada era a alma; para os índios, era o corpo. Por outras palavras, os europeus nunca duvidaram de que os índios tivessem corpo (os animais também os têm); os índios nunca duvidaram de que os europeus tivessem alma (os animais e os espectros dos mortos também as têm). O etnocentrismo dos europeus consistia em duvidar que os corpos dos outros contivessem uma alma formalmente semelhante às que habitavam os seus próprios corpos; o etnocentrismo ameríndio, ao contrário, consistia em duvidar que outras almas ou espíritos fossem dotadas de um corpo materialmente semelhante aos corpos indígenas.[6]

Nos termos da semiótica de Roy Wagner – melanesianista que logo viria a se revelar um mediador crucial para a teoria do perspectivismo ameríndio –, na onto-antropologia europeia o corpo pertenceria à dimensão do inato ou do espontâneo (a "natureza"), dimensão que é o resultado contrainventado de uma operação de simbolização "convencionalizante", enquanto a alma seria a dimensão construída, fruto de uma simbolização "diferenciante" que "especifica e concretiza o

6. A velha "alma" recebeu nomes novos, agora ela avança mascarada (*larvatus prodeo*): chama-se-lhe "a cultura", "o simbólico", "a mente". O problema teológico da alma alheia transmutou-se diretamente no quebra-cabeça filosófico conhecido como o "*problem of other minds*", hoje na linha de frente das investigações neurotecnológicas sobre a consciência humana, sobre os fundamentos possíveis da atribuição da condição jurídica de "pessoa" a outros animais e, por fim, sobre a inteligência das máquinas (os deuses passaram a habitar os microprocessadores Intel). Nos dois últimos casos, trata-se de saber se certos animais não teriam, afinal, algo como uma alma ou consciência – talvez mesmo uma cultura –, e se certos sistemas materiais não-autopoiéticos, ou seja, desprovidos de um corpo orgânico (máquinas computacionais), podem se mostrar capazes de intencionalidade.

2. Perspectivismo

mundo convencional ao traçar distinções radicais e delinear suas individualidades" (Wagner [1975] 2017: 78). Nos mundos indígenas, ao contrário, a alma "é experienciada como uma manifestação [...] da ordem convencional implícita em todas as coisas", ela "resume os aspectos em que seu possuidor é similar aos outros [seres], para além dos aspectos em que ele difere deles" (id. ibid.: 139); o corpo, ao contrário,[7] pertenceria à esfera do que está sob a responsabilidade dos agentes, ele é uma das figuras fundamentais que é preciso construir contra o fundo inato e universal de uma "humanidade imanente" (id. ibid.: 130-39). Em poucas palavras, a práxis europeia consiste em "fazer almas" (e diferenciar culturas) a partir de um fundo corporal-material dado (a natureza); a práxis indígena, em "fazer corpos" (e diferenciar espécies) a partir de um continuum sócio-espiritual dado "desde sempre" – no mito, precisamente, como veremos.

O sistema teórico de Wagner, conceitualmente denso e fortemente original, resiste a um resumo didático; exortamos o leitor a experimentar diretamente A invenção da cultura, que contém sua exposição mais elegante. Grosso modo, pode-se dizer que a semiótica wagneriana é uma teoria da práxis (humana e verossimilmente não-humana) que a concebe como consistindo na operação recíproca e recursiva de dois, e apenas dois, modos de simbolização: (1) o simbolismo convencional ou coletivizante (também: literal), em que os signos se organizam em contextos padronizados (domínios semânticos, linguagens formais

---

7. Aqui "inovamos" em relação a Wagner (no sentido que ele dá a essa palavra), visto que o autor não levantou a questão do estatuto do corpo para as culturas diferenciantes em *A invenção da cultura*.

etc.) que contrastam com um plano heterogêneo de "referentes", isto é, em que são vistos como simbolizando algo de outro que eles mesmos; e (2) o simbolismo diferenciante ou inventivo (também: figurativo), modo em que o mundo de fenômenos "representado" pela simbolização convencional é apreendido como constituído de "símbolos que representam a si mesmos", isto é, de eventos que se manifestam simultaneamente como símbolos e referentes, dissolvendo o contraste convencional.

É importante observar, em primeiro lugar, que o mundo dos referentes, o "real", é definido por Wagner como um efeito semiótico: o outro do signo é um outro signo, dotado da capacidade singular de "representar a si mesmo". O modo de existência das entidades atuais enquanto objetos ou "ocasiões" (Whitehead) é a tautegoria. Em segundo lugar, deve-se sublinhar que o contraste entre os dois modos é resultado de uma operação (e uma percepção) convencionalizante: a distinção entre invenção e convenção é ela própria convencional, mas ao mesmo tempo toda convenção é produzida por contrainvenção. Esse contraste é, portanto, intrinsecamente recursivo, sobretudo se nos damos conta de que as culturas humanas diferem fundamentalmente no que diz respeito ao modo de simbolização que privilegiam (convencionalmente) como elemento apropriado para a ação ou invenção, reservando o outro para a função de "dado". As culturas (os macrossistemas humanos de convenções) se distinguem por aquilo que definem como pertencendo à esfera da responsabilidade dos agentes – o mundo do "construído" – e aquilo que pertence (porque é contraconstruído como pertencendo) ao mundo do "dado", isto é, do não-construído:

O cerne de todo e qualquer conjunto de convenções culturais é uma simples distinção quanto a que tipo de contextos – os não convencionalizados ou os da própria convenção – serão deliberadamente articulados no curso da ação humana e que tipo de contextos serão contrainventados como "motivação" sob a máscara convencional do "dado" ou do "inato". É claro que, para qualquer conjunto de convenções dado, seja ele o de uma tribo, uma comunidade, uma "cultura" ou uma classe social, há apenas duas possibilidades: um povo que diferencia deliberadamente, sendo essa a forma de sua ação, irá invariavelmente contrainventar uma coletivização motivadora como "inata", e um povo que coletiviza deliberadamente irá contrainventar uma diferenciação motivadora dessa mesma maneira. (Wagner [1975] 2017: 87)

—

O quiasma antropológico apontado por Lévi-Strauss no incidente das Antilhas correspondia muito bem a duas características singulares que começávamos a divisar na etnografia amazônica. Primeiro, ele vinha confirmar por uma via inesperada a operação onipresente de uma economia da *corporalidade* no seio mesmo de ontologias que estavam então sendo redefinidas e renomeadas – algo unilateralmente, como se vê – como *animistas*.[8] Dizemos "confirmar" porque isso era algo que as *Mitológicas* já tinham abundantemente estabelecido – mas era preciso saber

---

8. O tema do animismo havia sido recentemente recuperado pelos trabalhos de Philippe Descola (1992, 1996), que dedicavam atenção especial aos materiais amazônicos.

tomá-las em seu sentido mais radical, isto é, como constituindo uma transformação mítica das transformações míticas que eram seu objeto –, ao descreverem, em uma prosa que casava o rigor cartesiano e a verve rabelaisiana, uma antropologia indígena formulada em termos de fluxos orgânicos e de codificações materiais, de multiplicidades sensíveis e de devires-animais, antes que nos termos espectrais de nossa própria antropologia, sufocada por um pavoroso palavrório jurídico-teológico – considere-se a linguagem de "direitos" e "deveres", de "regras" e "princípios", de "categorias terminológicas" e "corporações de parentesco", de "rituais" e "símbolos" em que é escrita nossa disciplina.[9] Em seguida, ele permitia entrever algumas das implicações metateóricas desse estatuto não marcado ou genérico da dimensão virtual (a "alma") dos existentes, premissa capital de uma poderosa estrutura intelectual indígena, capaz, *inter alia*, de contradescrever sua própria imagem projetada pela antropologia ocidental, e, por essa via, devolver-nos "uma imagem de nós mesmos na qual nós não nos reconhecemos". Foi a essa dupla torção materialista e especulativa imprimida à representação usual (psicologista e positivista) do "animismo" que chamamos "perspectivismo", em virtude de suas analogias – construídas ao menos tanto quanto cons-

---

9. Ver Seeger, DaMatta e Viveiros de Castro 1979 para uma primeira formulação da problemática da corporalidade na América indígena. Apoiando-se explicitamente nas *Mitológicas*, esse trabalho desenvolveu-se sem nenhuma conexão com o tema do *embodiment*, que iria tomar a antropologia de roldão nas décadas seguintes. A vertente estruturalista da etnologia ameríndia, surda ao apelo "ao mesmo tempo piedoso e sensual" do Carnismo fenomenológico (D. & G. 1991: 169) – ao "chamado da madeira podre", diria um leitor d'*O cru e o cozido* – sempre pensou a encarnação do ponto de vista do Triângulo Culinário antes que da Santíssima Trindade.

2. Perspectivismo

tatadas – com as teses filosóficas associadas a este rótulo, como as que se podem encontrar tanto em Leibniz como em Nietzsche, em Whitehead como em Deleuze.

—

Como diversos etnólogos já o haviam notado, mas quase todos muito de passagem, numerosos povos (talvez todos) do Novo Mundo compartilham de uma concepção segundo a qual o mundo é composto por uma multiplicidade de pontos de vista: todos os existentes são centros potenciais de intencionalidade, que apreendem os demais existentes segundo suas próprias e respectivas características ou potências. Os pressupostos e consequências dessa ideia são irredutíveis ao conceito corrente de relativismo que eles parecem, à primeira vista, evocar. Eles se dispõem, a bem dizer, em um eixo ortogonal à oposição entre relativismo e universalismo. Tal resistência do perspectivismo ameríndio aos termos de nossos debates epistemológicos ameaça seriamente a transportabilidade das partições ontológicas que os alimentam. É a conclusão a que chegaram muitos antropólogos (embora por diversos outros motivos), quando argumentaram que a distinção clássica entre Natureza e Cultura – artigo primeiro da Constituição da disciplina, em que ela faz seu voto de obediência à velha matriz metafísica ocidental – não pode ser utilizada para descrever dimensões ou domínios internos a cosmologias não ocidentais sem passar antes por uma crítica etnológica rigorosa.

Tal crítica, no caso presente, impunha a redistribuição dos predicados subsumidos nas duas séries paradigmáticas da "Natureza" e da "Cultura": universal e particular, objetivo e subjetivo, físico e moral, fato e valor, dado e instituído, necessidade e espontaneidade, imanência e transcendência, corpo e espírito, animalidade e humanidade etc. Esse reembaralhamento das cartas conceituais levou-me a sugerir a expressão "multinaturalismo" para designar um dos traços contrastivos do pensamento ameríndio em relação às cosmologias "multiculturalistas" modernas: enquanto estas se apoiam na implicação mútua entre unicidade da natureza e multiplicidade das culturas – a primeira garantida pela universalidade objetiva dos corpos e da substância, a segunda gerada pela particularidade subjetiva dos espíritos e dos significados –,[10] a concepção ameríndia suporia, ao contrário, uma unidade do espírito e uma diversidade dos corpos. A "cultura" ou o sujeito seriam aqui a forma do universal, a "natureza" ou o objeto, a forma do particular.

A etnografia da América indígena contém um tesouro de referências a uma teoria cosmopolítica que imagina um universo povoado por diferentes tipos de agências ou agentes subjetivos, humanos como não-humanos – os deuses, os animais, os mortos, as plantas, os fenômenos meteorológicos, muitas vezes também os objetos e os artefatos –, todos providos de um mesmo conjunto básico de disposições perceptivas, apetitivas e cognitivas, ou, em poucas palavras, de uma "alma" semelhante. Essa semelhança inclui um mesmo modo, que poderíamos chamar performativo, de apercepção: os animais e outros não-humanos dotados de alma "se

10. Em Ingold 1991: 356 achei, tempos depois, uma formulação virtualmente idêntica do contraste, o que me faz pensar que devo tê-la repetido inconscientemente, uma vez que eu já havia lido esse texto anos antes de escrever o artigo do qual copio as linhas acima (Viveiros de Castro 1996).

veem como" pessoas, e portanto, em condições ou contextos determinados, "são" pessoas, isto é, são entidades complexas, com uma estrutura ontológica de dupla face (uma visível e outra invisível), existindo sob os modos pronominais do reflexivo e do recíproco e os modos relacionais do intencional e do coletivo. O que essas pessoas veem, entretanto – e que sorte de pessoas elas são –, constitui precisamente um dos problemas filosóficos mais sérios postos por e para o pensamento indígena.

A semelhança das almas não implica a homogeneidade ou identidade do que essas almas exprimem ou percebem. O modo como os humanos veem os animais, os espíritos e outros personagens cósmicos é profundamente diferente do modo como esses seres *os* veem e *se* veem. Tipicamente – esta tautologia é como o grau zero do perspectivismo –, os humanos, em condições normais, veem os humanos como humanos e os animais como animais; quanto aos espíritos, ver estes seres usualmente invisíveis é um signo seguro de que as "condições" não são normais (doença, transe e outros estados alterados de consciência). Os animais predadores e os espíritos, por seu lado, veem os humanos como animais de presa, ao passo que os animais de presa veem os humanos como espíritos ou como animais predadores: "O ser humano se vê a si mesmo como tal. A Lua, a serpente, o jaguar e a Mãe da varíola o veem, contudo, como um tapir ou um queixada, que eles matam", anota Baer (1994: 224) sobre os Matsiguenga da Amazônia peruana. Vendo-nos como não-humanos, é a si mesmos – a seus respectivos congêneres – que os animais e espíritos veem como humanos: eles se percebem como (ou se tornam) entes antropomorfos quando estão em suas próprias casas ou aldeias, e experimentam seus próprios hábitos e características sob uma aparência cultural – veem seu alimento como alimento humano (os jaguares veem o sangue como cerveja de milho, os urubus veem os vermes da carne podre como peixe assado etc.), seus atributos corporais (pelagem, plumas, garras, bicos etc.) como adornos ou instrumentos culturais, seu sistema social como organizado do mesmo modo que as instituições humanas (com chefes, xamãs, festas, ritos...).

Algumas precisões são necessárias. O perspectivismo raramente se aplica a todos os animais (além de quase sempre englobar outros seres – no mínimo, os mortos); ele parece focalizar mais frequentemente espécies como os grandes predadores e carniceiros, tais como o jaguar, a anaconda, o urubu ou a harpia, bem como as presas típicas dos humanos, como os porcos selvagens, os macacos, os peixes, os veados ou o tapir. Com efeito, uma das dimensões básicas das inversões perspectivas diz respeito aos estatutos relativos e relacionais de predador e presa. A metafísica amazônica da predação é um contexto pragmático e teórico altamente propício ao perspectivismo. Isso dito, não há existente que não possa ser definido nos termos relacionais gerais de sua posição em uma escala relativa de potência predatória.

Pois se nem todos os existentes são pessoas *de facto*, o ponto fundamental está em que nada impede (*de jure*) que qualquer espécie ou modo de ser o seja. Não se trata, em suma, de um problema de taxonomia, de classificação, de "etnociência".[11] *Todos* os animais e demais componentes do cosmos são

---

11. *Mutatis mutandis*, veja-se o que diz Godfrey Lienhardt sobre a coleção heteróclita de espécies, entidades e fenômenos que servem de divindades clânicas aos

intensivamente pessoas, virtualmente pessoas, porque qualquer um deles pode se revelar (se transformar em) uma pessoa. Não se trata de uma mera possibilidade lógica, mas de potencialidade ontológica. A "personitude" e a "perspectividade" – a capacidade de ocupar um ponto de vista – são uma questão de grau, de contexto e de posição, antes que uma propriedade distintiva de tal ou qual espécie. Alguns não-humanos atualizam essa potencialidade de modo mais completo que outros; certos deles, aliás, manifestam-na com uma intensidade superior à de nossa espécie, e, neste sentido, são "mais humanos" que os humanos (Hallowell 1960: 69). Além disso, a questão possui uma qualidade *a posteriori* essencial. A possibilidade de que um ser até então insignificante venha a se revelar (ao sonhador, ao doente, ao xamã) como um agente prosopomórfico capaz de afetar os negócios humanos está sempre aberta; no que concerne à personitude dos seres, a experiência, justamente, "pessoal" é mais decisiva que qualquer lista taxonômica ou dogma cosmológico. Não há registro civil, e, além disso, a ontologia indígena é essencialmente jurisprudencial, não um código normativo.

Se nada impede que qualquer existente seja pensado como pessoa – isto é, como manifestação individual de uma multiplicidade biossocial –, nada tampouco impede que um outro coletivo humano não o seja. Esta, aliás, é a situação usual: a estranha "generosidade" que faz povos como os amazônicos verem seres humanos ocultos sob as formas mais improváveis, ou melhor, afirmarem que mesmo seres

---

Dinka do Sudão: "Os Dinka não têm uma teoria sobre o princípio segundo o qual entre as divindades clânicas e algumas são omitidas. Não há nenhum motivo, conforme o pensamento deles, pelo qual qualquer coisa não possa ser a divindade de um clã" (Lienhardt 1961: 110).

os mais improváveis são capazes de se verem como humanos, acompanha paradoxalmente o tão falado "etnocentrismo" desses mesmos povos, que negam a humanidade a seus congêneres, por vezes mesmo (ou sobretudo) a seus vizinhos mais próximos, na geografia como na história. Tudo se passa como se, comparados à maturidade corajosamente desencantada dos sábios povos europeus, há muito resignados com o solipsismo cósmico da condição humana (atenuado, é verdade, pela consolação da *communitas* intraespecífica), nossos povos exóticos oscilassem perpetuamente entre dois narcisismos infantis: aquele das pequenas diferenças entre congêneres às vezes demasiado semelhantes, e aquele das grandes semelhanças entre espécies às vezes completamente diferentes. Vê-se como os outros não podem ganhar nunca: etnocêntricos e animistas, estão sempre no elemento da desmedida, por falta e por excesso.

Esse fato de que a condição de pessoa (cuja forma aperceptiva universal é a anatomia e a etologia humanas) possa ser tanto "estendida" a outras espécies como "recusada" a outros coletivos de nossa espécie sugere, de saída, que o conceito de *pessoa* – centro de intencionalidade constituído por uma diferença de potencial interna – é anterior e superior logicamente ao conceito de *humano*. A humanidade é a posição do congênere, o modo reflexivo do coletivo, e como tal é derivada em relação às posições primárias de predador ou presa, que envolvem necessariamente outros coletivos, outras multiplicidades pessoais em situação de alteridade perspectiva.[12] A semelhança ou congeneridade

---

12. "Humano" é o nome de uma relação e não de uma substância. As célebres autodesignações ao mesmo tempo, supostamente, ingênuas e arrogantes dos povos

surge por suspensão deliberada, socialmente produzida, de uma diferença predatória dada; ela não a precede.[13] É nisso precisamente em que consiste o processo do parentesco ameríndio: a "reprodução humana" é uma *estabilização intensiva da predação*, seu inacabamento deliberado, ao modo do famoso "platô contínuo de intensidade" proposto por Gregory Bateson como característico do *ethos* do povo de Bali,[14] conceito que inspirou os "mil platôs" de Deleuze e Guattari. Em um outro texto de Lévi-Strauss que tratava, não por acaso, do canibalismo, essa ideia da semelhança como decaimento de um potencial de diferença recebeu uma formulação especialmente adequada ao perspectivismo ameríndio:

> O problema do canibalismo [...] não consistiria mais em investigar o porquê do costume, mas, ao contrário, o modo pelo qual surgiu esse *limite inferior da predação à qual talvez se ligue a vida social.* (Lévi-Strauss 1984: 144, grifo nosso)

O que não é senão uma aplicação do preceito estruturalista clássico, segundo o qual "a semelhança não existe em si: ela

---

primitivos, que significariam "os seres humanos", "os verdadeiros homens", parecem funcionar, pragmática, quando não sintaticamente, muito menos como *substantivos* que como *pronomes* que indicam a posição "subjetiva" de enunciador. Por isso mesmo, as categorias indígenas de identidade coletiva têm aquela enorme variabilidade contextual de escopo característica dos pronomes, ora reservada ciosamente apenas à parentela imediata de um Ego, ora cobrindo universalmente a todos os humanos, ou mesmo todos os seres dotados de consciência. A coagulação destas autodesignações como "etnônimos" parece ser, em boa medida, um artefato produzido no contexto da interação com os etnógrafos.
13. Taylor & Viveiros de Castro 2006: 151, Viveiros de Castro 2001b.
14. Uma cultura do "êxtase sem culminância", diria Clarice Lispector.

não passa de um caso particular da diferença, aquele em que a diferença tende a zero" (Lévi-Strauss [1971] 2011: 35).[15] Tudo está, bem entendido, no verbo "tender". Pois, como observa o autor, a diferença "jamais se anula completamente". Poderíamos mesmo dizer que ela só se realiza em sua plena potência conceitual justo ali onde se aproxima assintoticamente da identidade impossível: nos gêmeos, por exemplo, diria um filósofo ameríndio (Lévi-Strauss 1991).

—

A noção de que os não-humanos atuais possuem um lado prosopomórfico invisível é um pressuposto básico de várias dimensões da prática indígena; mas ela vem ao primeiro plano em um contexto particular, o xamanismo. O xamanismo ameríndio pode ser definido como a habilidade manifesta por certos indivíduos de cruzar deliberadamente as barreiras corporais entre as espécies e adotar a perspectiva de subjetividades "estrangeiras", de modo a administrar as relações entre estas e os humanos. Vendo os seres não-humanos como estes se veem (como humanos), os xamãs são capazes de assumir o papel de interlocutores ativos no diálogo transespecífico; sobretudo, eles são capazes de voltar para contar a história, algo que os leigos dificilmente podem fazer. O encontro ou o intercâmbio de perspectivas é um processo perigoso, e uma arte política – uma diplomacia. Se o multiculturalismo ocidental é o relativismo como política

15. O preceito é clássico, mas muito poucos antropólogos *soi-disant* "estruturalistas" souberam realmente levar essa ideia até o fim, isto é, adiante dela mesma. Talvez porque se o fizessem chegariam perto demais de *Diferença e repetição* (Deleuze 1968)?

pública (a prática complacente da tolerância), o perspectivismo xamânico ameríndio é o multinaturalismo como política cósmica (o exercício exigente da precaução).

O xamanismo é um modo de agir que implica um modo de conhecer, ou antes, um certo ideal de conhecimento. Tal ideal está, sob certos aspectos, nas antípodas da epistemologia objetivista favorecida pela modernidade ocidental. Nesta última, a categoria do objeto fornece o *telos*: conhecer é "objetivar"; é poder distinguir no objeto o que lhe é intrínseco do que pertence ao sujeito cognoscente, e que, como tal, foi indevida e/ou inevitavelmente projetado no objeto. Conhecer, assim, é dessubjetivar, explicitar a parte do sujeito presente no objeto, de modo a reduzi-la a um mínimo ideal (ou a ampliá-la demonstrativamente em vista da obtenção de efeitos críticos espetaculares). Os sujeitos, tanto quanto os objetos, são concebidos como resultantes de processos de objetivação: o sujeito se constitui ou reconhece a si mesmo nos objetos que produz, e se conhece objetivamente quando consegue se ver "de fora", como um "isso". Nosso jogo epistemológico se chama objetivação; o que não foi objetivado permanece irreal e abstrato. A forma do Outro é a coisa.

O xamanismo ameríndio é guiado pelo ideal inverso: conhecer é "personificar", tomar o ponto de vista daquilo que deve ser conhecido. Ou antes, *daquele*; pois a questão é a de saber "o *quem* das coisas" (Guimarães Rosa), saber indispensável para responder com inteligência à questão do "por quê". A forma do Outro é a pessoa. Poderíamos dizer que a personificação ou subjetivação xamânicas refletem uma propensão geral a universalizar a "atitude intencional" identificada por certos filósofos modernos da mente (ou filósofos da mente moderna) como um dos dispositivos inferenciais de base.

Sendo mais precisos – visto que os índios são perfeitamente capazes de adotar as atitudes "física" e "funcional" (Dennett 1978) em sua vida cotidiana –, diríamos que estamos aqui diante de um *ideal* epistemológico que, longe de buscar reduzir a "intencionalidade ambiente" a zero a fim de atingir uma representação absolutamente objetiva do mundo, faz a aposta inversa: o conhecimento verdadeiro visa à revelação de um máximo de intencionalidade, por via de um processo de "abdução de agência" sistemático e deliberado. Dizíamos acima que o xamanismo era uma arte *política*. Dizemos, agora, que ele é uma *arte* política.[16] Pois a boa interpretação xamânica é aquela que consegue ver cada *evento* como sendo, em verdade, uma *ação*, uma expressão de estados ou predicados intencionais de algum agente. O sucesso interpretativo é diretamente proporcional à ordem de intencionalidade que se consegue atribuir ao objeto ou noema.[17] Um ente ou um estado de coisas que não se presta à subjetivação, ou seja, à

16. A relação entre a experiência artística e o processo de "abdução de agência" foi analisada por Alfred Gell em *Art and Agency* (1998).

17. Referimo-nos aqui ao conceito de Dennett sobre a *n*-ordinalidade dos sistemas intencionais. Um sistema intencional de segunda ordem é aquele onde o observador atribui não apenas crenças, desejos e outras intenções ao objeto (primeira ordem), mas também crenças etc. sobre as outras crenças. A tese cognitivista mais aceita sustenta que apenas o *Homo sapiens* exibe intencionalidade de ordem igual ou superior a dois. Observe-se que o princípio xamânico de "abdução de um máximo de agência" vai de encontro, evidentemente, aos dogmas da psicologia fisicalista: "Os psicólogos têm frequentemente recorrido ao princípio conhecido pelo nome de 'cânon de parcimônia de Lloyd Morgan', que pode ser visto como um caso particular da navalha de Occam. Esse princípio determina que se deve atribuir a um organismo o mínimo de inteligência, ou consciência, ou racionalidade suficientes para dar conta de seu comportamento" (Dennett 1978: 274). Efetivamente, o chocalho do xamã é um instrumento de tipo inteiramente diferente da navalha de Occam; esta pode servir para escrever artigos de lógica ou de psicologia, mas não é muito boa, por exemplo, para recuperar almas perdidas.

determinação de sua relação social com aquele que conhece, é xamanisticamente insignificante – é um resíduo epistêmico, um "fator impessoal" resistente ao conhecimento preciso. Nossa epistemologia objetivista, desnecessário lembrar, toma o rumo oposto: ela considera a "atitude intencional" do senso comum como uma ficção cômoda, algo que adotamos quando o comportamento do objeto-alvo é complicado demais para ser decomposto em processos físicos elementares. Uma explicação científica exaustiva do mundo deve ser capaz de reduzir toda ação a uma cadeia de eventos causais, e estes a interações materialmente densas (sobretudo nada de "ação" à distância).

Em suma, se no mundo naturalista da modernidade um sujeito é um objeto insuficientemente analisado, a convenção interpretativa ameríndia segue o princípio inverso: um objeto é um sujeito incompletamente interpretado. Aqui, é preciso saber personificar, porque é preciso personificar para saber. O objeto da interpretação é a contrainterpretação do objeto.[18] Pois este último deve ser expandido até atingir sua forma intencional plena – de espírito, de animal em sua face humana –, ou, no mínimo, ter sua relação com um sujeito demonstrada, isto é, ser determinado como algo que existe "na vizinhança" de um agente (Gell 1998).

No que respeita a essa segunda opção, a ideia de que os agentes não-humanos percebem-se a si mesmos e a seu

---

18. Como observa Marilyn Strathern (1999: 239), a propósito de um regime epistemológico semelhante ao ameríndio: "[Esta] convenção [ver Wagner, *supra*] requer que os objetos de interpretação – humanos ou não – sejam entendidos como outras pessoas; com efeito, o próprio ato de interpretação pressupõe a personitude [*personhood*] do que está sendo interpretado. [...] O que se encontra, assim, ao se fazer interpretações, são sempre contrainterpretações...".

comportamento sob a forma da cultura humana desempenha um papel crucial. A tradução da "cultura" para os mundos das subjetividades extra-humanas tem como corolário a redefinição de vários eventos e objetos "naturais" como sendo índices a partir dos quais a agência social pode ser abduzida. O caso mais comum é a transformação de algo que, para os humanos, é um mero fato bruto, em um artefato ou comportamento altamente civilizados do ponto de vista de outra espécie: o que chamamos "sangue" é a "cerveja" do jaguar, o que tomamos como um barreiro lamacento os tapires experimentam como uma grande casa cerimonial, e assim por diante. Os artefatos possuem esta ontologia interessantemente ambígua: são coisas ou objetos, mas apontam necessariamente para uma pessoa ou sujeito, pois são como ações congeladas, encarnações materiais de uma intencionalidade não-material. E assim, o que uns chamam de "natureza" pode bem ser a "cultura" dos outros.

Eis aí uma lição indígena que a antropologia poderia aproveitar para si mesma. Pois não se deve tomar a distribuição diferencial do dado e do construído por uma escolha anódina, uma mera troca de sinais que deixa intocados os termos do problema. "Há toda a diferença do mundo" (Wagner [1975] 2017: 87) entre um mundo onde o primordial é experimentado como transcendência nua, pura alteridade antiantrópica – o não-construído, o não-instituído, o que se opõe "ao costume e ao discurso" –,[19] e um mundo da humanidade imanente, onde o primordial se reveste

---

19. "A Natureza é diferente do homem; não é instituída por ele, opõe-se ao costume, ao discurso. É Natureza o primordial, ou seja, o não-construído, o não--instituído [...]" (Merleau-Ponty [1956] 1995: 20).

da forma humana. Essa pressuposição antropomórfica do mundo indígena contrasta incompativelmente com o obstinado esforço antropocêntrico de "construir" o humano como *não-dado*, como a essência mesmo do não-dado, esforço que transparece na filosofia ocidental, inclusive naquela de orientação mais, digamos, avançada (Sloterdijk 2000: 20-ss). Sublinhe-se, porém, que, muito ao contrário de nossas fantasias a respeito do paraíso narcísico dos povos exóticos (a antropologia versão Disney), a pressuposição radical do humano não torna o mundo indígena mais familiar nem mais reconfortante: ali onde toda coisa é humana, o humano é "toda uma outra coisa".

Há, pois, mais pessoas no céu e na terra dos índios do que sonham nossas antropologias. Descrever este mundo onde toda diferença é política, porque toda relação é social, como se fosse uma versão ilusória do nosso, unificá-los mediante a redução da invenção do primeiro às convenções do segundo, é escolher uma solução demasiado fácil – e politicamente iníqua – para determinar as complexas relações de transformação que permitem passar de um ao outro. Tal facilidade explicativa termina produzindo toda sorte de complicações, pois esse pretenso monismo ontológico costuma pagar-se por uma emissão inflacionária de dualismos epistemológicos – "êmico" e "ético", metafórico e literal, consciente e inconsciente, representação e realidade, ilusão e verdade, e por aí vai. Tais dualismos são duvidosos não porque qualquer dicotomia conceitual seja perniciosa por princípio, mas porque estas, em particular, exigem, como condição da unificação dos dois mundos, um apartheid radical entre seus respectivos habitantes. Todo Grande Divisor é mononaturalista.

3.
Multinaturalismo

"Se é verdade que nós, homens modernos, temos o conceito, mas perdemos de vista o plano de imanência [...]" (D. & G. [1991] 1997: 135). Tudo o que precede não é senão o desenvolvimento, por assim dizer dedutivo, efetuado pela prática teórica indígena, da intuição instauradora da mitologia do continente, a saber, aquela que postula a preexistência absoluta de um meio literalmente pré-histórico – algo como o "passado absoluto" de que falam alguns filósofos, aquele passado que nunca foi presente e que portanto nunca passou, enquanto o presente não cessa de passar – definido pela interpenetrabilidade ontológica e a coacessibilidade epistemológica de todos os "insistentes" que povoam e constituem esse meio, e que são os modelos e padrões dos existentes atuais.

Como nos ensinam as *Mitológicas*, o mito indígena, enquanto atualização narrativa do plano de imanência, articula-se privilegiadamente em torno das causas e consequências da especiação – a investidura em uma corporalidade característica – dos personagens ou actantes que povoam esse plano, todos concebidos como compartilhando de uma condição geral instável na qual aspectos humanos e não-humanos se acham inextricavelmente emaranhados:

> Gostaria de fazer-lhe uma pergunta simples: que é um mito?
> [pergunta Didier Eribon] – Não é uma pergunta simples, é exatamente o contrário [...]. Se você interrogar um índio ameri-

cano, seriam muitas as chances de que a resposta fosse esta: uma história do tempo em que os homens e os animais ainda não eram diferentes. (Lévi-Strauss & Eribon [1988] 2005: 195-96)

A definição é de fato profunda: aprofundemo-la, então, ainda que em uma direção um pouco diferente da que Lévi-Strauss tinha em mente em sua resposta. O discurso mítico consiste em um registro do movimento de atualização do presente estado de coisas a partir de uma condição pré-cosmológica virtual dotada de perfeita transparência – um "caosmos" onde as dimensões corporal e espiritual dos seres ainda não se ocultavam reciprocamente. Esse pré-cosmos, muito longe de exibir uma "identidade" primordial entre humanos e não-humanos, como se costuma caracterizá-lo, é percorrido por uma diferença infinita, ainda que (ou justamente porque) *interna* a cada personagem ou agente, ao contrário das diferenças finitas e externas que constituem as espécies e as qualidades do mundo atual. Donde o regime de multiplicidade qualitativa próprio do mito: a questão de saber se o jaguar mítico, por exemplo, é um bloco de afetos humanos em forma de jaguar ou um bloco de afetos felinos em forma de humano é indecidível, pois a "metamorfose" mítica é um acontecimento, uma mudança não-espacial: uma superposição intensiva de estados heterogêneos, antes que uma transposição extensiva de estados homogêneos. Mito não é história porque metamorfose não é processo, "ainda não era" processo e "jamais será" processo; a metamorfose é anterior e exterior ao processo do processo – ela é uma figura (uma figuração) do devir.

A linha geral traçada pelo discurso mítico descreve, assim, a laminação instantânea dos fluxos pré-cosmológicos de indiscernibilidade ao ingressarem no processo cosmológico:

doravante, as dimensões humana e felina dos jaguares (e dos humanos) funcionarão alternadamente como fundo e forma potenciais uma para a outra. A transparência originária ou *complicatio* infinita se bifurca ou se explica, a partir de então, na invisibilidade (as almas humanas e os espíritos animais) e na opacidade (o corpo humano e as "roupas" somáticas animais)[1] que marcam a constituição de todos os seres mundanos. Essa invisibilidade e opacidade são, entretanto, relativas e reversíveis, uma vez que o fundo de virtualidade é indestrutível ou inesgotável (os grandes rituais indígenas de recriação do mundo são justamente os dispositivos de contraefetuação desse fundo indestrutível).

Dissemos acima que as diferenças vigentes nos mitos são infinitas e internas, em contraste com as diferenças externas finitas entre as espécies. O que define os agentes e os pacientes dos sucessos míticos é, precisamente, sua capacidade intrínseca de ser outra coisa; neste sentido, cada personagem difere infinitamente de si mesmo, visto que é posto inicialmente pelo discurso mítico apenas para ser substituído, isto é, transformado. Esta "auto-"diferença é a propriedade característica dos agentes cosmológicos que designamos pela palavra "espíritos"; por isso, todos os seres míticos são concebidos como espíritos (e como xamãs), assim como, reciprocamente, todo existente atual ou "modo finito" pode se revelar agora, porque foi antes, um espírito, uma vez que sua razão de ser encontra-se relatada no mito. A suposta indiferenciação entre os sujeitos míticos é função de sua

[1]. O motivo do perspectivismo é quase sempre associado à ideia de que a forma manifesta de cada espécie é um mero envelope (uma "roupa") a esconder uma forma interna humana, normalmente visível apenas aos olhos da própria espécie ou de certos comutadores perspectivos transespecíficos, como os xamãs.

irredutibilidade constitutiva a essências ou identidades fixas, sejam elas genéricas, específicas ou mesmo individuais.[2]

Em suma, o mito propõe um regime ontológico comandado por uma diferença intensiva fluente, que incide sobre cada ponto de um contínuo heterogêneo, onde a transformação é anterior à forma, a relação é superior aos termos, e o intervalo é interior ao ser. Cada ser mítico, sendo pura virtualidade, "já era antes" o que "iria ser depois", e por isso não é, pois não permanece sendo, nada de atualmente determinado. Em contrapartida, as diferenças extensivas introduzidas pela especiação (*lato sensu*) pós-mítica – a passagem do "contínuo" ao "discreto" que constitui o grande (mi)tema da antropologia estruturalista – cristalizam blocos molares de identidade interna infinita (cada espécie é internamente homogênea, seus membros são idêntica e indiferentemente representativos da espécie enquanto tal).[3]

2. Pense-se nos corpos destotalizados e "desorganizados" que vagueiam nos mitos, nos pênis removíveis e nos ânus personificados, nas cabeças falantes que rolam, nos personagens cortados em pedaços, nas irmãs que Coiote abriga no intestino e que excreta periodicamente para tomar-lhes conselho...

3. Como sabemos, entretanto, os mitos contêm diversos momentos de "relativização" (no sentido de Wagner [1975] 2017) dessa convenção, uma vez que, justamente, não existe identidade infinita, a diferença não se anula jamais completamente. Ver o exemplo divertido de *A origem dos modos à mesa* a propósito dos casamentos esteticamente assimétricos (o ponto de vista da passagem é masculinista, escusado dizer): "O que, afinal, proclamam os mitos? Que é condenável e perigoso confundir as diferenças físicas entre as mulheres com as diferenças específicas que separam os animais dos humanos ou os animais entre si. [...] Enquanto humanas, todas as mulheres, bonitas ou feias, merecem conseguir um cônjuge. Opostas globalmente às esposas animais, as humanas se equivalem; mas se a armação mítica se inverte, só pode revelar este mistério: saber que, ainda que a sociedade queira ignorá-lo, as humanas não se equivalem, pois nada pode impedir que se diferenciem umas das outras em sua essência animal, que as torna desigualmente desejáveis para os maridos" (Lévi-Strauss [1968] 2006: 67).

Esses blocos estão separados por intervalos externos, quantizáveis e mensuráveis, uma vez que as diferenças entre as espécies são sistemas finitos de correlação, de proporção e de permutação de caracteres de mesma ordem e natureza. O contínuo heterogêneo do mundo pré-cosmológico dá assim lugar a um discreto homogêneo, nos termos do qual cada ser é só o que é, e só o é por não ser o que não é. Mas esses seres a que damos desajeitadamente o nome de "espíritos" são o testemunho de que nem todas as virtualidades foram atualizadas, e que o turbulento fluxo mítico continua a rugir surdamente por debaixo das tranquilas descontinuidades aparentes entre os tipos e espécies.

O perspectivismo ameríndio conhece então no mito um lugar geométrico onde a diferença entre os pontos de vista é ao mesmo tempo anulada e exacerbada. Nesse discurso absoluto, cada espécie de ser aparece aos outros seres como aparece para si mesma – como humana –, e entretanto age como se já manifestando sua natureza distintiva e definitiva de animal, planta ou espírito.[4] Ponto de fuga universal do perspectivismo, o mito fala de um estado do ser onde os corpos e os nomes, as almas e as ações, o eu e o outro se interpenetram, mergulhados em um mesmo meio pré-subjetivo e pré-objetivo.

A finalidade da mitologia é precisamente a de contar o "fim" desse "meio": dito de outro modo, de descrever a "passagem da Natureza à Cultura", tema ao qual Lévi-Strauss atribui um papel central na mitologia ameríndia. Não completamente sem razão, diga-se, ao contrário do que outros su-

---

4. "Sem dúvida, nos tempos míticos os humanos não se distinguiam dos animais, mas, entre esses seres indiferenciados que dariam origem a uns e outros, certas relações qualitativas preexistiam a especificidades ainda em estado virtual." (Lévi-Strauss [1971] 2011: 567).

geriram; seria apenas necessário precisar que a centralidade de tal passagem não exclui, muito pelo contrário, sua profunda ambivalência – seu *duplo sentido* (em vários sentidos) para o pensamento indígena, como fica evidente à medida que se avança na leitura das *Mitológicas*. Assim como seria importante sublinhar que o que passa, e o que se passa, nessa passagem, não é exatamente o que se imagina. A passagem não é um processo de diferenciação do humano a partir do animal, como na vulgata evolucionista ocidental. *A condição original comum aos humanos e animais não é a animalidade, mas a humanidade.* A grande divisão mítica mostra menos a cultura se distinguindo da natureza que a natureza se afastando da cultura: os mitos contam como os animais perderam atributos herdados ou mantidos pelos humanos. Os não-humanos são ex-humanos, e não os humanos os ex-não-humanos. Assim, se nossa antropologia popular vê a humanidade como erguida sobre alicerces animais normalmente ocultos pela cultura – tendo outrora sido "completamente" animais, permanecemos, "no fundo", animais –, o pensamento indígena conclui ao contrário que, tendo outrora sido humanos, os animais e outros existentes cósmicos continuam a sê-lo, mesmo que de uma maneira não evidente para nós.[5]

—

5. A revelação desse lado normalmente oculto dos seres (e *por isso* concebido, de vários modos – mas não todos –, como "mais verdadeiro" que seu lado aparente) tem uma associação íntima com a violência, em ambas as tradições intelectuais: a animalidade do humano, para nós, e a humanidade do animal, para os ameríndios, raramente se atualizam sem acarretar consequências destrutivas. Os Cubeo do Noroeste amazônico dizem que "a ferocidade do jaguar é de origem humana" (Irving Goldman 1963).

A questão mais geral que se põe, então, é a de saber por que a humanidade de cada espécie de existente é "subjetivamente" evidente (e ao mesmo tempo altamente problemática) e "objetivamente" não evidente (e ao mesmo tempo obstinadamente afirmada). Por que os animais (ou outros) veem-se como humanos, afinal? Precisamente, penso, porque nós, os humanos, os vemos como animais, vendo-nos a nós mesmos como humanos. Os queixadas não podem *se ver* como queixadas – e, quem sabe, especular que os humanos e demais seres são queixadas debaixo de suas roupas específicas – porque esta é a forma pela qual eles *são vistos* pelos humanos. Se os humanos veem-se como humanos e são vistos como não-humanos – animais ou espíritos – pelos não-humanos, então os animais devem necessariamente se ver como humanos. O que o perspectivismo afirma, enfim, não é tanto a ideia de que os animais são "no fundo" semelhantes aos humanos, mas sim a de que eles, como os humanos, são outra coisa "no fundo": eles têm, em outras palavras, um "fundo", um "outro lado"; são diferentes *de si mesmos*. Nem animismo – que afirmaria uma semelhança substancial ou analógica entre animais e humanos –, nem totemismo – que afirma uma semelhança formal ou homológica entre diferenças intra-humanas e diferenças interespecíficas –, o perspectivismo afirma uma diferença intensiva que traz a diferença humano/não-humano *para o interior de cada existente*. Com isso, cada existente se encontra como que separado de si mesmo e tornado semelhante aos demais apenas sob a dupla condição subtrativa dessa comum autosseparação e de uma estrita complementaridade, pois se todos os modos do existente são humanos para si mesmos, nenhum é humano para (ou semelhante a) nenhum

3. Multinaturalismo

outro: a humanidade é "reciprocamente" *reflexiva* (o jaguar é um homem para o jaguar, o queixada é um homem para o queixada), mas não pode ser *mútua* (no momento em que o jaguar é um homem, o queixada não o é, e vice-versa).[6] Esse parece-me ser, em última análise, o sentido da ideia de "*alma*" nas ontologias indígenas. Se todos os seres têm alma, nenhum deles, ninguém, coincide consigo mesmo. Se tudo pode ser humano, então nada é humano inequivocamente. A humanidade de "fundo" torna problemática a humanidade de "forma", ou de "figura". As súbitas inversões entre fundo e forma ameaçam constantemente o instável mundo transformacional ameríndio.

Mas enfim, se os não-humanos *são* gente, e por isso se veem como gente, por que não veem a todas as gentes cósmicas como elas se veem? Se o cosmos está saturado de humanidade, por que esse éter antropomórfico é opaco ou, na melhor das hipóteses, é como um espelho falso, que não devolve uma imagem do humano senão por um só lado? Essas questões, como já antecipamos no comentário ao incidente das Antilhas, dão acesso ao conceito ameríndio do "*corpo*". É por elas também que se pode passar da noção ainda semiepistemológica de perspectivismo à noção propriamente ontológica de multinaturalismo.

A ideia de um mundo que compreende uma multiplicidade de posições subjetivas traz logo à mente a noção de "relativismo". Menções diretas ou indiretas a essa noção são frequentes nas descrições das cosmologias ameríndias.

---

6. Vê-se assim, que, se para nós "o homem é um lobo para o homem", para os índios é o lobo que pode ser um homem para o lobo – mas ainda assim o homem e o lobo não podem ser ambos ou homens, ou lobos ao mesmo tempo.

Tome-se, ao acaso, este juízo de Kaj Århem, o distinguido etnógrafo dos Makuna. Após ter descrito com minúcia o universo perspectivo desse povo do Noroeste amazônico, Århem conclui: a noção de múltiplos pontos de vista sobre a realidade sugere que, no que concerne aos Makuna, "qualquer perspectiva é igualmente válida e verdadeira", e que "uma representação verdadeira e correta do mundo não existe" (1993: 124).

A conclusão de Århem faz sentido, por certo; mas só em certo sentido. Pois é altamente provável que, no que concerne aos humanos, os Makuna diriam, muito ao contrário, que só existe *uma* verdadeira e adequada representação do mundo. Se um homem começa a ver os vermes que infestam uma carcaça animal como peixes grelhados, à maneira dos urubus, ele deve concluir que algo lhe ocorre: sua alma foi roubada pelos urubus, ele está se transformando em um deles, está deixando de ser humano para seus parentes (e vice-versa); em suma, ele está gravemente doente, ou mesmo já morreu e não sabia. Ou, o que é quase a mesma coisa, ele está em vias de se tornar xamã. As perspectivas de cada espécie devem ser mantidas cuidadosamente separadas, pois são incompatíveis. Apenas os xamãs, que gozam de uma sorte de dupla cidadania no que concerne à espécie (e à condição de vivo ou morto), podem fazê-las comunicar, e isso, sob condições especiais e controladas.[7]

Mas há uma questão bem mais importante aqui. A teoria perspectivista ameríndia está de fato supondo uma plurali-

---

7. Parafraseando uma fórmula de Scott Fitzgerald citada por Deleuze e Guattari, diríamos que o signo de uma inteligência xamânica de primeira linha é a capacidade de ver simultaneamente segundo duas perspectivas incompatíveis.

dade de *representações* sobre o mesmo mundo, como pressupõe Århem? Basta considerar o que dizem as etnografias para perceber que é o exato inverso que se passa: todos os seres veem ("representam") o mundo *da mesma maneira* – o que muda é *o mundo que eles veem*. Os animais utilizam as mesmas "categorias" e "valores" que os humanos: seus mundos giram em torno da caça e da pesca, da cozinha e das bebidas fermentadas, das primas cruzadas e da guerra, dos ritos de iniciação, dos xamãs, chefes, espíritos etc. Se a Lua, as cobras e os jaguares veem os humanos como tapires ou queixadas, é porque, como nós, esses perigosos predadores comem tapires e queixadas, comida própria de humanos. Só poderia ser assim, pois, sendo humanos entre si mesmos, "em seu departamento", os não-humanos veem as coisas como os humanos as veem – isto é, como nós humanos as vemos em *nosso* departamento. Mas as coisas *que eles veem*, quando veem *como nós* vemos, são *outras*: o que para nós é sangue, para os jaguares é cerveja; o que para as almas dos mortos é um cadáver podre, para nós é mandioca fermentando; o que vemos como um barreiro lamacento, para os tapires é uma grande casa cerimonial, e assim por diante.

A ideia, à primeira vista, soa ligeiramente contraintuitiva, parecendo transformar-se incessantemente em seu contrário, como no caso daqueles "objetos multiestáveis" da psicofísica.[8] Gerald Weiss, por exemplo, descreve o mundo dos Ashaninka da Amazônia peruana como "um mundo de aparências relati-

---

8. O cubo de Necker seria o exemplo perfeito, uma vez que sua ambiguidade gira em torno justamente de uma oscilação perspectiva. Na mitologia amazônica, há numerosos casos de personagens que, diante de uma testemunha humana, alternam rapidamente entre duas formas, uma humana (sedutora) e outra animal (aterrorizante).

vas, onde diferentes tipos de seres veem as mesmas coisas diferentemente" (1972: 170). Mais uma vez, isso é, em certo sentido, verdadeiro. Mas o que Weiss não consegue "ver" é que o fato de diferentes tipos de seres verem as mesmas coisas diferentemente é meramente uma consequência do fato de que diferentes tipos de seres veem coisas diferentes da mesma maneira. Pois o que conta como "as mesmas coisas"? Mesmas em relação a quem, a que espécie, a que *maneira*?

O relativismo cultural, um "multiculturalismo", supõe uma diversidade de representações subjetivas e parciais, incidentes sobre uma natureza externa, una e total, indiferente à representação. Os ameríndios propõem o oposto: de um lado, uma unidade representativa puramente pronominal – é humano quem ocupa vicariamente a posição de sujeito cosmológico; todo existente pode ser pensado como pensante ("isto existe, logo isto pensa"), isto é, como "ativado" ou "agenciado" por um ponto de vista –;[9] do outro lado, uma radical diversidade real ou objetiva. O perspectivismo é um multinaturalismo, pois uma perspectiva não é uma representação.

Uma perspectiva não é uma representação porque as representações são propriedades do espírito, mas *o ponto de vista está no corpo*. Ser capaz de ocupar o ponto de vista é sem dúvida uma potência da alma, e os não-humanos são sujeitos na medida em que têm (ou são) um espírito; mas a diferença entre os pontos de vista – e um ponto de vista não é senão diferença – não está na alma. Esta, formalmente

9. O ponto de vista cria, não o objeto, como diria Saussure, mas o sujeito mesmo. "É esse o fundamento do perspectivismo. Este não significa uma dependência em face de um sujeito definido previamente: ao contrário, será sujeito aquele que vier ao ponto de vista [...]" (Deleuze 1988: 27).

3. Multinaturalismo

idêntica através das espécies, só enxerga a mesma coisa em toda parte; a diferença deve então ser dada pela especificidade dos corpos.

Os animais veem da mesma forma que nós coisas diversas do que vemos porque seus corpos são diferentes dos nossos. Não estou me referindo a diferenças de fisiologia – quanto a isso, os ameríndios reconhecem uma uniformidade básica dos corpos –, mas aos *afetos* que atravessam cada espécie de corpo, as *afecções* ou encontros de que ele é capaz (para evocarmos a distinção espinosista), suas potências e disposições: o que ele come, como se move, como se comunica, onde vive, se é gregário ou solitário, tímido ou agressivo... A morfologia corporal é um signo poderoso dessas diferenças, embora possa ser enganadora, pois uma figura de humano, por exemplo, pode estar ocultando um modo-jaguar. O que estamos chamando de "corpo", portanto, não é uma fisiologia distintiva ou uma anatomia característica; é um conjunto de maneiras ou modos de ser que constituem um *habitus*, um *ethos*, um etograma. Entre a subjetividade formal das almas e a materialidade substancial dos organismos, há esse plano central que é o corpo como feixe de afetos e capacidades, e que é a origem das perspectivas. Longe do essencialismo espiritual do relativismo, o perspectivismo é um *maneirismo corporal*.

—

O multinaturalismo não supõe uma coisa-em-si parcialmente apreendida pelas categorias do entendimento próprias de cada espécie; não se imagine então que os índios imaginam que existe um "algo = x", algo que, por exemplo, os humanos veem como sangue e os jaguares como cerveja. O que existe na multinatureza não são entidades autoidênticas diferentemente percebidas, mas multiplicidades imediatamente relacionais do tipo sangue|cerveja. Só existe o *limite* entre o sangue e a cerveja, a rigor; a borda por onde essas duas substâncias "afins" comunicam e divergem.[10] Não há, enfim, um *x* que seja sangue para uma espécie e cerveja para outra; há, desde o início, um sangue|cerveja que é uma das singularidades ou afecções características da multiplicidade humano|jaguar. A semelhança afirmada entre humanos e jaguares ao fazer com que ambos bebam "cerveja" não está lá senão para que melhor se perceba o que faz a diferença entre humanos e jaguares. "Estamos em uma língua *ou* em outra – não há mais supralíngua [*arrière-langue*] como não há supramundo [*arrière-monde*]" (Jullien 2008: 135). Efetivamente, estamos no sangue *ou* na cerveja, ninguém bebe a bebida-em-si; mas no mundo indígena, toda cerveja tem um travo de sangue, e vice-versa.

Começamos a poder perceber como se coloca o problema da tradução *para* o perspectivismo ameríndio – e portanto como se coloca o problema da tradução *do* perspectivismo nos termos da onto-semiótica da antropologia ocidental. Assim, a posse de uma alma similar implica a posse de conceitos análogos por parte de todos os existentes. O que muda quando se passa de uma espécie existente a outra é a referência destes conceitos: o corpo é o sítio e o instrumento da disjunção referencial entre os "discursos" (os semiogramas) de

---

10. Etimologicamente, um afim é aquele que está situado *ad finis*, aquele cujo domínio faz fronteira com o meu. Os afins são aqueles que comunicam pelas bordas, que têm "em comum" apenas o que os separa.

cada espécie. O problema do perspectivismo ameríndio não é o de encontrar a referência comum (o planeta Vênus, digamos) a duas representações diferentes ("Estrela Matutina" e "Estrela Vespertina", então), mas, ao contrário, o de contornar o equívoco que consistiria em imaginar que quando o jaguar diz "cerveja de mandioca" ele esteja se referindo à mesma coisa que nós, apenas porque ele "quer dizer" a mesma coisa que nós. Em outras palavras, o perspectivismo supõe uma epistemologia constante e ontologias variáveis: mesmas representações, mas outros objetos; sentido único, mas referências múltiplas. O propósito da tradução perspectivista – uma das principais tarefas dos xamãs – não é portanto o de encontrar um *sinônimo* (uma representação correferencial) em nossa língua conceitual humana para as representações que outras espécies utilizam para falar de uma mesma coisa "lá fora"; o propósito, ao contrário, é não perder de vista a diferença oculta dentro dos *homônimos* equívocos que conectam-separam nossa língua e a das outras espécies. Se nossa antropologia ocidental está fundada no princípio de caridade interpretativa (a boa vontade do pensador, sua tolerância diante da humanidade incoativa ou atrofiada do outro), que afirma uma sinonímia natural entre as culturas humanas, a alter-antropologia ameríndia afirma, muito ao contrário, uma homonímia contranatural entre o discurso das espécies vivas, a qual está na origem de toda sorte de equívocos fatais. Este então é o equivalente ameríndio de nosso princípio de precaução: um mundo composto de uma "indefinidade" de focos acesos de intencionalidade não pode senão conter uma boa dose de más intenções.

A noção de multinaturalismo não é portanto, ao fim e ao cabo, uma simples repetição do multiculturalismo antropológico. Trata-se de dois modos muito distintos de conjugar o múltiplo. Assim, pode-se tomar a multiplicidade como um tipo de pluralidade – a variedade das culturas, por exemplo; a bela diversidade cultural. Ou, ao contrário, toma-se a multiplicidade *na* cultura, a cultura *enquanto* multiplicidade. É este segundo sentido que interessa a *O Anti--Narciso*. A noção de multinaturalismo se mostra útil, neste sentido, por seu caráter paradoxal: nosso macroconceito de "Natureza" não admite um verdadeiro plural e parece sempre pedir uma inicial maiúscula; isso nos leva espontaneamente a perceber o solecismo ontológico contido na ideia de "(várias) naturezas", e portanto a realizar o deslocamento corretivo que ela impõe. Parafraseando a conhecida passagem de Deleuze sobre o relativismo (1988: 30), diríamos então que o multinaturalismo amazônico não afirma uma variedade de naturezas, mas a naturalidade da variação, a variação *como* natureza. A inversão da fórmula ocidental do multiculturalismo incide não apenas sobre os *termos* (natureza e cultura) em sua determinação respectiva pelas *funções* de unidade e diversidade, mas igualmente sobre as posições de "termo" e de "função". Os leitores antropólogos reconhecerão aqui, bem entendido, a fórmula canônica do mito de Lévi-Strauss ([1955b] 1958: 252-53): o multinaturalismo perspectivista é uma transformação em dupla torção do multiculturalismo ocidental. Ele assinala o cruzamento de um umbral ou limite, um limiar semiótico-histórico que é um limiar de tradutibilidade e de equivocidade; um limiar, justamente, de transformação perspectiva.[11]

---

11. "Cruzamento de um limiar [*threshold*]" em Lévi-Strauss 2001: 29. Ver, sobre essa ideia, o comentário fundamental de Mauro Almeida (2008).

4.
Imagens do pensamento selvagem

Falei do perspectivismo e do multinaturalismo como sendo uma teoria cosmopolítica indígena.[1] A palavra "teoria" foi usada com toda a deliberação possível. Uma tendência bastante difundida na antropologia das últimas décadas consiste em recusar ao pensamento selvagem as características de uma verdadeira imaginação teórica. Penso que tal recusa dá prova ela mesma, antes de mais nada, de uma certa falta de imaginação da parte dos antropólogos, isto é, dos teóricos. O perspectivismo ameríndio, antes de ser um objeto possível para uma teoria extrínseca a ele – uma teoria que o defina, por exemplo, como um reflexo epistemológico secundário de uma ontologia primariamente animista (Descola 2005), ou como uma pragmática fenomenológica emergente característica de culturas "miméticas" de povos caçadores (Willerslev 2004) – convida-nos a construir outras imagens teóricas (e práticas) da teoria. Pois a antropologia não pode se contentar em descrever minuciosamente "o ponto de vista do nativo"

---

1. "Cosmopolítica", desnecessário lembrar, é um termo que reivindica uma conexão com o trabalho de Isabelle Stengers ([1996] 2003) e de Bruno Latour, ainda que eu (como tampouco Latour) não o utilize no estrito sentido stengeriano. O termo reescreve equivocamente a expressão "política cósmica", que usei para descrever o multinaturalismo perspectivista (em contraste com o multiculturalismo relativista enquanto "política pública") em meu artigo (1996), isto é, antes de ter encontrado o conceito de cosmopolítica em Stengers ([1996] 2003). Latour, por sua vez, adotou o conceito amazônico de multinaturalismo para designar a inviabilidade ("de um ponto de vista cosmopolítico" diria Kant...) do duo modernista multiculturalismo/ mononaturalismo (Latour 1999, 2002).

(Malinowski) se for para, ato contínuo, apontar seus pontos cegos, buscando assim englobar, na melhor tradição crítica, tal ponto de vista dentro do Ponto de Vista do observador. A tarefa que o perspectivismo contrapropõe a esta, é aquela, "simétrica", de descobrirmos o que é um ponto de vista *para* o nativo, entenda-se, qual é o conceito de ponto de vista presente nas culturas ameríndias: qual o ponto de vista nativo sobre o conceito antropológico de ponto de vista? Evidentemente, o conceito nativo de ponto de vista não coincide com o conceito de ponto de vista do nativo, assim como o ponto de vista do antropólogo não pode ser o do nativo (nada de fusão de horizontes), mas o de sua relação com o ponto de vista nativo. Essa relação é uma relação de deslocamento reflexivo. O perspectivismo ameríndio é uma estrutura intelectual que contém uma teoria de sua própria descrição pela antropologia – pois ele é uma *outra antropologia*, uma contra--antropologia disposta transversalmente à nossa.[2] Eis porque o perspectivismo *não é* um subtipo do animismo no sentido de Descola, um "esquema da prática" que possui razões que

---

2. "É justamente porque a estrutura é mais rigorosamente definida como um sistema de transformações que ela não pode ser representada sem fazer de sua representação uma parte de si mesma" (Maniglier 2000: 238). Anne-Christine Taylor certa vez teve esta palavra feliz sobre a antropologia: "[A antropologia é uma] disciplina cuja propriedade é pôr em paralelo o ponto de vista do etnólogo e o de seus objetos de estudo de modo a extrair disto um instrumento de conhecimento". (Isto consta de um relatório que jamais consegui reencontrar em meus arquivos.) Resta a sublinhar que este processo de pôr em paralelo exige um esforço conceitual deliberado, uma vez que os pontos de vista em questão estão orientados, o mais das vezes, de maneira variamente perpendicular (*at cross purposes*, dir-se-ia mais trocadilhescamente em inglês), e que o ponto onde se cruzam não é o lugar geométrico da natureza humana, mas antes uma encruzilhada de equivocidade. Os Korowai da Nova Guiné Ocidental concebem a relação de mútua invisibilidade e a inversão de perspectivas entre os mundos dos vivos e dos mortos através da imagem de um tronco de árvore caído de través sobre um outro (Stasch 2009: 97).

somente a razão do antropólogo conhece. Ele não é um tipo, mas um conceito; aliás, ele não é um tipo de tipo, mas um conceito de conceito, cujo emprego mais interessante não consiste tanto em classificar cosmologias que nos parecem excessivamente exóticas, mas em contra-analisar antropologias que nos são demasiadamente familiares.

—

Além da falta de imaginação teórica, carência que é avisado nunca subestimar, houve outras razões, um tanto contraditórias entre si, para a ampla aceitação do *double standard* que recusava aos não-modernos o poder ou a impotência da teoria: de um lado, a tendência a definir a essência da práxis indígena nos termos da *Zuhandenheit* heideggeriana; de outro lado, a recusa de qualquer função autêntica de conhecimento às "representações semiproposicionais" (Sperber), que manteriam o pensamento selvagem perpetuamente na antessala do verdadeiro conhecimento verdadeiro (a Ciência), cada vez que ele parece querer ultrapassar os limites modestos e confortáveis da enciclopédia e da categorização.

A dificuldade, a meu ver, está na identificação privilegiada da faculdade de pensar ao "sistema do julgamento" e na redução do conhecimento ao modelo da proposição. A antropologia contemporânea, tanto em sua vertente fenomenológico--construcionista como naquela cognitivo-instrucionista, tem dissertado com eloquência sobre as severas limitações desse modelo no dar conta das economias intelectuais de tipo não--ocidental (ou não-moderno, não-letrado, não-doutrinal, e outras ausências "constitutivas"). Dito de outro modo, o discurso antropológico tem se dedicado à paradoxal empresa de

4. Imagens do pensamento selvagem

empilhar proposições em cima de proposições a respeito da essência não-proposicional do discurso dos outros – tagarelando interminavelmente sobre "*what goes without saying*", aquilo que é desnecessário dizer. Estimamo-nos felizes (enquanto teóricos) quando os indígenas mostram um desdém olimpiano pela prática da autointerpretação, e um interesse ainda menor pela cosmologia e pelo sistema. A ausência de interpretação nativa tem a grande vantagem de permitir a proliferação de interpretações antropológicas de tal ausência, e o desinteresse pela arquitetura cosmológica permite a construção de belas catedrais antropológicas onde as sociedades estão ordenadas conforme sua maior ou menor disposição à sistematicidade. Em suma, quanto mais prático o nativo, mais teórico o antropólogo. Acrescente-se que o modo não--proposicional é concebido como manifestando uma estreita dependência de seus "contextos" de transmissão e circulação, o que o coloca nas antípodas do que seria, imagina-se, o discurso da ciência e sua miraculosa capacidade de universalização. Ou seja, estamos todos necessariamente localizados por nossas "circunstâncias" e nossas "configurações relacionais", mas uns estão, e como!, mais sistematicamente localizados – mais circunstanciados e mais configurados – que os outros. Como disse Sahlins em circunstância (ou contexto) análogo, certos povos têm mesmo toda a sorte do mundo.

Não se trata, por conseguinte, de contestar a tese da não--proposicionalidade intrínseca do pensamento indomesticado, lutando para restabelecer o direito dos outros a uma "racionalidade" que eles nunca pediram para ser reconhecida. A profunda ideia lévi-straussiana de um *pensamento selvagem* deveria ser tomada como projetando uma outra *imagem do pensamento*, muito mais que uma outra *imagem do selvagem*.

O que se trata de contestar, então, é remanência inercial da proposição como protótipo do enunciado significativo (*meaningful*, para usarmos esta palavra precisamente intraduzível) e como constituinte atômico do discurso teórico. O não-proposicional continua a ser visto como essencialmente primitivo, como não-conceitual ou mesmo anticonceitual. Isso pode ser sustentado, naturalmente, tanto "contra" como "a favor" desse Outro não-conceitual. A ausência do conceito racional pode ser vista positivamente como signo de desalienação existencial dos povos concernidos, manifestando um estado edênico de não-separabilidade do conhecer e do agir, do pensar e do sentir etc. – uma imanência transcendente, por assim dizer. Contra ou a favor, porém, tudo isso concede demasiado à proposição e reitera um conceito totalmente retrógrado de conceito, que continua a pensá-lo como operação de subsunção do particular pelo universal, como um movimento essencialmente classificatório e abstrativo. Mas, antes de recusar o conceito, parece-nos muito mais interessante saber discernir o infrafilosófico dentro do conceito, e, reciprocamente, liberar a conceitualidade virtual contraefetuada pelo infrafilosófico. Em outras palavras, é preciso buscar um conceito *antropológico* de conceito, que assuma a extraproposicionalidade de todo pensamento criador ("selvagem") em sua positividade integral, e que se desenvolva em direção completamente diversa das noções tradicionais de categoria (inata ou adquirida), de representação (proposicional ou semi) ou de crença (simples ou "dobrada", como se diz das flores).

O perspectivismo ameríndio, ou multinaturalismo perspectivo, é um desses pretendentes antropológicos ao conceito de conceito. Não foi assim, entretanto, que ele foi recebido, pelo menos de início, e em certos ambientes acadêmicos.[3] Ao contrário, ele foi tomado como uma generalização descritiva que dizia respeito a certos conteúdos temáticos de um discurso-objeto em posição de radical exterioridade face ao discurso antropológico, incapaz, como tal, de produzir quaisquer efeitos estruturais sobre esse discurso. Não foi de surpreender, portanto, que viéssemos a assistir discussões mais ou menos animadas sobre se os Bororo ou os Kuna ou os Piaroa "eram perspectivistas" ou outra coisa qualquer – imaginava-se que era possível apontar com o dedo "um perspectivista" passeando na floresta; havia mesmo quem se perguntasse, no melhor espírito das *Cartas persas* (Montesquieu), "Como se pode ser perspectivista?". Reciprocamente, não faltaram céticos para declarar, escarnecendo, que ninguém jamais o fora, que toda essa algazarra se fazia em torno de coisas consabidas, de certos detalhes menores dos mitos ameríndios; que, de qualquer forma, "índio sabe que bicho não é gente";[4] e que, finalmente, fosse lá o que se chamasse de perspectivismo, ele não podia ser chamado de uma Teoria, mas no máximo de um efeito especial (no sentido cinematográfico) produzido por certas propriedades pragmáticas (no sentido semiótico) cujo princípio escapava, por princípio, aos interessados, que falavam *com* jaguares sem se darem conta de que era porque falavam *de* jaguares que os jaguares falavam, entre si e com eles. Uma doença da

---

3. Em troca, os ouvintes ameríndios a quem tive ocasião de expor essas ideias sobre suas ideias perceberam muito rápido suas implicações (e complicações) para as relações de força em vigor entre as "culturas" indígenas e as "ciências" ocidentais que as circunscrevem e administram.

4. Esta é uma variante muito frequente, no contexto do perspectivismo, do conhecido "argumento Obeyesekere" (ver Obeyesekere [1992] 1997 e a réplica de Sahlins 1995).

linguagem, enfim, como aquelas diagnosticadas há muito por Max Müller ou pelos filósofos analíticos; nada demais.

A possibilidade que se encontrava bloqueada *de saída*, neste contexto de recepção, era a de um exame sério das consequências do perspectivismo para a teoria antropológica, a transformação que ele impunha a toda uma prática do conceito na disciplina: a ideia, em suma, de que as ideias designadas por esse rótulo não constituíam um objeto entre outros para a antropologia, mas projetavam uma outra ideia de antropologia – uma alternativa à "antropologia antropológica" ocidental, e que a subvertia em seus fundamentos.

> *Uma interpretação do perspectivismo que, ao contrário da denegação promovida pelos inimigos do conceito, aceita-o como fenômeno perfeitamente caracterizado no mundo cultural ameríndio, mas o interpreta como uma propriedade de um determinado esquema de objetivação do mundo – o animismo –, ganhou liquidez no meio antropológico francês graças ao grande destaque que a noção recebeu no* magnum opus *de Philippe Descola (2005),* Par-delà nature et culture. *É impossível para mim fazer justiça aqui a esse livro monumental, que frequentemente se refere a meu trabalho; as divergências com Descola que me vejo obrigado a exprimir se destacam, talvez exageradamente, sobre o fundo de um diálogo mutuamente enriquecedor, que data de vários anos e que supõe um acordo profundo sobre vários outros problemas tratados por nossa disciplina.*
>
> *Em* Par-delà nature et culture, *trabalho que retoma, corrige e completa o vasto panorama traçado em* O pensamento selvagem *(Lévi-Strauss 1962b), Descola propõe uma reespecificação da noção lévi-straussiana de totemismo,*

dispondo-a ao lado de três outras "ontologias" ou "modos de identificação" (a sinonímia não é sem interesse), a saber, o animismo, o analogismo e o naturalismo. O autor constrói assim uma matriz de permutações – um quadrado lógico ou um grupo-4 de Klein – onde as quatro ontologias de base estão distribuídas conforme as relações de continuidade ou descontinuidade entre as dimensões corporais ou espirituais (rebatizadas neologicamente de "fisicalidade" e "interioridade") das diferentes espécies de seres.[5] Essa matriz traduz uma influência do esquema proposto em meu artigo sobre o perspectivismo ameríndio (Viveiros de Castro 1996), como de resto Descola generosamente registra. Nesse texto, do qual copiei algumas páginas mais acima, eu esboçava um contraste um tanto sumário entre dois esquemas ontológicos "cruzados", a saber, a combinação de continuidade metafísica (a alma genérica) e descontinuidade física (os corpos específicos) entre humanos e não-humanos, própria do multinaturalismo psicomórfico indígena, de um lado, e, do outro lado, a combinação de continuidade física e descontinuidade metafísica, típicas do multiculturalismo antropocêntrico moderno, onde os humanos comunicam com o restante da criação pela matéria somática e se separam dela pela substância espiritual (e seus avatares contemporâneos).[6] Esse contraste evoca, em linhas gerais, os

5. Essas diferentes espécies se reduzem, em última análise, à polaridade humanos / não-humanos. O naturalismo moderno, por exemplo, é dito ser "uma das expressões possíveis de esquemas mais gerais governando a objetivação do mundo e de outrem" (Descola 2005: 13). A dualidade entre a natureza (o mundo) e a cultura ou sociedade (outrem), ao mesmo tempo em que é criticada, continua assim a servir, talvez inevitavelmente, de tela de fundo.

6. Em relação aos estudos anteriores de Descola, centrados na continuidade espiritual entre os seres vigente nos mundos "anímicos", uma das grandes inovações

*esquemas animista e naturalista de Descola; basta
acrescentar as duas outras permutações, a saber, aquelas
onde vigoram relações "paralelas" de continuidade ou
descontinuidade entre as dimensões física e metafísica, para
gerarmos os dois outros esquemas, respectivamente o
totemismo e o analogismo (id. ibid.: 176).[7]*

O impulso original de Par-delà nature et culture *foi o
mesmo que guiou tantos antropólogos e filósofos de nossa
geração: uma insatisfação com o interesse algo unilateral
do estruturalismo pela vertente descontinuísta e
classificatória, metafórica e simbólica, totêmica e
mitológica do pensamento selvagem, em detrimento de seus
aspectos continuístas e "transcategoriais", metonímicos e
indiciais, pragmáticos e rituais. Em suma, após tantos anos
passeando* du côté de chez Lévi-Strauss, *suspeitávamos
que era preciso começar a ver o que se passava* du côté de
chez Lévy-Bruhl. *O animismo, primeira das ontologias
basais destacada por Descola a partir de sua experiência de
amazonista, constituía um passo nessa direção. Basta*

de *Par-delà nature et culture* consiste nessa inclusão diacrítica da dimensão corporal; de tal forma que meu caro colega e amigo poderia me dizer, como o sábio canaque Boesoou o fez memoravelmente ao antropólogo-missionário francês Maurice Leenhardt, que o que eu trouxe à sua teoria foi o corpo...

7. Não escondo certas reservas quanto ao bem-fundado desses dois esquemas paralelos (ou pelo menos quanto a sua pertença à mesma categoria ontotipológica que os esquemas cruzados), na medida em que eles supõem definições mutuamente independentes da "fisicalidade" e da "interioridade", o que tenderia assim a substancializá-las, ao passo que os esquemas cruzados requerem simplesmente valores "de posição", determináveis por contraste interno, em que um polo funciona reciprocamente como figura ou fundo para o outro. Isso marcaria uma diferença importante entre o que chamo perspectivismo e o animismo de Descola, na medida em que o primeiro não pode mais ser (mal) interpretado como um tipo ou uma elaboração particular do segundo, mas como um outro *modo de funcionamento* da distinção entre corpo e alma.

lembrar que o animismo se define pela ideia de que outros existentes além dos humanos são pessoas, isto é, são termos de relações sociais: ao contrário do totemismo, sistema de classificação que utiliza a diversidade natural para significar as relações intrassociais, o animismo utilizaria as categorias da socialidade para significar as relações entre humanos e não-humanos. Assim, haveria uma só série – a série das pessoas –, em lugar de duas; e as relações entre "natureza" e "cultura" seriam de contiguidade metonímica, não de semelhança metafórica.[8]

No que me concerne, procurei escapar do que me parecia uma concepção excessivamente combinatória do pensamento selvagem valorizando o polo "menor" de uma oposição muito problemática d'O pensamento selvagem (Lévi-Strauss 1962b) aquela entre totemismo e sacrifício (ver adiante). O que eu colocava na coluna do sacrifício (no sentido de Lévi-Strauss), em minha análise do xamanismo e do canibalismo ameríndios, Descola punha na conta do animismo; e foi em larga medida graças a essa "sinonímia" conceitual que nossos trabalhos fecundaram-se mutuamente: pensávamos estar falando das mesmas coisas... Mas, enquanto eu visava, para além das metonímias sacrificiais, um "outro" da razão classificatória, ou, mais precisamente, uma interpretação não combinatória ou alógica da noção central do estruturalismo – a noção de transformação –, o autor de Par-delà nature et culture *tomava um rumo diverso. Descola decidiu-se por ampliar em extensão o projeto d'O*

---

8. A introdução da corporalidade diferencial proposta em meu artigo de 1996 veio complexificar este modelo, como já observamos.

pensamento selvagem. *Ao mesmo tempo em que restringia o sentido genérico que a noção de totemismo recebe em Lévi-Strauss (para quem ela termina por ser sinônimo de toda atividade de significação) de modo a torná-lo um tipo de "ontologia" entre outros, todo o procedimento de dedução das quatro ontologias basais em* Par-delà nature et culture *é nitidamente de inspiração "totêmica" (no sentido original de Lévi-Strauss), muito mais que "sacrificial".*[9] *Descola concebe seu objeto como um jogo combinatório fechado, e seu objetivo é o estabelecimento de uma tipologia de esquemas da prática – as formas de objetivação do mundo e de outrem – segundo regras de composição finitas. Neste sentido, o livro é ao mesmo tempo profundamente "totemista" e "analogista" – o que não é de surpreender, uma vez que a contribuição distintiva de* Par-delà nature et culture *à cosmologia do estruturalismo clássico foi essa distinção,* interna ao "totemismo" de Lévi-Strauss, *em dois subtipos, o totemismo* sensu Descola *e o analogismo. Com efeito, e sem pôr em dúvida que a caracterização do analogismo se adequa magnificamente a uma série de fenômenos e estilos civilizacionais (em particular os daqueles povos que chamávamos outrora de "bárbaros"), é preciso dizer que o analogismo existe antes de mais nada em* Par-delà nature et culture *ele próprio, livro de erudição e fineza analítica admiráveis, mas que é, também, inteiramente analogista do ponto de vista da teoria e do método, como o demonstra seu pendor pelas classificações totais, seu gosto pelas identificações, pelos*

---

9. No livro de Descola, o sacrifício também recebe uma interpretação mais restrita ou literal, ao ser tomado como uma característica da ontologia "analogista".

sistemas de correspondência, pelas propriedades, pelos esquemas de projeção microcosmo-macrocosmo... Com efeito, é impossível, por construção, que o sistema de Descola não exprima predominantemente uma das quatro ontologias que identifica; a ideia mesma de identificação é uma ideia analogista. Um espírito animista, ou um cérebro naturalista, teria ideias provavelmente diferentes. Ideias perspectivistas, por exemplo – do qual o presente argumento é, precisamente, uma versão.

Pois o problema que se coloca nesse texto (O Anti--Narciso) não é o de ampliar o estruturalismo em extensão, mas o de interpretá-lo em intensidade, ou seja, em uma direção "pós-estrutural". Digamos, então, que, se o desafio que Descola enfrentou com sucesso foi, de certa forma, o de como reescrever O pensamento selvagem *depois de ter profundamente assimilado* As palavras e as coisas (Foucault 1966),[10] *o desafio que me proponho desde algum tempo é o de como reler as* Mitológicas *a partir de tudo o que* Mil platôs (D. & G. 1980) *me "desaprendeu" sobre a antropologia.*[11]

10. O conceito de analogismo se inspirou claramente, penso eu, no capítulo "A prosa do mundo" do grande livro de Michel Foucault. Há também, com licença do jogo de palavras, algumas analogias entre os grandes objetos de *Par-delà nature et culture* e de *As palavras e as coisas* – imagine-se as quatro ontologias de Descola em paralelo com as epistemes de Foucault – e curiosas semelhanças nos métodos de demonstração, como por exemplo o uso comum de uma pintura europeia como uma sorte de "ideopictograma" ou modelo reduzido de uma certa configuração intelectual (o grupo de Velázquez em Foucault, a paisagem de Savery em Descola).

11. A aproximação de *Par-delà nature et culture* com *As palavras e as coisas* não deve nos impedir de notar que o livro de Foucault se mostra radicalmente *implicado* por sua própria periodização, ao passo que a questão de saber se *Par-delà nature et culture* chega a se situar em sua própria tipologia, ou ao contrário se ele se exclui enquanto modo de pensamento dos modos de pensamento que ele situa, não me parece ter uma resposta completamente clara no livro. Registre-se, enfim, que a

Isso posto, o perspectivismo não é de modo algum alérgico a toda problemática de classificação, por considerá-la como fundamentalmente logocêntrica ou outro pecado similar. E quando se veem as coisas de perto, nós outros, antropólogos, somos todos um pouco analogistas... Nesse sentido, o perspectivismo poderia ser mesmo visto como uma reduplicação ou "intensivização" da libido classificatória, na medida em que seu problema característico é reformulável nos seguintes termos: o que acontece quando o classificado se torna o classificador? O que acontece quando não se trata mais de ordenar as espécies em que se divide a natureza, mas em saber como tais espécies elas próprias o fazem? E a questão se coloca: que natureza elas, assim, fazem – como os jaguares objetivam "o mundo e outrem"? Ou, mais geralmente – mas exatamente no mesmo sentido – o que acontece quando perguntamos aos indígenas o que é a antropologia?

—

A antropologia "social" ou "cultural" é assim chamada – ou antes, deveria sê-lo – não por contraste com uma antropologia "física" ou "biológica", mas porque a primeira real questão com que ela se defronta é determinar o que faz as vezes do "social" ou do "cultural" para o povo que ela estuda, ou seja, qual é a antropologia desse povo – a antropologia que tem esse povo como agente e não como paciente especulativo. Isso equi-

---

diferença quanto às nossas respectivas obras de referência no *corpus* lévi-straussiano é tão ou mais significativa que a diferença entre o kantismo historicista de *As palavras e as coisas* e a nomadologia pós-correlacionista de *Mil platôs*.

4. Imagens do pensamento selvagem

vale a dizer que fazer antropologia é comparar antropologias, e pouco mais que isso – mas nada menos que isso. A comparação não é apenas nosso instrumento analítico principal; ela é também nossa matéria-prima e nosso horizonte último, pois o que comparamos são sempre e já necessariamente comparações, no mesmo sentido em que, para o método estrutural (tal como aplicado nas *Mitológicas*), o objeto de toda transformação é necessariamente uma outra transformação, e não alguma substância originária. Não poderia ser de outro modo, uma vez que toda comparação é uma transformação. Se a cultura, na elegante definição processual de Strathern (1992c: 47), "consiste no modo pelo qual as pessoas estabelecem analogias entre os diferentes domínios de seus mundos",[12] então toda cultura é um gigantesco, multidimensional dispositivo de comparação. E se a antropologia – agora cito Wagner ([1975] 2017: 68) – "estuda a cultura por meio da cultura", então "quaisquer operações que caracterizem nossa investigação também devem ser propriedades gerais da cultura". Em suma, o antropólogo e o nativo estão engajados em "operações intelectuais diretamente comparáveis" (Herzfeld 2001: 7), e tais operações são antes de mais nada operações comparativas. Relações intraculturais, ou comparações internas (as "analogias entre domínios" de Strathern), e relações interculturais, ou comparações externas (a "invenção da cultura" de Wagner), estão em estrita continuidade ontológica.

Mas comparabilidade direta não significa necessariamente tradutibilidade imediata, e continuidade ontológica não implica transparência epistemológica. Como restituir as analogias traçadas pelos povos amazônicos nos termos de nossas

---

12. O que faz de toda cultura um exemplo de "analogismo", para confundirmos um pouco mais o esquema quadripartite de Descola...

próprias analogias? O que acontece às nossas comparações quando as comparamos com as comparações indígenas?

Proponho aqui a noção de *equivocidade* para reconceitualizar, com o auxílio da antropologia perspectivista ameríndia, esse procedimento emblemático de nossa antropologia euroacadêmica, a comparação. A operação que tenho em mente não é a comparação explícita entre duas ou mais entidades socioculturais igualmente externas ao observador, feita com o propósito de detectar constantes ou identificar variações concomitantes com valor nomotético. Este é certamente um dos procedimentos mais populares em antropologia; mas ele é somente um entre outros à nossa disposição, é uma "regra regulativa" do método antropológico. A comparação de que falo, ao contrário, é uma "regra constitutiva" do método. Trata-se do procedimento implicado na tradução dos conceitos práticos e discursivos do "observado" nos termos do dispositivo conceitual do "observador"; isto é, falo daquela comparação, o mais das vezes subentendida, implícita ou automática – sua explicitação ou topicalização é um momento essencial do método –, que inclui *necessariamente* o discurso do antropólogo como um de seus termos, e que começa a se processar a partir do primeiro minuto de trabalho de campo ou da leitura de uma monografia etnográfica.

Essas duas modalidades comparativas não são nem equivalentes nem independentes. A primeira delas, habitualmente elogiada por permitir uma triangulação objetivante do *pas de deux* imaginário do Eu e do Outro (que marcaria a segunda operação), e dar assim acesso a propriedades inteiramente atribuíveis ao observado, é menos inocente ou eficaz do que parece. Eis aí um triângulo que não é realmente triangular: 2 + 1 não fazem forçosamente 3. Pois é sempre o antropólogo (o "1") que define os termos em que duas ou mais culturas alheias à sua

4. Imagens do pensamento selvagem

própria, e frequentemente alheias entre si, são postas em relação. Quando ele compara os Kachin com os Nuer, não o fez a pedido nem dos Kachin nem dos Nuer; o que ele fez, via de regra, foi desaparecer da cena comparativa, ausentando-se do problema que ele mesmo colocou para os Kachin e os Nuer: como se ambos se comparassem por si mesmos. Estes emergem assim *do interior do discurso antropológico*, recebendo sua objetividade comum enquanto entidades socioculturais comparáveis por obra e graça de um problema colocado por uma *outra* entidade sociocultural que, ao determinar as regras do jogo comparativo, se revela soberanamente *ímpar*. O "estado de exceção" parece ser mesmo a regra em nossa metafísica, da política à epistemologia – se é que estas duas são realmente coisas muito diferentes uma da outra.

Em suma: contrariamente à *doxa* erudita, a simetrização interna ao objeto produzida por sua pluralização comparativa não dispõe do poder miraculoso, nem de simetrizar a relação entre sujeito e objeto, nem de fazer o primeiro transformar-se em um puro espírito, nem de explicitar por si só a outra comparação subjacente, aquela que, como vimos, *implica* o observador em sua relação com o observado.

Essa implicação tem por nome "tradução". Hoje é um clichê dizer que a tradução cultural é a tarefa distintiva da antropologia.[13] O problema consiste em saber o que exatamente é, pode, ou deve ser uma tradução, e como se realiza tal operação. É aqui que as coisas se complicam, como mostrou Talal Asad (1986), em termos que assumo (ou traduzo) aqui: em an-

---

13. Um clichê, ao menos, em certos meios; pois em outros, defende-se que a verdadeira tarefa da antropologia não é realizar a *tradução cultural* do que quer que seja, mais, muito ao contrário, sua *redução natural*.

tropologia, a comparação serve à tradução e não o contrário. A antropologia compara para traduzir, e não para explicar, justificar, generalizar, interpretar, contextualizar, revelar os não-ditos do que *goes without saying*, e assim por diante. E se traduzir é sempre trair, conforme o dito italiano, uma tradução digna deste nome – aqui estou apenas parafraseando (traduzindo) Walter Benjamin, ou antes, Rudolf Pannwitz – é aquela que trai a língua de destino, não a língua do original. A boa tradução é aquela que consegue fazer com que os conceitos alheios deformem e subvertam o dispositivo conceitual do tradutor, para que a *intentio* do dispositivo original possa ali se exprimir, e assim transformar a língua de destino. Tradução, traição, transformação. O nome desse processo na antropologia estrutural, como se sabe, é "mito"; e um de seus sinônimos é justamente "antropologia estrutural".

Traduzir o perspectivismo ameríndio, então, é lançar mão da imagem da tradução que ele contém: a imagem de um movimento de equivocidade controlada – "controlada" no sentido em que se pode dizer que andar é um cair continuamente para a frente de um modo controlado. O perspectivismo indígena é uma doutrina do equívoco, isto é, da alteridade referencial entre conceitos homônimos; o equívoco aparece ali como o modo por excelência de comunicação entre diferentes posições perspectivas, e portanto como condição de possibilidade e limite da empresa antropológica.

A teoria indígena do perspectivismo emerge de uma comparação implícita entre os modos pelos quais diferentes modos corporais (as "espécies") experimentam "naturalmente" o mundo como multiplicidade afectual. Uma tal teoria aparece para nós, por conseguinte, como uma antropologia *invertida*, visto que nossa própria etnoantropologia procede por meio

4. Imagens do pensamento selvagem

87

de uma comparação explícita entre as formas pelas quais diferentes tipos de mentalidade (ou modos mentais) representam "culturalmente" o mundo, mundo este posto como a origem unitária de suas diferentes versões conceituais. Assim, uma descrição culturalista do perspectivismo implica a negação ou deslegitimação de seu objeto, sua retroprojeção como uma forma primitiva ou fetichizada de raciocínio antropológico: uma anti ou pré-antropologia. O que equivale a uma péssima tradução, uma "baixa traição" do pensamento indígena – "baixa traição" no mesmo sentido (e direção) em que Oswald de Andrade distinguia a "baixa antropofagia" capitalista da antropofagia superior vigente no matriarcado primitivo.

O conceito de perspectivismo propõe uma inversão dessa inversão: agora é a vez do nativo – *the turn of the native*. Não *"the return of the native"*, como Adam Kuper (2003) ironizou, parodiando um título de Thomas Hardy, o grande movimento etnopolítico que inspira esta deslocação reflexiva, a saber, a "indigenização da modernidade" (Sahlins 2000), mas *the turn*, a torção, o καιρός, a hora, a vez, a virada inesperada. Não tanto Thomas Hardy, então, mas Henry James, o gênio consumado da arte da perspectiva: a volta do nativo, então, como quem diz "a volta do parafuso", *the turn of the screw*.[14] Da perspectiva de Kuper, a história que pretendemos começar a contar é, de fato, um conto de horror: uma antropologia cognitiva altermundialista, um "altercognitivismo".[15]

—

14. O que é bem melhor do que *"screw the native"*, como às vezes parecem preferir alguns de nossos colegas.

15. A expressão, que bem resumiria o projeto de Lévi-Strauss, é de Patrice Maniglier.

Mas era isto que estava, finalmente, em jogo na parábola lévi-straussiana das Antilhas. Ela não falava apenas "sobre" o perspectivismo; ela própria era perspectivista. Por outras palavras, ela ganha em ser lida como uma transformação histórica, em mais de um sentido, de vários mitos ameríndios que tematizam o perspectivismo interespecífico. Penso, por exemplo, naquelas narrativas em que o protagonista se perde na mata e chega em uma aldeia desconhecida, cujos moradores o convidam a se refrescar com uma cuia de "cerveja de mandioca", que ele aceita com gosto – mas, para sua surpresa horrorizada, seus anfitriões põem-lhe à frente uma cuia transbordante de sangue humano, insistindo que aquilo é precisamente a cerveja de mandioca que ele esperava. O que lhe permite concluir, naturalmente, que, se sangue humano é a cerveja daquela gente, aquela gente não era humana. Tanto a parábola como o mito giram em torno de um tipo de disjunção comunicativa onde os interlocutores não estavam falando da mesma coisa, e não sabiam disso (no caso da anedota de Porto Rico, o "diálogo" se trava no plano do raciocínio comparativo de Lévi-Strauss sobre o etnocentrismo recíproco). Assim como os jaguares e os humanos dão o mesmo nome para duas coisas muito diferentes, assim também tanto os europeus como os índios "falavam" da humanidade, isto é, perguntavam-se sobre a extensibilidade desse conceito autodescritivo ao Outro; mas aquilo que europeus e índios entendiam como sendo o critério definidor do conceito (sua intensão) era radicalmente diverso. Em suma, tanto a historieta de Lévi-Strauss como o mito giram em torno de um equívoco.

A anedota das Antilhas é análoga a inúmeras outras que podemos encontrar na literatura etnográfica, ou em nossas próprias reminiscências do trabalho de campo. Na verdade, ela resume a "situação" ou o evento antropológico arquetípico. É possível ver, por exemplo, no célebre episódio do capitão Cook, tal como analisado por Marshall Sahlins (1985), uma transformação estrutural dos experimentos cruzados de Porto Rico: trata-se de duas versões do motivo--mestre da equivocidade intercultural. Visto da Amazônia indígena, isso que os antropólogos adjetivamos de "intercultural" não passa de um caso particular do "interespecífico", assim como a história europeia de Cook é apenas uma versão do mito havaiano de Lono.

É importante sublinhar que o equívoco não é apenas uma dentre as inúmeras patologias que ameaçam a comunicação entre o antropólogo e o nativo – como a incompetência linguística, a ignorância do contexto, a falta de empatia, a indiscrição, a ingenuidade, a má-fé, o esquecimento e outras tantas deformações ou carências que podem afligir empiricamente a enunciação antropológica.[16] Ao contrário dessas patologias contingentes, o equívoco é uma categoria propriamente transcendental, uma dimensão constitutiva do projeto de tradução cultural próprio da disciplina.[17] Ele não é uma mera facticidade negativa, mas uma condição de possibilidade do discurso antropológico, aquilo que justifica sua existência (*quid juris?*). Traduzir é instalar-se no espaço do equívoco e habitá-lo. Não para desfazê-lo, o que suporia que ele nunca existiu, mas, muito ao contrário, para potencializá-lo, abrindo e alargando o espaço que se imaginava não existir entre as linguagens conceituais em

16. Como se sabe, as "patologias da comunicação" são um tema maior da mitologia lévi-straussiana, do Graal a Asdiwal ao *O cru e o cozido* e além.
17. Estas considerações são uma óbvia paráfrase (uma "analogia entre domínios", Strathern) de uma conhecida passagem de Deleuze e Guattari (1991: 53-ss).

contato – espaço que, precisamente, o equívoco ocultava. O equívoco não é o que impede a relação, mas aquilo que a funda e a propele: uma diferença de perspectiva. Traduzir é presumir que há desde sempre e para sempre um equívoco; é comunicar pela diferença, em vez de silenciar o Outro ao presumir uma univocidade originária e uma redundância última – uma semelhança essencial – entre o que ele e nós "estávamos dizendo".

Michael Herzfeld observava, não tanto tempo atrás, que "a antropologia se ocupa dos equívocos [*misunderstandings*], inclusive os equívocos de nós mesmos, os antropólogos, pois a equivocidade é, em geral, o resultado da incomensurabilidade mútua entre as diferentes noções do que seja o senso comum – e este é nosso objeto de estudo" (2003: 2). O autor d'*O Anti-Narciso* não poderia estar mais de acordo. Ele insistiria apenas sobre a ideia de que, se a antropologia existe (*de jure*), é apenas porque isso que Herzfeld chama de "senso comum" não é, precisamente, *comum*. Acrescentaria também que a incomensurabilidade das "noções" em confronto, longe de ser um impedimento à sua comparabilidade, é exatamente o que a permite e justifica, como argumenta Michael Lambek (1998). Pois só vale a pena comparar o incomensurável – comparar o comensurável é tarefa para contabilistas. E por fim, é preciso insistir que a ideia de "*misunderstanding*" deve ser tomada no sentido daquela equivocidade que encontramos no multinaturalismo perspectivo: um equívoco não é um "defeito de interpretação", no sentido de uma falta, mas um "excesso" de interpretação, na medida em que não percebemos que há mais de uma interpretação em jogo. E, sobretudo, essas interpretações são necessariamente divergentes, elas não dizem respeito a modos imaginários de ver o mundo, mas aos mundos reais que estão sendo vistos. Nas cosmologias ameríndias, o mundo real das diferentes espécies *depende* de seus pontos de vista, porque o "mundo em geral" *consiste* nas diferentes espécies, é o espaço abstrato de divergência entre elas enquanto pontos de vista.[18]

A antropologia, então, vive de equívocos. Mas, como observou Roy Wagner sobre suas relações iniciais com os Daribi da Nova Guiné: "O equívoco deles a meu respeito não era o mesmo que meu equívoco acerca deles" ([1975] 2017: 49) – talvez a melhor definição antropológica de cultura já proposta.[19] O ponto crucial aqui não é o fato empírico das incompreensões, mas o "fato transcendental" de que elas não eram as mesmas. A questão, pois, não é a de saber quem está enganado, e menos ainda quem está enganando quem. Um equívoco não é um erro, um logro ou uma falsidade, mas o fundamento mesmo da relação que o implica, e que é sempre uma relação com a exterioridade. Um erro ou um engano só podem se determinar como tais dentro de um mesmo "jogo de linguagem", ao passo que o equívoco é o que se passa no intervalo, o espaço em branco entre jogos de linguagem diferentes. O engano e o erro supõem premissas já constituídas, e constituídas como homogêneas, ao passo que o equívoco não apenas "supõe" a heterogeneidade das premissas em jogo – ele as põe como heterogêneas, e as pressupõe como premissas. O equívoco determina as premissas, mais que é determinado por elas. Por

---

18. Não há pontos de vista sobre as coisas – as coisas e os seres é que são pontos de vista, como disse Deleuze (1988: 203), comentando Leibniz.

19. *"Their misunderstanding of me was not the same as my misunderstanding of them."*

conseguinte, ele não pertence ao mundo da contradição dialética, pois sua síntese é disjuntiva e infinita: tomá-lo como objeto determina um outro equívoco a montante, e assim por diante.

O equívoco, em suma, não é uma falha subjetiva, mas um dispositivo de objetivação. Ele não é um erro ou uma ilusão – não se trata de imaginar a objetivação na linguagem iluminista, moralizante, da reificação ou da fetichização –, mas a condição-limite de toda relação social, condição que se torna ela própria hiperobjetivada no caso-limite da relação dita "intercultural", onde os jogos de linguagem divergem maximamente. Essa divergência inclui, não é preciso dizer, a relação entre o discurso do antropólogo e o discurso do nativo. Assim, o conceito antropológico de cultura, por exemplo, como argumentou Wagner, é o equívoco que surge como tentativa de solução para a equivocidade intercultural; e ele é equívoco na medida em que assenta no "paradoxo gerado pelo ato de imaginar uma cultura para pessoas que não a concebem para si mesmas" (id. ibid.: 58). Por isso, mesmo quando os "mal-entendidos" se transformam, com o tempo, em "entendidos" e, com muito mais tempo ainda, em "subentendidos" – quando o antropólogo transforma a sua incompreensão inicial sobre os nativos na "cultura deles", ou quando os nativos compreendem, por exemplo, que aquilo que os brancos chamavam de "presentes" são na realidade "mercadorias" – mesmo ali os equívocos permanecem não sendo os mesmos. O Outro dos Outros é sempre outro. E se o equívoco não é erro, ilusão ou mentira, mas a forma mesma da positividade relacional da diferença, seu oposto não é a verdade, mas o unívoco, enquanto pretensão à existência de um sentido único e transcendente. O erro ou ilusão por excelência consistiria, justamente, em imaginar que haja um unívoco por baixo do equívoco, e que o antropólogo seja seu ventríloquo.

—

Muito mais do que *the return of the native*, então. Se há retorno, é antes o *"frappant retour des choses"*, a notável reviravolta de que falava Lévi-Strauss: a volta da filosofia ao centro do palco. Não, porém, como o autor parecia sugeri-lo, sob o modo de uma alternativa exclusiva entre *nossa* filosofia e a filosofia *deles* (ainda um caso de homonímia? Tanto melhor), mas como síntese disjuntiva entre a antropologia, entendida como metafísica experimental ou geofilosofia de campo, e a filosofia, entendida como aquela prática etnoantropológica *sui generis* que consiste na criação de conceitos (D. & G. 1991). Esta operação de "transversalização" entre antropologia e filosofia – uma "aliança demônica", diria o autor dual de *Mil platôs* (id. 1980) – se estabelece em vista de um objetivo comum, a entrada em um estado (um platô de intensidade) de descolonização permanente do pensamento.

Não é preciso lembrar que a antropologia social e cultural esteve desde sempre atravessada de cima a baixo por conceitos e problemas filosóficos – desde aquele conceito filosófico entre todos, o de "mito", até o problema tipicamente filosófico, evocado por Lévi-Strauss, de como sair da filosofia, isto é, como "fugir" da matriz cultural da antropologia. A questão portanto não é a de saber se os antropólogos devem restabelecer um diálogo jamais interrompido com a filosofia, mas com qual filosofia vale a pena se conectar. Isso, é claro, depende do que se quer, e do que se pode. É perfeitamente possível determinar uma imagem do pensamento selvagem com o auxílio de Kant, de Heidegger ou de Wittgenstein. Não menos possível é encontrar paralelos diretos no plano dos conteúdos. As cosmologias amazônicas, por exemplo, tão ricas em semelhanças equívocas com a distinção entre mundo das essências e mundo das aparências, parecem conduzir naturalmente a uma leitura platonizante – leitura cujo único interesse, entretanto, residiria em mostrar o quanto esse platonismo índio, longe de essencial, é apenas *aparente*. Mas tudo, repito, depende dos problemas que nos são colocados pelo pensamento indígena, ou melhor, de quais problemas filosoficamente interessantes estamos em condições de discernir nos inumeráveis e complexos agenciamentos semiopráticos inventados pelos coletivos que a antropologia estuda.

Escolhi a filosofia de Deleuze e, em particular, os dois volumes de *Capitalismo e esquizofrenia* (1972, 1980) escritos em parceria com Guattari, como o instrumento mais apropriado para retransmitir a frequência de onda que eu estava preparado para captar no pensamento ameríndio. O perspectivismo e o multinaturalismo, enquanto conceitos ressintetizados pelo discurso antropológico (pois as teorias indígenas não se apresentam pré-embaladas de maneira tão prática, caro leitor), são o resultado do encontro entre um certo devir-deleuziano da etnologia americanista e um certo devir-índio da filosofia de Deleuze-Guattari – devir-índio que passa de maneira decisiva, como veremos, justamente pelo capítulo de *Mil platôs* sobre os devires.

Isso é o mesmo que dizer que "os índios são deleuzianos", como tive o topete de declarar em certa ocasião (Viveiros de Castro 2006)? Sim e não. *Sim*, primeiramente, no sentido de que a filosofia de Deleuze-Guattari não emite um som oco quando se a percute com as ideias indígenas; em seguida, porque a linha de pensadores privilegiada por Deleuze, na medida em que se constitui como linha menor dentro da tradição ocidental, abre uma série de conexões com o exterior dessa tradição, os vastos mundos do pensamento alheio. Mas *não*, enfim, porque os índios podem ser tão kantianos quanto nietzschianos, bergsonianos tanto quanto wittgensteinianos, e merleau-pontianos, heideggerianos, hegelianos sumamente, marxistas é claro, freudianos obrigatoriamente, lévi-straussianos sobretudo... Creio mesmo já ter ouvido falar em índios habermasianos, o que me leva a concluir que tudo é possível neste mundo.

Sim e não. Evidentemente, como gostam de dizer nossos amigos franceses, "o problema está mal colocado". Pois do ponto de vista de uma contra-antropologia multinaturalista, trata-se de ler os filósofos à luz do pensamento selvagem, e não o contrário: trata-se de atualizar os incontáveis devires-outrem que existem como virtualidades de nosso pensar. Pensar desde o lado de fora (não *forçosamente* a China, como pretende François Jullien)[20] para ir reencontrar o "pensamento do Fora" pelo outro lado. Toda experiência de um outro pensamento é uma experiência sobre o nosso próprio.

---

20. *Penser d'un dehors (la Chine)* é o título de um livro que, como o resto da obra de Jullien, é uma referência fortemente paradigmática para *O Anti-Narciso*, mesmo naqueles raros momentos em que não consigo me pôr de acordo com ela (Jullien & Marchaisse 2000).

SEGUNDA PARTE
Capitalismo e esquizofrenia de
um ponto de vista antropológico

5.
Um curioso entrecruzamento

Para minha geração, os nomes de Gilles Deleuze e Félix Guattari evocam de pronto a mudança de orientação no pensamento que marcou a segunda metade dos anos 1960, durante os quais alguns elementos-chave da presente sensibilidade cultural do Ocidente foram inventados. O significado, as consequências e a própria realidade dessa mudança são objeto de uma controvérsia que ainda grassa.

Para os servidores espirituais da ordem, aquelas muitas "pequenas mãos" que trabalham pela Maioria (Pignarre & Stengers 2005: 49-53), a mudança representou sobretudo algo de que as gerações futuras tiveram e têm ainda de se proteger – os protetores de hoje tendo sido os protegidos de ontem e vice-versa e assim por diante –, um dos meios mais eficazes sendo a difusão da ideia de que o evento-68 se consumiu sem se consumar, ou seja, que na verdade nada aconteceu. A verdadeira revolução se fez contra o evento; e foi ganha pela Razão (para usarmos o eufemismo de praxe), força que consolidou a máquina planetária do Império, em cujas entranhas realizam-se as núpcias místicas do Capital com a Terra – a "mundialização" –, operação da qual emana gloriosamente a Noosfera – a "economia da informação" que nos controla a todos. Se o capital não se importa em nada de estar ou não "com a razão", tem-se a impressão de que a razão, esta, adora ser vista aos beijos e abraços com o capital.

Para muitos outros, ao contrário, aqueles que continuam insistindo romanticamente (para usarmos o insulto de praxe) que um outro mundo é possível, a propagação da peste neoliberal e a consolidação tecnopolítica das sociedades de controle – o Mercado serve ao Estado, o Estado serve ao Mercado: não há por que "escolher" entre os dois – só poderão ser enfrentadas se continuarmos capazes de conectar com os fluxos de desejo que subiram à superfície por um fugaz momento, já lá vai quase meio século. Para esses outros, o evento absoluto que foi 68 ainda não terminou, e ao mesmo tempo talvez sequer tenha começado, inscrito como parece estar em uma espécie de futuro do subjuntivo histórico (D. & G. 1984).

Gostaria de me incluir, com ou sem "razão", entre esses outros. Por isso, diria a mesma coisa da influência de Gilles Deleuze e de seu parceiro Félix Guattari, autores da obra mais importante, do ponto de vista de uma política do conceito, produzida na filosofia da segunda metade do século xx. A "mesma coisa", a saber: que essa influência está longe de ter atualizado todo o seu potencial. A presença de Deleuze (e Guattari) em certas disciplinas ou campos de investigação contemporâneos é, com efeito, menos conspícua do que se poderia esperar. Uma disciplina onde essa presença ainda se mostra bastante tímida é aquela que pratico, a antropologia social.

—

A relevância para a antropologia da obra de Deleuze e Guattari é no mínimo tão grande quanto a de pensadores como Michel Foucault ou Jacques Derrida, cujos trabalhos já foram extensivamente absorvidos pelo que poderíamos chamar de contracorrentes dominantes nas ciências humanas contemporâneas, na antropologia inclusive. Essas contracorrentes, note-se, não fluíam com grande ímpeto na França na primeira década do novo século. As relações entre antropologia e filosofia se intensificaram sobremaneira nos últimos quarenta anos, mas o processo se desenrolou essencialmente na academia anglo-saxã, onde a antropologia, como outras *humanities*, tem se mostrado mais aberta à "filosofia continental" que a antropologia francesa ela própria. A analítica existencial de Heidegger, a fenomenologia da corporalidade de Merleau-Ponty, a microfísica do poder de Foucault e o método da desconstrução de Derrida vieram se somar, nos anos 1980 e 1990, aos ventos continentais que já sopravam desde a década de 1970, e que difundiram, na antropologia americana e britânica, os diferentes sabores do marxismo consumidos na Europa continental, de Adorno a Althusser, de Gramsci a Mao (a China começou a ensaiar sua futura hegemonia pela esquerda...), passando muito eventualmente pelo operaísmo, o autonomismo e outras correntes um pouco menos ortodoxas – uma sucessão de influências que podem ser vistas, no caso específico da antropologia, como reações imunológicas ao estruturalismo lévi-straussiano, a ameaça continental dominante na década de 1960. Na "Velha Europa", em particular na França, as relações entre antropologia e filosofia foram, ao contrário, se esgarçando, no mesmo passo em que o estruturalismo perdia seu ímpeto paradigmático, ou foram sendo reconfiguradas em bases antes pré- que pós-estruturalistas (Lévi-Strauss & Eribon 1988: 131), ao menos do lado antropológico da questão. O pós-estruturalismo filosófico, a "*French theory*" por excelência (Cusset 2005), teve pouco efeito sobre a antropologia feita na própria França, enquanto foi, ao contrário, o principal responsável pela aproximação entre as duas disciplinas nos países de língua inglesa (não sem reações violentas, registre-se, por parte dos cardeais acadêmicos locais, das mais diversas denominações ideológicas).

É verdade que não faltaram exemplos de comicidade involuntária nas apropriações da *French theory* pelos antropólogos e congêneres do mundo trans-hexagonal. Mas a indiferença *blasée*, quando não uma hostilidade aberta, que as ciências humanas francesas demonstram, via de regra, diante da constelação de problemas designada por esse rótulo de *French theory* – duplamente pejorativo para os ouvidos gringos, bem entendido – é muito para se lamentar, pois criou um descompasso interno à disciplina, desencadeando um processo de extrema incompreensão recíproca, e no fim das contas reflexiva, entre as três principais tradições nacionais (britânica, francesa, norte-americana). A proposta desencantada de rebatismo da disciplina como "*entropologia*" (Lévi-Strauss 1955a: 478) parece subitamente ganhar uma dimensão autorreferencial. Como se o conhecido título freudiano sofresse uma daquelas transformações de metonímia em metáfora ou vice-versa, tão apreciadas por Lévi-Strauss: o "mal-estar na cultura" retorna, ou se duplica, como mal-estar na teoria da cultura.

Um curioso entrecruzamento, enfim. Enquanto a antropologia anglo-saxã recente não temeu lançar mão da filosofia francesa (mais geralmente, continental) dos anos 1960 e 1970, enxertando-a de modo inventivo no arraigado *habitus* empirio-pragmatista indígena, a antropologia francesa – com as exceções de praxe, as mais notáveis sendo as de Bruno Latour e de François Jullien, pensadores estabelecidos mas marginais, política e taxonomicamente, ao *mainstream* da disciplina – mostrou, nas últimas décadas, desanimadores sinais de reabsorção por seu substrato geológico durkheimiano, o que não a impediu de se deixar ao mesmo tempo influenciar por representantes franqueados da tradição filosófica "analítica" hegemônica no mundo anglo, a qual conheceu uma expansão, na França do presente século, tão rápida e inexplicável como a da cadeia McDonald's. Outra tendência a emergir, diga-se com desânimo – principalmente porque ela veio reforçar a anterior –, foi a ampla naturalização sociocognitiva (no plano do subconsciente da disciplina) de um certo tipo de naturalismo psicocognitivo (supostamente expresso no inconsciente de seu objeto) que, em perfeita coerência com a axiomática do capitalismo cognitivo em vigor, justifica uma economia do conhecimento onde o conceito antropológico funciona como uma verdadeira mais-valia simbólica extraída pelo "observador" do trabalho existencial do "observado".[1]

É claro que as coisas não chegaram realmente a esse estado de quase total desolação.[2] No que concerne à antropologia, deve-se sublinhar que os exemplos de dinamismo e de criatividade são mais numerosos que pode fazer crer a exclusiva menção acima aos nomes de Latour e Jullien, e que há, sobretudo,

1. Se considerarmos as duas direções tomadas pelo pensamento francês após o momento estruturalista, a saber, o cognitivismo e o pós-estruturalismo, está claro que a antropologia desse país derivou quase unanimemente para o primeiro atrator, a tal ponto que a palavra "cognitivo" tornou-se a operadora dominante da função fática no discurso recente da disciplina. O cognitivismo antropológico mostrou-se, em última análise – a proximidade institucional e psicológica da figura gigantesca de Lévi-Strauss pode talvez explá-lo –, muito mais antiestruturalista que os diferentes "pós-estruturalismos" filosóficos de Foucault, Deleuze ou Derrida. Essa segunda direção desenvolveu-se, como se sabe, numa tensa mas fecunda imbricação com o "hiperestruturalismo" que se enraíza na obra de Althusser e de Lacan e se desdobrou na de Alain Badiou, de Etienne Balibar, de Jacques-Alain Miller, Jean-Claude Milner e outros (Maniglier 2009).

2. Entre o momento em que escrevi este parágrafo e o momento em que ele foi publicado, fui visitado por frequentes arrependimentos e tentado a acrescentar longas retratações. Mas é assim que as coisas se me afiguravam, em 2009. E, naturalmente, não tendo vocação suicida, eu já tomava o cuidado de excluir todos os meus confrades americanistas dessa apreciação insolente. Sempre fomos hiperestruturalistas!

uma importante mudança de guarda geracional em curso, a qual não está caminhando unanimemente na direção de um endurecimento das tendências acima registradas. Além disso, há poucos mas eminentes pesquisadores experimentados que defendem com veemência a reciprocidade de perspectivas como uma exigência constitutiva do projeto antropológico, recusando-se a compactuar com o *epistemocídio* de seus objetos, para evocarmos uma dura, porém justíssima, expressão de Bob Schölte. Da mesma forma, o tsunami reacionário dos anos 1980 em diante, que contou entre suas vítimas um ilustre contingente de antropólogos – certos deles, como se sabe, invocaram em vão a autoridade de Lévi-Strauss para se arrogar o papel de censores dos costumes da República –, não invadiu o campo intelectual e político sem se chocar com bastiões de resistência, tanto do lado dos antropólogos (p. ex. Favret--Saada 2000) como dos filósofos, onde se destaca a obra poderosa de Isabelle Stengers, a pensadora que mais fez, nas últimas décadas, para realizar plenamente – isto é, pela esquerda – o princípio latouriano da "simetria generalizada".

Há, em suma, razão para um certo otimismo. Assistimos presentemente, por exemplo, ao que parece ser o começo de uma reavaliação histórico-teórica do projeto estruturalista. É difícil prever qual será o efeito sobre o "campo" deste acontecimento estrutural que foi a entrada recente de Lévi-Strauss na Bibliothèque de la Pléiade.[3] Mas ela acontece na hora mesma em que sua obra começa a ser seriamente reestudada, e que se constata que ela não está apenas "atrás

---

3. Todo leitor d'*O cru e o cozido* saberá apreciar a ironia de ver o pensador que tanto fez para afirmar a superioridade lógica do discreto sobre o contínuo ser canonizado sob o signo das Plêiades antes que de Orion...

de nós e à nossa volta", mas também e sobretudo "diante de nós", para evocarmos as últimas linhas de *Raça e história* ([1952] 1973). O volume da Pléiade dá testemunho, aliás, de um daquelas notáveis reviravoltas que seu autor gosta de registrar: a herança do estruturalismo antropológico, homenagens piedosas e exceções honrosas à parte, parece estar sendo hoje, na França, mais bem administrada pela filosofia (a "nossa", i.e. a francesa, que é mesmo o grosso da nossa, i.e. a brasileira...) que pela antropologia. Refiro-me ao projeto de releitura – ia dizer de reabilitação – da obra de Lévi--Strauss empreendido por uma jovem geração de filósofos, interessados em resgatar a originalidade e a radicalidade intelectuais do pensamento francês dos anos 1960.[4]

Desta geração, é preciso destacar o nome de Patrice Maniglier, sem sombra de dúvida um dos intérpretes mais originais que já se debruçaram sobre o projeto estruturalista. Este autor soube trazer à luz a estranha e irredutivelmente única *ontologia do signo* que, subjacente à semiologia saussureana, é também consubstancial à concepção lévi-straussiana da antropologia.[5] A leitura que faz Mani-

4. Penso na equipe reunida em torno do Centre International d'Étude de la Philosophie Française Contemporaine da École Normale Supérieure de Paris (<www.ciepfc.fr>), sobretudo em Patrice Maniglier, hoje em Nanterre, mas também em antropológos-filosófos "anfíbios" como Gildas Salmon, Pierre Charbonnier ou Klaus Hamberger. Evidentemente seria preciso recuar um pouco mais, ao brilhante esforço pioneiro do filósofo, matemático e semiólogo Jean Petitot, que redefiniu completamente a genealogia teórica do estruturalismo (ver Petitot 1999).
5. A fascinação recente pela semiótica de C.S. Peirce, apresentado como o São Jorge vencedor do dragão saussureano por diversos jovens antropólogos norte--americanos (Webb Keane e Eduardo Kohn são os exemplos mais notáveis), desenvolveu-se na ignorância da releitura revolucionária de Saussure feita por Maniglier (2006) e terá de se haver com ela, cedo ou tarde. (Digo isso sem qualquer intenção de minimizar o imenso interesse intrínseco da obra peirceana.)

glier da antropologia de Lévi-Strauss reflete uma influência essencial, discreta mas perfeitamente explícita, da filosofia de Deleuze. Desnecessário dizer que tal leitura dificilmente obteria o assentimento integral dos dois pensadores implicados, e talvez menos ainda (o que já é mais interessante) dos discípulos autonomeados dos mesmos. Mas a linha foi traçada: a antropologia estrutural, afirma sem pestanejar Maniglier, é "a um só tempo empirista e pluralista", e a filosofia que a subtende é, "sob todos os aspectos, uma filosofia prática". Um Lévi-Strauss empirista, pluralista, pragmático. Enfim alguém para dizê-lo... Como o leitor terá compreendido, estamos aqui nas antípodas de *"la-pensée-Lévi-Strauss"* que Jeanne Favret-Saada demoliu com tão alegre sarcasmo.

—

A novidade da filosofia de Deleuze (e Guattari) foi logo percebida pelas políticas contraculturais que emergiram de 1968, da arte experimental aos movimentos de minorias, em particular pelas correntes não-essencialistas do mais importante de todos eles, o feminismo. Não muito mais tarde, ela foi incorporada ao repertório conceitual de novos projetos estratégicos de antropologia simétrico-reflexiva, como os *science studies*, e foi reivindicada por algumas disquisições influentes, de inspiração marxista, sobre a dinâmica do capitalismo tardio. Em contrapartida, as tentativas de articulação entre a antropologia social clássica – o estudo dos sujeitos e objetos minoritários, em todos os sentidos dessas três palavras – e os conceitos deleuzo-guattarianos ainda são surpreendentemente raras e quase sempre tímidas, ao contrário do que se poderia esperar. Afinal, o díptico *Capitalismo e esquizofrenia*

(D. & G. 1972, 1980) apoia muitos de seus argumentos em uma vasta bibliografia sobre povos não-ocidentais, dos Aché aos Kachin e dos Dogon aos Mongóis, desenvolvendo a partir dela teses ricas em implicações antropológicas – ricas demais, talvez, para os estômagos mais delicados, acostumados a uma anêmica dieta positivista. Por outro lado, o trabalho de alguns dos antropólogos que deixaram sua marca nas últimas duas décadas, como os já citados Roy Wagner, Marilyn Strathern ou Bruno Latour, mostra conexões sugestivas com as ideias de Deleuze; conexões que ainda não foram, sobretudo, conectadas entre si. No caso de Wagner, elas parecem ser puramente virtuais, fruto de uma "evolução aparalela" (no sentido de Deleuze) ou uma "invenção" (no sentido de Wagner) independente; nem por isso são menos reais, ou menos surpreendentes. Em Strathern, as conexões são "parciais" (como compete à autora de *Partial Connections*), ou muito indiretas (mas a "*indirection*" é um procedimento favorito de Strathern); isso posto, a antropóloga de Cambridge, que compartilha com Deleuze-Guattari uma teia de termos conceitualmente densos, como multiplicidade, perspectiva, dividual, fractalidade, é, sob diversos aspectos, a autora mais "molecularmente" deleuziana dentre os três citados.[6] No caso de Latour, as conexões são atuais e explícitas, "molares", constituindo um dos alicerces da infraestrutura teórica deste pensador; ao mesmo tempo, há porções significativas da obra de Latour bastante alheias ao espírito da filosofia deleuziana.

6. Marilyn Strathern achará muito bizarro esse retrato como antropóloga deleuziana que lhe pinto. Mas cuido que todos se recordarão da descrição que faz Deleuze de seu método de leitura dos filósofos como uma arte do retrato: "Não se trata de 'fazer parecido' [...]" (D. & G. 1991: 55-56).

Não é acidental que os três antropólogos acima estejam entre os poucos que poderiam ser rotulados com alguma propriedade de pós-estruturalistas (antes que, por exemplo, de pós-modernos). Eles assimilaram o que havia de novo no estruturalismo e seguiram adiante, em vez de embarcar em projetos teóricos francamente retrógrados, como o pseudoimanentismo sentimental dos mundos vividos, das moradas existenciais e das práticas incorporadas, isso quando não optaram pela truculência macho-positivista de Teorias de Tudo do gênero sociobiologia (ortodoxa ou reformada), economia política do sistema mundial, neodifusionismo das "invenções da tradição" etc. Da mesma forma, o pensamento de Deleuze, desde pelo menos *Diferença e repetição* e *Lógica do sentido*, pode ser visto como um projeto de desterritorialização do estruturalismo, movimento de que o autor extraiu as intuições de mais longo alcance para, com a ajuda delas, partir em outras direções (Maniglier 2006: 468-69).[7] Esses dois livros, com efeito, ao mesmo tempo em que elaboram a expressão filosófica mais acabada do estruturalismo, submetem-no a um violento tensionamento teórico que se aproxima da ruptura. Tal ruptura se tornará explícita com *O Anti-Édipo*, livro que foi um dos principais eixos de cristalização do pós-estruturalismo em sentido próprio, isto é, um estilo de pensamento que se desenvolveu como magnificação dos aspectos revolucionários do estruturalismo em relação ao *statu quo ante*, mas também como rejeição ruidosa (por vezes um pouco ruidosa demais) de seus aspectos mais conservadores.

---

7. Ver o artigo magistral de Deleuze (1972) que inspirou uma boa parte das inovações internas ao estruturalismo, como as realizadas por Petitot.

O antropólogo que decide ler ou reler Deleuze e Guattari, depois de anos de imersão na literatura de sua própria disciplina, não pode deixar de experimentar uma curiosa sensação, como um *déjà vu* às avessas: já topei com isso escrito depois... Muitas das perspectivas teóricas e técnicas descritivas que, na antropologia, apenas recentemente começam a perder seu perfume de escândalo, "fazem rizoma" com os textos deleuzo-guattarianos de vinte ou trinta anos antes.[8] Para situar com precisão o valor antropológico destes textos, seria preciso descrever em detalhe a constelação de forças em que a antropologia social se vê hoje implicada, algo que ultrapassa de muito o âmbito deste ensaio.[9] Se quisermos ser genéricos, entretanto, não é difícil assinalar a participação desses dois pensadores na sedimentação de uma certa estética conceitual contemporânea.

Assim, observa-se já há algum tempo um deslocamento do foco de interesse, nas ciências humanas, para processos semióticos como a metonímia, a indicialidade e a literalidade – três modos de recusar a metáfora e a representação (a metáfora como essência da representação), de privilegiar a pragmática em detrimento da semântica, valorizar a progres-

---

8. "Talvez esse sentimento de *déjà vu* seja também um sentimento de se habitar uma matriz cultural [...]" (Strathern 1991: 25). O leitor poderá voltar a *Diferença e repetição* para recordar que o autor via seu livro como expressão de um certo espírito da época, do qual pretendia extrair todas as consequências filosóficas (Deleuze 1968: 1). Inversamente, ele não poderá deixar de se espantar com o número diminuto de referências aos dois volumes de *Capitalismo e esquizofrenia* na literatura antropológica de expressão francesa. Um exemplo recente é o monumental *Par-delà nature et culture* de Philippe Descola (2005), onde se acham diversas analogias com desenvolvimentos que se encontram no terceiro capítulo d'*O Anti-Édipo* e no quinto platô de *Mil platôs*, mas onde o nome de Deleuze só figura uma vez no índice onomástico.

9. Se já o ultrapassava em 2009, quanto mais hoje.

são sintagmática antes que a substituição paradigmática, e focalizar a coordenação paratática antes que a subordinação sintática. A "virada linguística" que, no século passado, foi o foco virtual de convergência de temperamentos, projetos e sistemas filosóficos tão diversos, parece estar começando a virar para outros lados, para longe da linguística e, até certo ponto, da linguagem enquanto macroparadigma antropológico: as ênfases acima sugeridas mostram como as linhas de escape da linguagem como modelo foram sendo traçadas a partir de dentro mesmo do modelo da linguagem.

É o próprio signo que parece se afastar da linguagem. O sentimento de uma descontinuidade ontológica entre o signo e o referente, a linguagem e o mundo, que garantia a realidade da primeira e a inteligibilidade do segundo e vice-versa, e que serviu de fundamento e pretexto para tantas outras descontinuidades e exclusões – entre mito e filosofia, magia e ciência, primitivos e civilizados – parece estar em vias de se tornar metafisicamente obsoleto, pelo menos nos termos em que ele era "tradicionalmente" colocado; é por aqui que estamos deixando de ser, ou melhor, que estamos jamais-tendo-sido modernos.[10] Do lado do mundo (um lado que não tem mais "outro lado", pois que agora feito ele próprio apenas de uma multiplicidade indefinida de lados, faces ou superfícies), a mudança de ênfase correspondente veio privilegiar o fracionário-fractal e o diferencial em detrimento do unitário-inteiro e do combinatório, as multiplicidades planas ali onde se valorizavam as totalida-

10. Não estou levando em conta completamente aqui, por ainda não ter absorvido todas as suas implicações, a já citada reabertura da semiologia saussureana por Maniglier, trabalho conceitual que envolve uma redefinição do signo dentro de uma "ontologia dos devires e das multiplicidades" (2006: 27, 465).

des hierárquicas, a conexão transcategorial de elementos heterogêneos mais que a correspondência entre séries internamente homogêneas, a continuidade ondulatória ou topológica das forças antes que a descontinuidade corpuscular ou geométrica das formas. A partição molar entre as duas séries internamente homogêneas do significante e do significado, por um lado – elas mesmas em descontinuidade estrutural –, e a série fenomenologicamente contínua do real, por outro, se resolve em descontinuidades moleculares – as quais, melhor dizendo, revelam a continuidade como sendo intrinsecamente diferencial e heterogênea (distinção crucial entre as ideias de contínuo e de indiferenciado). Uma "ontologia plana" (DeLanda 2002), enfim, onde o real surge como multiplicidade dinâmica imanente em estado de variação contínua, como um metassistema longe do equilíbrio, antes que como manifestação combinatória ou implementação gramatical de princípios ou regras transcendentes, e como relação diferenciante, isto é, como síntese disjuntiva de heterogêneos, antes que como conjunção dialética ("horizontal") ou totalização hierárquica ("vertical") de contrários. A essa planaridade ontológica vem corresponder uma epistemologia "simétrica" (Latour 1991): assiste-se ao colapso, na verdade, da distinção entre epistemologia (linguagem) e ontologia (mundo), e à progressiva emergência de uma "ontologia prática" (Jensen 2004) dentro da qual o conhecer não é mais um modo de *representar* o desconhecido, mas de *interagir* com ele, isto é, um modo de criar antes que um modo de contemplar, de refletir ou de comunicar (D. & G. 1991). A tarefa do conhecimento deixa de ser a de unificar o diverso sob a representação, passando a ser a de *"multiplicar o número de agências que povoam o mundo*" (Latour 1996a). Os harmônicos deleuzianos são audíveis.[11] Uma nova imagem do pensamento. Nomadologia. Multinaturalismo.

Os próximos capítulos exploram um setor muito limitado dessa *sineidesia* contemporânea. A título de exemplo mais que qualquer coisa, sugerem-se aqui duas direções para o aprofundamento de um diálogo possível entre a esquizofilosofia de Deleuze-Guattari e a antropologia social. Primeiramente, vão-se traçar alguns paralelos esquemáticos entre conceitos deleuzianos e temas analíticos influentes na antropologia de hoje. Em seguida, examinaremos uma incidência específica da antropologia social clássica – a teoria do parentesco – sobre a concepção deleuzo-guattariana da máquina territorial primitiva, ou semiótica pré-significante.

---

11. A noção de uma ontologia plana remete à "univocidade do ser", tese medieval reciclada por Deleuze: "A univocidade é a síntese imediata do múltiplo: a unidade não diz nada além do múltiplo, cabendo substituir a concepção de que este último subordina-se à anterior, como ao gênero superior e comum capaz de englobá-lo" (Zourabichvili 2003: 82). O comentador prossegue: "O corolário dessa síntese imediata do múltiplo é o desdobrar de todas as coisas sobre um plano comum de igualdade: 'comum' não tem mais aqui o sentido de uma identidade genérica, mas de uma *comunicação* transversal e sem hierarquia entre seres que simplesmente diferem. A medida (ou hierarquia) muda igualmente de sentido: ela não é mais a medida externa dos seres em relação a um padrão, mas a medida interior a cada ser em sua relação com seus próprios limites [...]" (id. ibid.: 82-83). A ideia de ontologia plana é extensamente comentada em DeLanda 2002; ele a desenvolve em uma direção própria em DeLanda 2006. Jensen (2004) faz uma excelente análise das repercussões teórico-políticas (bem fundadas ou não) dessas ontologias, especialmente para o caso de Latour. Este último, em *Reassembling the Social* (2005) insiste sobre o imperativo metodológico de "manter o social plano", próprio da "teoria do ator-rede", cujo outro nome, aliás, seria "ontologia do actante-rizoma" (id. ibid.: 9). A análise conceitual própria a esta teoria (seu método de obviação, diria Wagner) consiste no desenglobamento hierárquico do *socius* de modo a liberar as diferenças intensivas que o atravessam e destotalizam – operação completamente diferente de uma rendição ao "individualismo", ao contrário do que clamam os retroprofetas do Velho Testamento holista.

6.
Uma antissociologia das multiplicidades

Em *O Anti-Édipo* (1972), primeiro livro de *Capitalismo e esquizofrenia*, Deleuze e Guattari derrubam o pilar central do templo da psicanálise, a saber, a concepção reacionária do desejo como falta, substituindo-o por uma teoria das máquinas desejantes enquanto pura positividade produtiva que deve ser codificada pelo *socius*, a máquina de produção social. Essa teoria passa por um amplo panorama da história universal, pintado no capítulo central do livro em um estilo provocativamente arcaizante, que talvez assuste de início o leitor antropólogo. Não só os dois autores (deveríamos dizer: o autor dual) empregam a sequência tradicional selvageria-barbárie-civilização na função de moldura expositiva, como as abundantes referências etnográficas são tratadas de um modo que se poderia chamar de "comparação aleatória". Mas o mesmo leitor não demorará a se dar conta de que o *topos* dos três estágios é ali submetido a uma interpretação que pode ser tudo, menos tradicional, e que a impressão de descontrole comparativo deriva do fato de que os *controles* usados pelos autores são outros que os usuais – controles "diferenciantes" antes que "coletivizantes", nos termos de Roy Wagner. *O Anti-Édipo* é o resultado, com efeito, de um "prodigioso esforço para pensar diferentemente" (Donzelot 1977: 28); seu propósito não é meramente denunciar os paralogismos repressivos do Édipo e da psicanálise, mas instaurar uma verdadeira "antissociologia" (id. ibid.: 37). Um projeto como esse deveria certamente interessar à antropologia contemporânea, pelo menos àquela que não se considera como um ramo menor, exótico e inofensivo, da sociologia, mas que ao contrário vê esta última como constituindo, via de regra, uma modalidade algo confusa, e quase inevitavelmente normativa, de "autoantropologia".[1]

O segundo livro do díptico, *Mil platôs* (D. & G. 1980), distancia-se das preocupações psicanalíticas d'*O Anti-Édipo*. O projeto de escrever uma "história universal da contingência" (id. [1987] 2003: 290) é aqui levado adiante de um modo decididamente não-linear pela visitação de diversos "platôs" de intensidade ocupados por formações semiótico-materiais as mais diversas, bem como por uma desconcertante quantidade de conceitos novos.

O livro expõe e ilustra uma *teoria das multiplicidades*, talvez o tema deleuziano de maior repercussão na antropologia contemporânea. A multiplicidade deleuziana é o constructo que melhor parece descrever não só as novas práticas de conhecimento antropológico como os fenômenos de que elas se ocupam. Seu efeito é, antes de mais nada, liberador. Ele consiste em fazer passar uma linha de fuga por entre os dois dualismos que formam como as paredes da prisão epistemológica onde a antropologia se acha encerrada (para a própria proteção, bem entendido) desde as trevas dos séculos XVIII e XIX: Natureza e Cultura, de um lado, Indivíduo e Sociedade, do outro, os "quadros mentais últimos" da disciplina, aqueles que, como se costuma dizer, não podemos considerar como falsos, pois é por meio deles que distinguimos o verdadeiro do falso. Mas não podemos realmente? Esses quadros mudam, e com eles as possibili-

1. Lévi-Strauss (1964a) 1973, Strathern (1987) 2014, Viveiros de Castro 2003.

dades de pensamento; muda a ideia do que é pensar, e do que é pensável; muda a ideia de quadro junto com o quadro das ideias. O conceito de multiplicidade talvez só tenha se tornado antropologicamente *pensável* – e portanto, pensável *antropologicamente* – porque ingressamos em um mundo não-merológico e pós-plural, um mundo em que jamais teremos sido modernos: o mundo que deixou para trás, por desinteresse antes que por qualquer *Aufhebung*, a alternativa infernal entre o Um e o Múltiplo, o grande dualismo que preside aos dois dualismos supramencionados, bem como a múltiplos outros dualismos menores.[2]

Multiplicidade é assim o metaconceito que define um certo tipo de entidade, do qual o "rizoma" da "Introdução" de *Mil platôs* é a imagem concreta.[3] Como observou Manuel DeLanda, a ideia de multiplicidade é o fruto de uma decisão inaugural de natureza antiessencialista e antitaxonomista: com sua criação, Deleuze destrona as noções metafísicas clássicas de essência e de tipo.[4] Ela é o instrumento principal de um "prodigioso esforço" para pensar o pensamento como uma atividade outra que a de reconhecer, classificar e julgar,

---

2. Sobre o modelo merológico, ver Strathern 1992a. Sobre a ideia do mundo pós-plural, ver Strathern 1991: XVI, 1992a: 3-4, 184-ss, 1992b: 92. A expressão "alternativa infernal" foi tomada de Pignarre e Stengers 2005.

3. Digo metaconceito porque todo conceito é ele próprio uma multiplicidade, embora nem toda multiplicidade seja conceitual (D. & G. 1991: 21-ss).

4. O conceito deleuziano tem sua origem na filosofia de Bergson (teoria das duas multiplicidades, intensivas e extensivas), e na geometria de Gauss e Riemann (as variedades como superfícies n-dimensionais intrinsecamente definidas). Para a conexão com Bergson, ver Deleuze 1966: cap. 2; para Riemann, D. & G. 1980: 602-09. Para os aspectos matemáticos gerais da multiplicidade deleuziana ver, além da engenhosa reconstrução de DeLanda (2002: 9-10, 38-40 *et passim*), os artigos de Duffy, Smith, Durie e Plotnitsky em Duffy 2006. Zourabichvili (2003: 51-54) traz o melhor resumo do significado filosófico do conceito na obra de Deleuze.

e para determinar o que há a pensar como singularidade intensiva antes que como substância ou sujeito. As intenções filosófico-políticas dessa decisão são claras: transformar a multiplicidade em conceito e o conceito em multiplicidade visa cortar o vínculo natal entre o conceito e o poder, em outras palavras, entre a filosofia e o Estado. Tal é o sentido do famoso apelo a "inverter o platonismo" (Deleuze 1969b).

Uma multiplicidade é diferente de uma essência; as dimensões que a compõem não são propriedades constitutivas ou critérios de inclusão classificatória. Um dos componentes principais do conceito de multiplicidade é, ao contrário, uma noção de individuação como diferenciação não-taxonômica – um processo de "atualização do virtual" diverso de uma realização do possível por limitação, e refratário às categorias tipológicas da semelhança, da oposição, da analogia e da identidade. A multiplicidade é o modo de existência da diferença intensiva pura, "essa irredutível desigualdade que forma a condição do mundo" (id. 1968: 286).[5] As noções de tipo e de entidade se mostram, em geral, completamente inadequadas para definir as multiplicidades rizomáticas. Se é verdade que "não há entidade sem identidade", como Quine famosamente aliterou, então deve-se concluir que as multiplicidades não podem pretender a tal estatuto. Um rizoma não se comporta como uma en-

5. Compare-se Lévi-Strauss, dentre várias passagens semelhantes: "O desequilíbrio é sempre dado [...]" (1967: 222); "[E]sse ser do mundo consiste numa disparidade. Não se pode simplesmente dizer do mundo que ele é; ele é na forma de uma assimetria primeira [...]" ([1971] 2011: 581). Estamos aqui diante de dois temas capitais do estruturalismo, por onde ele comunica com sua posteridade: o da natureza necessariamente desequilibrada da estrutura e o da assimetria constitutiva do real.

tidade, nem instancia um tipo; ele é um sistema reticular acentrado formado por relações intensivas ("devires") entre singularidades heterogêneas que correspondem a individuações extrassubstantivas, ou eventos (as "heceidades"). Assim, uma multiplicidade rizomática não é realmente um ser, um "ente", mas um agenciamento de devires, um "entre": um *difference engine*, ou antes, o diagrama intensivo de seu funcionamento. Bruno Latour, que sublinha a dívida da teoria do ator-rede para com o conceito de rizoma, é particularmente explícito: uma rede não é uma coisa, porque qualquer coisa pode ser descrita como uma rede (Latour 2005: 129-31). Uma rede é uma *perspectiva*, um modo de inscrição e de descrição, "o movimento registrado de uma coisa na medida em que ela vai se associando com muitos outros elementos" (Jensen 2003: 227). Mas essa perspectiva é interna ou imanente; as diferentes associações da "coisa" fazem-na ir diferindo de si mesma – "é a coisa ela própria que passou a ser percebida como múltipla" (Latour 2005: 116). Em suma, e a tese remonta a Leibniz, não há pontos de vista *sobre* as coisas; as coisas e os seres é que *são* os pontos de vista (Deleuze 1968: 79; 1969d: 203). Se não há entidade sem identidade, não há multiplicidade sem perspectivismo.

Se ele não é um *ser*, um rizoma tampouco é *um* ser – nem, aliás, muitos. A multiplicidade não é algo maior que um, algo como uma pluralidade ou uma unidade superior; ela é, antes, algo *menor que um*, surgindo por subtração (importância da ideia de menor, minoria, minoração em Deleuze). Toda multiplicidade se furta à coordenação extrínseca imposta por uma dimensão suplementar ($n+1$: n e seu "princípio", n e seu "contexto" etc.); a imanência da multiplicidade é autoposição, anterioridade ao próprio contexto. As multiplicidades são tautegóricas, como os símbolos wagnerianos que, possuindo sua própria medida interna, "representam a si mesmos" (Wagner 1986). Uma multiplicidade é um sistema de n-1 dimensões (D. & G. 1980: 13, 27, 31) onde o Um opera apenas como aquilo que deve ser retirado para produzir o múltiplo, que é então criado por "destranscendência"; ela manifesta "uma organização própria do múltiplo como tal, que de modo algum tem necessidade da unidade para formar um sistema" (Deleuze 1968: 236).

As multiplicidades são assim sistemas cuja complexidade é "lateral", refratária à hierarquia ou a qualquer outra forma de unificação transcendente – uma complexidade de aliança antes que de descendência, para anteciparmos o argumento principal deste ensaio. Formando-se quando e onde linhas intensivas abertas (linhas de força, não linhas de contorno – D. & G. 1980: 621) conectam elementos heterogêneos, os rizomas projetam uma ontologia fractal que ignora a distinção entre "parte" e "todo".[6] Uma concepção de complexidade *barroca* antes que *romântica*, como Kwa (2002) persuasivamente argumentou. Com efeito, a multiplicidade é o quase-objeto que vem substituir tanto as totalidades orgânicas do Romantismo como as associações atômicas das Luzes, alternativa que parecia esgotar as possibilidades à disposição dos antropólogos; com isso, ela convida a uma interpretação

---

6. "Só acreditamos em totalidades *ao lado*. [...] O todo não só coexiste com as partes, como também é contíguo a elas, produzido à parte, e aplicando-se a elas [...]" (D. & G. 1972: 50, 52). Sobre a heterogeneidade dos elementos conectados em rizoma, é importante ressalvar que ela não diz respeito a uma condição substantiva prévia, ou essência, dos termos (o que conta como heterogêneo, nesse sentido, depende das "predisposições culturais" do observador – Strathern 1996: 525), mas a um efeito de sua captura por uma multiplicidade, a qual torna heterogêneos os termos que conecta, ao fazê-los funcionar como singularidades tautegóricas.

completamente diferente dos megaconceitos emblemáticos da disciplina, Cultura ou Sociedade, a ponto de torná-los "teoricamente obsoletos" (Strathern *et al.* [1989] 1996).

A pessoa fractal de Wagner, as conexões parciais de Strathern, as redes sociotécnicas de Callon e Latour são alguns exemplos antropológicos bem conhecidos de multiplicidade plana. "Uma pessoa fractal nunca é uma unidade que está em relação com um agregado, ou um agregado em relação com uma unidade, mas sempre uma entidade com a relacionalidade [*relationship*] integralmente implicada" (Wagner 1991: 163). A imbricação dos conceitos de multiplicidade, implicação e intensidade é, como se sabe, um ponto longamente elaborado por Deleuze (1968: cap. vi). François Zourabichvili, um dos comentadores mais perceptivos deste filósofo, observa que "a implicação é o movimento lógico fundamental da filosofia de Deleuze" ([1994] 2004: 82); alhures, ele sublinha que o pluralismo deleuziano supõe um "primado da relação" (2003: 52, n. 1). A filosofia da diferença é uma filosofia da relação.

Mas não se trata de "qualquer" relação. A multiplicidade é um sistema formado por uma modalidade de síntese relacional diferente de uma conexão ou conjunção de termos. Trata-se da operação que Deleuze chama de *síntese disjuntiva* ou *disjunção inclusiva*, modo relacional que não tem a semelhança ou a identidade como causa (formal ou final), mas a divergência ou a distância; um outro nome deste modo relacional é "devir". A síntese disjuntiva ou devir é "o operador principal da filosofia de Deleuze" (Zourabichvili 2003: 81), pois é o movimento da diferença como tal – o movimento centrífugo pelo qual a diferença escapa ao atrator circular da contradição e superação dialéticas. Diferença positiva antes que opositiva, indiscernibilidade de heterogêneos antes que conciliação de contrários, a síntese disjuntiva faz da disjunção a "natureza mesma da relação" (id. [1994] 2004: 99), e da relação um movimento de "implicação recíproca assimétrica" (id. 2003: 79) entre os termos ou perspectivas ligados pela síntese, a qual não se resolve nem em equivalência nem em uma identidade superior:

> A ideia mais profunda de Deleuze é talvez esta: que a diferença é também comunicação e contágio entre heterogêneos; que, em outras palavras, uma divergência não surge jamais sem contaminação recíproca dos pontos de vista. [...] Conectar é sempre fazer comunicar os dois extremos de uma distância, mediante a própria heterogeneidade dos termos (id. [1994] 2004: 99).

Voltando aos paralelos com a teoria antropológica contemporânea, recorde-se que o tema da separação relacionante é onipresente na obra de Roy Wagner e de Marilyn Strathern. A concepção da relação como "compreendendo simultaneamente [*together*] disjunção e conexão" (Strathern 1995: 165) é a base de uma teoria que afirma que as "relações fazem uma diferença entre as pessoas" (id. 1999: 126; 1996: 525; 1988: cap. 8). Pode-se dizer que o "sistema M" (Gell 1999), a grandiosa descrição stratherniana da socialidade melanésia como uma troca de perspectivas e como um processo de implicação-explicação relacional, é uma teoria antropologicamente simétrica da síntese disjuntiva.[7]

---

7. Essa teoria tem como uma de suas referências o artigo fundamental de Wagner (1977) sobre o "parentesco analógico" na Melanésia, cuja linguagem do "fluxo" e do "corte" é estranhamente evocativa d'*O Anti-Édipo* (que o autor não cita e muito provavelmente não conhecia). Entre os trabalhos recentes que se podem

Do ponto de vista metateórico, por sua vez, poderíamos dizer que a multiplicidade subtrativa, antes que aditiva, do rizoma, faz dele uma figura não-merológica e "pós-plural", que dessa forma indica uma linha de fuga à alternativa infernal entre o um e o múltiplo que Marilyn Strathern, com sua usual visada certeira, aponta como o impasse característico da antropologia:

> Os antropólogos em geral têm sido encorajados a pensar que a alternativa ao um é o múltiplo. Em consequência disso, ora estamos às voltas com uns, a saber, com sociedades ou atributos singulares, ora com uma multiplicidade de uns. [...] Um mundo obcecado por uns e pelas multiplicações e divisões de uns tem problemas com a conceitualização de relações. (1991: 52-53)

Faz-se então necessária uma terapia de desobsessão. Comparar multiplicidades é outra coisa que fazer convergir particularidades em torno de generalidades, como no caso usual das análises antropológicas que buscam semelhanças substanciais por baixo de diferenças acidentais: "em toda sociedade humana". Recorde-se uma observação pontual de Albert Lautmann (o autor referencial de Deleuze para as matemáticas):

> A constituição, por Gauss e Riemann, de uma geometria diferencial que estuda as propriedades intrínsecas de uma

inscrever na corrente das ideias de Wagner e Strathern, destaque-se a monografia de Rupert Stasch (2009) sobre a imaginação relacional dos Korowai da Nova Guiné Ocidental, uma defesa e ilustração da potência autoproblematizante do pensamento selvagem, onde se acha exposta a surpreendente teoria korowai da relação enquanto multiplicidade disjuntiva e heterogenética.

variedade, independentemente de qualquer espaço em que esta variedade estaria mergulhada, elimina qualquer referência a um continente universal ou a um centro de coordenadas privilegiadas. (apud Smith 2006: 167, n. 39)

Se onde se lê geometria puser-se antropologia, as implicações são óbvias. O que faria as vezes de uma variedade para a antropologia? Não é difícil de se imaginar. Tudo aquilo que costuma ser ritualmente denunciado como uma contradição e um escândalo, torna-se subitamente concebível: descrever ou comparar variações sem pressupor um fundo invariável? Onde estão os universais? Que é da constituição biológica da espécie, das leis do simbólico, dos princípios da economia política (para não falarmos da chamada "realidade exterior")? Concebível em potência, não em ato, por suposto. Mas ganha-se ao menos o direito de especular nessa direção. Não se diga que a antropologia estaria com isso praticando o contrabando de mercadorias intelectuais exóticas, como a geometria diferencial; elas não são mais exóticas que aquelas que alimentam a ortodoxia antropológica sobre a comparação e a generalização, tributária como esta é de uma metafísica bimilenar – a mesma metafísica, recorde-se, que se orgulhava de não admitir em seus domínios quem não fosse geômetra.

Mas comparar multiplicidades também é outra coisa que estabelecer invariantes correlacionais por meio de analogias formais entre diferenças extensivas, como no caso das comparações estruturalistas clássicas, onde "não são as semelhanças, mas as diferenças que se assemelham" (Lévi-Strauss 1962a: 111). Comparar multiplicidades – que são sistemas de comparação em si mesmas e de si mesmas – é determinar seus modos característicos de divergirem, suas distâncias internas e externas; aqui, a análise comparativa é síntese separativa. No que concerne às multiplicidades, não são as relações que variam, são as variações que relacionam: são as diferenças que diferem.[8] Como escrevia há mais de um século o sociólogo molecular Gabriel Tarde: "A verdade é que a diferença vai diferindo, e que a mudança vai mudando, e que, ao se darem assim como fim de si mesmas, a mudança e a diferença atestam seu caráter necessário e absoluto" (Tarde [1895] 1999: 69).

Chunglin Kwa, em artigo já citado, observava a "diferença fundamental entre a concepção romântica da sociedade como organismo e a concepção barroca do organismo como uma sociedade" (2002: 26). Ainda que ele não cite nomes, esta seria uma perfeita descrição da diferença entre as sociologias de Durkheim e de Tarde. Contra o caráter *sui generis* dos fatos sociais do primeiro, o "ponto de vista sociológico universal" do segundo afirma que "toda coisa é uma sociedade [...] todo fenômeno é um fato social" (Tarde [1895] 1999: 58, 67). Esta posição recusa qualquer validade à distinção entre indivíduo e sociedade, parte e todo, assim como ignora a pertinência de toda diferença entre o humano e o não-humano, o animado e o inanimado, a pessoa e a coisa. A ontologia fractal ("existir é diferir") e o sociologismo irrestrito de Tarde se acompanham de um "psicomorfismo universal": tudo são pessoas, "pequenas pessoas" (id. ibid.: 43), pessoas dentro de pessoas – *all the way down*.

Diferença intensiva, diferença de perspectiva, diferença de diferenças. Nietzsche observava que o ponto de vista da saúde

---

8. O que seria uma glosa aceitável da "fórmula canônica do mito" de Lévi-Strauss.

sobre a doença difere do ponto de vista da doença sobre a saúde.[9] Pois a diferença nunca é a mesma, *o trajeto não é o mesmo nos dois sentidos*: "Uma meditação sobre o perspectivismo nietzscheano dá a consistência positiva ao conceito de disjunção: *distância* entre *pontos de vista*, ao mesmo tempo indecomponível e desigual a si mesma, pois o trajeto não é o mesmo nos dois sentidos" (Zourabichvili 2003: 79).

A comparação de multiplicidades – em outras palavras, a comparação enquanto produção de multiplicidade ou "invenção da cultura" (Wagner) –, é uma síntese disjuntiva, como as relações que relaciona.

—

Os textos deleuzianos parecem se comprazer na multiplicação de díades: diferença e repetição, intensivo e extensivo, nomádico e sedentário, virtual e atual, linha e segmento, fluxos e *quanta*, código e axiomática, desterritorialização e reterritorialização, menor e maior, molecular e molar, liso e estriado... Devido a tal assinatura estilística, Deleuze já foi classificado como filósofo "dualista" (Jameson 1997), o que é, para dizê-lo gentilmente, uma leitura apressada.[10]

A marcha expositiva dos dois livros de *Capitalismo e esquizofrenia*, onde pululam as dualidades, é a todo momento interrompida por cláusulas adversativas, modalizações, especificações, involuções, subdivisões e outros deslocamentos argumentativos das distinções duais (ou outras) que tinham

9. Ver Deleuze 1969d: 202-03. Do mesmo modo, na dialética do Mestre e do Escravo é o escravo que é dialético, não o mestre (id. 1962: 11).
10. Para uma interpretação mais interessante de Deleuze como filósofo da "dualidade imediata ou não-dialética", ver Lawlor 2003.

acabado de ser propostas pelos próprios autores. Tais interrupções metódicas são precisamente isso, uma questão de método, não de arrependimento após o pecado binário; elas são momentos perfeitamente determinados da construção conceitual.[11] Nem princípios nem fins, as díades deleuzianas são sempre meios para se chegar alhures. O caso exemplar aqui é, ainda, a distinção entre a raiz e o rizoma. Naquele que é talvez o trecho mais citado de *Mil platôs*, pode-se ler:

> O que importa é que a árvore-raiz e o rizoma-canal não se opõem como dois modelos; a primeira age como modelo e como decalque transcendentes, ainda que engendre suas próprias fugas; o outro age como processo imanente que subverte o modelo e esboça um mapa, ainda que constitua suas próprias hierarquias, mesmo se suscita um canal despótico. Não se trata deste ou daquele lugar na terra, nem de um momento dado na história, menos ainda de tal ou qual categoria no espírito. Trata-se do modelo enquanto tal, que não cessa de se erguer e de desmoronar, e do processo enquanto tal, que não cessa de se prolongar, de se romper, e de recomeçar. Não se trata de um outro, de um novo dualismo. Problema da escrita [...]. Não invocamos um dualismo senão para recusar um outro. Servimo-nos de um dualismo de modelos apenas para atingir um processo que rejeita qualquer modelo. É preciso, a

11. Assim se passa com a dualidade entre a arborescência e o rizoma (D. & G. 1980: 21); com os dois tipos de multiplicidades, molares e moleculares (id. ibid.: 47); com a distinção entre forma da expressão e forma do conteúdo (id. ibid.: 110); com a oposição entre segmentar e centralizado (id. ibid.: 255, 259); assim, enfim, com os espaços liso e estriado (id. ibid.: 593). Logo após distinguir dois polos, processos ou tendências, a análise deleuziana, de um lado, desdobra a polaridade em outras, embutidas assimetricamente na primeira (produzindo assim uma "mistura" *de jure*), e, de outro lado, indica a mistura *de facto* dos polos iniciais.

cada passo, corretores cerebrais que desfaçam os dualismos que não quisemos erguer mas pelos quais temos de passar. Chegar à fórmula mágica que buscamos todos: PLURALISMO = MONISMO, por via de todos os dualismos que são o inimigo, mas o inimigo absolutamente necessário, o móvel que não paramos de mudar de lugar. (D. & G. 1980: 31)

Além de descartar de passagem as leituras que reduzem sua filosofia a mais uma teoria do Grande Divisor (o Ocidente arborescente, o Outro rizomático), os autores ilustram aqui dois procedimentos característicos. Primeiramente, o tratamento dos conceitos de um modo "menor", tático, como instrumentos, pontes ou veículos antes que como objetos, significações ou destinações últimas; o filósofo como *penseur sauvage*. Daí o pragmatismo lúcido com que Deleuze e Guattari lidam com as propensões dualistas do pensamento em modo inercial. Em *O Anti-Édipo*, afirmam uma concepção monista da produção desejante; em *Mil platôs*, desenvolvem uma teoria pós-pluralista das multiplicidades – duas empresas rigorosamente não-dualistas. Nem por isso, entretanto, eles supõem que os dualismos sejam um obstáculo negociável apenas pela boa vontade. Os dualismos são reais, não imaginários; não são o mero efeito de um "viés ideológico", mas o resultado de um funcionamento ou estado específico da máquina abstrata, a segmentação dura ou sobrecodificante (e há outras máquinas abstratas, e outros funcionamentos). É necessário desfazer os dualismos porque, antes de mais nada, eles *realmente* foram feitos. E é possível desfazê-los pela mesma razão, porque eles foram *feitos* realmente; pois os autores tampouco pensam que os dualismos sejam o horizonte de eventos da metafísica ocidental, o limite absoluto que só pode ser exposto (desconstruído) mas jamais atravessado pelos prisioneiros da Caverna. Para desfazê-los, porém, é importante evitar a armadilha circular que consistiria em negá-los ou contradizê-los; é preciso sair deles "calculadamente", ou seja, pela tangente – por uma linha de fuga. Isto nos leva ao segundo procedimento.

As dualidades deleuzianas são construídas e transformadas segundo um padrão recorrente, que as determina como *multiplicidades mínimas*. Assim, toda distinção conceitual começa pelo estabelecimento de um polo atual-extensivo e de um polo virtual-intensivo. A análise subsequente consiste em mostrar como a dualidade muda de natureza conforme se a tome do ponto de vista de um polo ou do outro. Do ponto de vista do polo extensivo (arborescente, molar, duro, estriado etc.), a relação que o distingue do segundo é tipicamente uma oposição: uma disjunção exclusiva e uma síntese limitativa, isto é, uma relação ela própria extensiva, molar e atual. Da perspectiva do outro polo (intensivo, rizomático, molecular, flexível, liso), porém, não há oposição mas diferença intensiva, implicação ou inclusão disjuntiva do polo extensivo no polo intensivo ou virtual; a dualidade posta pelo primeiro polo é revelada como a face, a fase ou o eco molar de uma multiplicidade molecular situada no outro polo.[12] É como se cada polo apreendesse sua

12. "[U]ma alternativa, uma disjunção exclusiva é determinada em relação a um princípio que constitui, no entanto, os dois termos ou os dois subconjuntos, e que entra ele próprio na alternativa (caso totalmente diferente do que se passa quando a disjunção é inclusiva)" (D. & G. 1972: 95). O padrão aparece cedo no *corpus* deleuziano, como mostra o comentário à divisão de Bergson entre duração e espaço (Deleuze 1966): ela não pode ser definida simplesmente como uma diferença de natureza, pois a diferença é antes entre a duração, que suporta e transporta todas as diferenças de natureza, e o espaço, que exibe apenas diferenças

relação com o outro segundo sua própria natureza; ou, dito de outro modo, como se a relação entre os polos pertencesse necessária e alternativamente ao regime de um ou de outro polo, o regime da contradição ou o regime da linha de fuga (D.&G. 1980: 263-64); ela não pode ser traçada de fora, a partir de um terceiro polo englobante. O perspectivismo – a dualidade como multiplicidade – é aquilo que a dialética – a dualidade como unidade – precisa negar para se impor como lei universal.[13]

Os dois polos ou aspectos de uma dualidade qualquer são sempre ditos estar presentes e ativos em todo fenômeno ou processo. Sua relação é tipicamente conceitualizada como sendo de "pressuposição recíproca", uma noção repetidamente utilizada em *Mil platôs* (D.&G. 1980: 59, 85, III, 260, 629), no lugar da causalidade (linear ou dialética), ou da redução macro → micro, ou dos esquemas hilemórficos e expressivos. De um ponto de vista antropológico, pode-se aproximar a pressuposição recíproca da dupla semiótica wagneriana da invenção e da convenção, onde cada modo de simbolização precipita ou "contrainventa" o outro, segundo um esquema de alternância figura-fundo (Wagner [1975] 2017: cap. 3; 1986).[14] Ou ainda, do modo de funciona-

de grau. "Não há assim diferença de natureza entre as duas metades da divisão; a diferença de natureza está inteiramente do lado de uma delas" (id. ibid.: 23).

13. Para um antropólogo americanista, essa dualidade de dualidades faz vir irresistivelmente ao espírito o motivo central de *História de Lince* (Lévi-Strauss 1991), as concepções contrastantes da gemelaridade na mitologia do Velho e do Novo Mundo. Vê-se aonde pretendo chegar...

14. Wagner qualifica a relação de produção recíproca entre o momento da convenção e o da invenção de "dialética cultural" ([1975] 2017: 88; o termo é amplamente retomado em Wagner 1986). Mas tal dialética, sobre ser explicitamente caracterizada como não-hegeliana, traz logo à mente a pressuposição recíproca

mento de certas polaridades analíticas centrais d'*O gênero da dádiva* (Strathern 1988), como aquelas que presidem à economia lógica do gênero ou à articulação entre os modos de troca melanésios onde um polo – masculino ou feminino, mesmo sexo ou sexo oposto, troca mediata ou imediata – é sempre descrito como uma versão ou transformação do outro, "cada um fornece[ndo] o contexto e a base do outro", como resumiu Strathern em um contexto (justamente) muito diferente (1991: 72).[15]

Um ponto de importância é que a pressuposição recíproca determina os dois polos de qualquer dualidade como igualmente necessários, visto que mutuamente condicionantes, mas não faz deles polos simétricos ou equipolentes. A interpressuposição é uma relação de implicação recíproca *assimétrica*: "o trajeto não é o mesmo nos dois sentidos" (Zourabichvili). Assim, ao distinguir os mapas rizomáticos dos decalques arborescentes, Deleuze e Guattari observam que os mapas estão constantemente sendo totalizados, unificados e estabilizados pelos decalques, os quais por sua vez estão sujeitos a toda sorte de deformações anárquicas induzidas pelo processo rizomático. Mas, no final das contas, "*é preciso sempre projetar o decalque sobre o mapa*. Esta ope-

---

e a síntese disjuntiva: "uma tensão ou alternância, ao modo de um diálogo, entre duas concepções ou pontos de vista simultaneamente contraditórios e solidários entre si" (Wagner [1975] 2017: 88). Uma dialética sem resolução nem conciliação, em suma: uma cismogênese batesoniana antes que uma *Aufhebung* hegeliana. A obra de Gregory Bateson, percebemos de súbito (distraídos que somos), é a tão inesperada quanto óbvia conexão transversal entre as evoluções conceituais aparalelas de Roy Wagner e de Deleuze-Guattari.

15. No universo do parentesco e do gênero melanésios, "cada relação só pode provir da outra [...] as relações conjugais e filiais são metáforas uma da outra, e portanto uma fonte interna de reflexão" (Strathern 2001: 240).

ração e a precedente [a operação inversa] não são de modo algum simétricas" (D. & G. 1980: 21, grifo no original). E elas não são simétricas porque uma das operações trabalha em sentido contrário ao devir, que é o processo do desejo (id. ibid.: 334), enquanto a outra trabalha a seu favor.[16]

A relação assimétrica entre processos e modelos em pressuposição recíproca (onde o rizoma é processo, enquanto a árvore é modelo) recorda a distinção entre a diferença e a negação desenvolvida em *Diferença e repetição*: a negação é real, mas sua realidade é puramente negativa; ela é apenas a diferença invertida, extensivizada, limitada e opositivizada (Deleuze 1968: 302-ss). Assim, apesar de Deleuze e Guattari advertirem mais de uma vez que não se trata de estabelecer um contraste axiológico entre o rizoma e a árvore, a segmentaridade flexível-molecular e a segmentaridade dura-molar e assim por diante (D. & G. 1980: 31, 259-60), resta que há sempre uma tendência e uma contratendência, dois movimentos inteiramente diferentes: a atualização e a contraefetuação do virtual. O primeiro movimento consiste no decaimento das diferenças de potencial ou de intensidade, na medida em que estas se explicam na extensão e se encarnam em estados de coisas empíricos. O segundo é criador ou "implicador" da diferença, e, se é um movimento de retorno ou de causalidade reversa (id. ibid.: 537), uma

16. Naquele mesmo artigo que citamos na nota precedente, Strathern faz a seguinte observação: "As relações de sexo oposto ao mesmo tempo alternam com as relações de mesmo sexo e contêm em si uma premissa intrínseca de alternância" (2001: 227). Este seria um exemplo de pressuposição recíproca assimétrica: a relação entre relações *same-sex* e relações *cross-sex* é ela própria de "tipo" *cross-sex*. O que é um outro modo de ilustrar a premissa lévi-straussiana segundo a qual a identidade é um caso particular da diferença.

"involução criativa", nem por isso deixa de ser estritamente contemporâneo do primeiro, sendo sua condição transcendental, e enquanto tal não anulável. Este último movimento é o Evento ou o Devir, pura reserva de intensidade – a parte, em tudo que acontece, que escapa à sua própria atualização (id. 1991: 147).

Mais uma vez, é inevitável aproximar essa assimetria de processos interimplicados de certos aspectos da semiótica de Roy Wagner ([1975] 2017: 47-49, 107). A natureza "dialética" ou "obviacional" da relação entre os dois modos wagnerianos de simbolização remete a *um* dos modos, a diferenciação-invenção, ao passo que o contraste opositivo entre os dois modos é, enquanto tal, o resultado da operação do *outro* modo, a coletivização-convencionalização. E além disso, embora os dois modos estejam simultânea e reciprocamente ativos em todo ato de simbolização (eles operam um sobre o outro, pois não há nada além deles, nada fora deles), há "toda a diferença do mundo" entre as culturas cujo "contexto de controle" – ou cujo vetor de territorialização, nos termos de *Mil platôs* – é o modo convencional e aquelas em que o controle é o modo diferenciante. Se o contraste entre os modos não é, em si, axiológico, a cultura que favorece a simbolização convencional e coletivizante – aquela cultura, a "nossa", que gerou a teoria da cultura enquanto "representação coletiva" – orienta-se na direção do decalque, bloqueando ou reprimindo a dialética da invenção, e por isso deve ser, em última análise, "projetada sobre o mapa". Do mesmo modo, o contraste avançado em *O gênero da dádiva* entre as socialidades do "dom" e da "mercadoria" é explicitamente assumido como interno ao mundo da mercadoria (Strathern 1988: 16, 136, 343), mas ao mesmo tempo tudo se passa como se a forma-mercadoria fosse uma transformação (ou deformação) da forma-dom antes que o contrário, uma vez que a análise de uma socialidade do dom nos obriga, como antropólogos, a apreender a particularidade dos pressupostos culturais da antropologia ela própria, e a decompor nossas próprias metáforas capitalísticas (id. ibid.: 309). O ponto de vista do dom sobre a mercadoria não é o mesmo que o ponto de vista da mercadoria sobre o dom. Implicação recíproca assimétrica.[17]

17. Essa mesma estratégia de evocar um dualismo apenas para deslocar outro também é empregada por Latour, por exemplo em seu livreto anticrítico sobre os *faitiches* ou "factiches": "O duplo repertório dos modernos não reside em sua distinção entre fatos e fetiches, mas na [...] distinção, mais sutil, entre a separação de fatos e de fetiches que eles fazem na teoria, por um lado, e a passagem para uma prática que difere totalmente disso, por outro lado" (Latour 1996b: 42-43).

7.
Tudo é produção: a filiação intensiva

Se há efetivamente uma assimetria implicativa que pode ser dita primária dentro do sistema conceitual deleuziano, ela reside na distinção entre o intensivo (ou o virtual) e o extensivo (ou o atual). O que me interessa aqui é avaliar a relevância dessa distinção para a releitura feita em *Capitalismo e esquizofrenia* das duas categorias-mestras da teoria clássica do parentesco, a *aliança* e a *filiação*. A escolha se justifica, em primeiro lugar, porque o tratamento dado por Deleuze e Guattari a essas duas noções exprime com especial clareza um importante deslocamento que ocorre entre *O Anti-Édipo* e *Mil platôs*. Em segundo lugar, porque ele sugere a possibilidade de uma transformação da antropologia do parentesco, de modo a alinhá-la com os desenvolvimentos "não-humanistas" (Jensen 2004) que hoje têm lugar em outros campos de investigação. Pois a questão é, efetivamente, a da possibilidade de conversão das noções de aliança e de filiação, classicamente tomadas como as coordenadas da sociogênese humana tal como efetuada no elemento do parentesco, em modalidades de abertura para o extra-humano. Se o humano não é mais uma essência, a criatura da exceção ontológica, quais as implicações disso para uma antropologia do parentesco?

Após terem desempenhado um papel quase-totêmico na disciplina entre os anos 1950 e 1970, quando designavam duas concepções teóricas diametralmente opostas do parentesco (Dumont 1971), as noções de aliança e de filiação, seguindo o destino geral do paradigma morganiano em que se inseriam, perderam subitamente seu valor sinóptico, assumindo a função mais modesta de meras convenções analíticas, isso quando não encerraram sua carreira ativa passando do uso à menção. As páginas a seguir propõem uma interrupção reflexiva desse movimento, sugerindo que algumas partes da teoria clássica podem ser recicladas. Certamente não é o caso de propor um recuo: seja reincidir nos formalismos um pouco vãos da "aliança prescritiva", que muito fizeram pela fama de *As estruturas elementares do parentesco* (Lévi-Strauss [1949] 1967), seja regredir à metafísica substancialista dos "grupos de descendência", a marca registrada da escola britânica (de inspiração durkheimiana) de Radcliffe-Brown, Meyer Fortes e Jack Goody. Trata-se, ao contrário, de imaginar as linhas gerais de uma concepção rizomática do parentesco capaz de extrair todas as consequências da premissa segundo a qual "as pessoas são integralmente constituídas por relações" (Strathern 1992b: 101).[1] Se a teoria dos grupos de descendência tinha seu fundamento nas ideias de *substância* e *identidade* (o grupo enquanto indivíduo metafísico), e a teoria da aliança de casamento, nas ideias de *oposição* e *totalização* (a sociedade como totalidade dialética), a perspectiva aqui sugerida procura na obra de Deleuze e Guattari alguns elementos para uma teoria do parentesco enquanto *diferença* e *multiplicidade* (a relação como disjunção inclusiva).

—

1. *"Persons have relations integral to them."*

A antropologia social ocupa um lugar destacado em *Capitalismo e esquizofrenia*. Começando por Bachofen e Morgan, Engels e Freud, até chegar a Lévi-Strauss e Leach (estávamos em 1972), o primeiro livro do díptico reescreve do zero a teoria da socialidade primitiva. Seu principal interlocutor é o estruturalismo de Lévi-Strauss, a propósito do qual, e em larga medida contra o qual, são mobilizadas uma quantidade de referências teóricas e etnográficas, do funcionalismo de Malinowski ao juralismo de Fortes, do experimento etnográfico de Griaule e Dieterlen ao etno-marxismo de Meillassoux e Terray, da segmentaridade relacional de Evans-Pritchard à dramaturgia social de Victor Turner.[2] A concepção lévi-straussiana do parentesco, fundada na dedução transcendental da proibição do incesto enquanto condição da socialidade (Lévi-Strauss [1949] 1967), é rejeitada por Deleuze e Guattari sob o argumento de que ela é uma generalização antropológica do Édipo. Os autores comparam desvantajosamente o *Ensaio sobre a dádiva* de Mauss (a referência maior de Lévi-Strauss) à *Genealogia da moral* de Nietzsche; o último, sugerem, deveria ser o verdadeiro livro de cabeceira dos antropólogos (D. & G. 1972: 224-ss).

Essa diferença entre Mauss e Nietzsche parece-me forçada ao ponto da caricatura n'O Anti-Édipo. A distinção entre "troca" e "dívida" não corresponde a nenhum desenvolvimento maussiano reconhecível, e está longe de

---

2. A biblioteca etnológica de Deleuze e Guattari possui uma fornida seção "África", o que reflete as condições do meio antropológico francês de então, quando o africanismo era a subespecialidade de longe a mais difundida, e a mais refratária à influência do estruturalismo (por razões que logo ficarão claras).

7. Tudo é produção: a filiação intensiva

ser tão evidente quanto os autores fazem-na parecer.[3]
Afinal, o que se troca, no potlatch *como no* kula, *são dívidas; no primeiro caso, sobretudo, o objetivo da troca agonística de dons*[4] *é "matar" (às vezes, literalmente) o parceiro pelo endividamento. A noção de "troca", n'O* Anti-Édipo, *é sempre forçada ou para o lado da troca mercantil capitalista (o que permite aos autores opor "troca" e "dom"), ou para o lado do contrato social, ideias que estão indubitavelmente presentes no* Ensaio, *mas claramente subordinadas, penso, à ideia mais fundamental de* obrigação, *concebida por Mauss menos como norma transcendente que como divisão interna do sujeito, como dependência deste face a uma alteridade imanente. Ademais, a teoria nietzscheana da repressão proto-histórica de uma "memória biológica", necessária para a criação de uma "memória social", não é tão antipodal assim ao paradigma hominizante compartilhado pelas teorias maussianas e estruturalistas da troca. Penso que é apenas quando Deleuze e Guattari determinam claramente o devir como antimemória, em* Mil platôs (*1980: 324*), *que se pode dizer que os termos do problema mudam decisivamente.*

O contraste Mauss / Nietzsche d'O Anti-Édipo *remete a um pano de fundo polêmico, envolvendo os nomes de Hegel, Kojève, Bataille, o* Collège de Sociologie, *e, mais proximamente, os de Lévi-Strauss, Lacan e Baudrillard,*

3. A distinção já aparece em *Nietzsche e a filosofia* (Deleuze 1962: 155).
4. Peço ao leitor que tenha em mente que uso "dom" de preferência a "dádiva" para traduzir o francês *don* ou o inglês *gift*. Os termos são sinônimos em português, e o segundo tem sido mais usado na tradução de obras como o *Essai sur le Don* ou *The Gender of the Gift*. Mas, como disse, inclino-me pelo primeiro.

entre outros. A "economia generalizada" derivada por Bataille de uma leitura nietzscheana do Ensaio sobre a dádiva *é muito raramente mencionada em* O Anti-Édipo *(id. ibid.: 10, 225). O desprezo de Deleuze e Guattari pela categoria batailleana da transgressão (a observação é de Lyotard) talvez explique parcialmente este quase-silêncio. No ensaio sobre Klossowski incluído na* Lógica do sentido, *porém, Deleuze avança um contraste entre troca, generalidade (equivalência) e repetição falsa, de um lado, e dom, singularidade (diferença) e repetição autêntica, do outro lado. Ao mesmo tempo em que ele antecipa as teses d'*O Anti-Édipo *a respeito da troca (ele também é evocado no início de* Diferença e repetição *[id. 1968: 7]), o contraste é aqui referido justamente a Bataille: Théodore, o herói de um dos romances de Klossowski, "sabe que a verdadeira repetição reside no dom, na economia do dom que se opõe à economia mercantil da troca (...homenagem a Georges Bataille)" (id. 1969c: 334).*

Seja como for, *O Anti-Édipo* avança, contra o tema da troca como síntese sociogenética de interesses contraditórios, o postulado segundo o qual a máquina social "existe para" responder ao problema da codificação dos fluxos de desejo. Deleuze e Guattari propõem uma concepção ao mesmo tempo inscritora – "o *socius* é inscritor", sua tarefa é marcar os corpos, a circulação é uma atividade secundária (1972: 217-ss) – e producionista: "Tudo é produção" (id. ibid.: 10). No melhor estilo dos *Grundrisse*, a produção, a distribuição e o consumo são postos como momentos de uma Produção enquanto processo universal. A inscrição é o momento do registro ou codificação da produção, que contraefetua um *socius* fetichizado como instância do Dado natural ou divino, superfície mágica de inscrição e elemento de anti-produção (o "Corpo sem Órgãos").

Mas todas as contas feitas, a demolição esquizoanalítica do parentesco feita em *O Anti-Édipo* revela-se ainda algo tímida. Atente-se para o vocabulário hiperkantiano, paródico mesmo, da linguagem desse livro: ilusão transcendental, uso ilegítimo das sínteses do inconsciente, os quatro paralogismos do Édipo... *O Anti-Édipo* permanece com isso dentro do Édipo; é um livro necessariamente, ou mais ainda, dialeticamente edipiano.[5] Ele está firmemente amarrado a uma concepção antropocêntrica da socialidade; seu problema continua a ser o problema da hominização, a "passagem" da Natureza à Cultura. Os defeitos desse foco só se mostram, bem entendido, do ponto de vista anedipiano do segundo *Capitalismo e esquizofrenia*. Na verdade, não seria descabido imaginar os autores de *Mil platôs* afirmando, ao considerarem seu livro precedente, que toda e qualquer interrogação de tipo antropofilosófico sobre a distintividade da espécie ou condição humana, não importa o que sirva de signo ou causa de sua eleição (ou maldição), está irremediavelmente comprometida com o Édipo. Pois o defeito não está na resposta, mas na pergunta.

A limitação de foco do primeiro *Capitalismo e esquizofrenia* explicaria assim a interpretação da aliança como cumprindo a função exclusiva de transmissora do triângulo edipiano, argumento que põe a parentalidade como anterior à conjugalidade (a primeira "prolonga-se" na segunda) e a aliança como meramente instrumental para a filiação (id. ibid.: 85-86). Em outras palavras, a crítica das concepções

---

5. "*O Anti-Édipo* tinha uma ambição kantiana" (D. & G. [1987] 2003: 289).

troquistas articulada por *O Anti-Édipo* depende de uma contrateoria do Édipo, dentro da qual a filiação e a produção são primordiais, antes que a aliança e a troca. Neste e em outros sentidos, *O Anti-Édipo* é um livro antiestruturalista. Mas, se seus autores tomaram assim suas distâncias da *avaliação* lévi-straussiana da estrutura do parentesco humano, foi preciso primeiro que eles tivessem aceito alguns dos *termos* em que a questão do parentesco foi formulada por Lévi-Strauss. Eles parecem crer, por exemplo, que a aliança diz respeito ao parentesco, e que o parentesco diz respeito à sociedade. Por uma vez, eles se mostram excessivamente prudentes.[6]

———

O terceiro capítulo ("Selvagens, bárbaros, civilizados"), parte central e mais longa d'*O Anti-Édipo*, começa por uma exposição das características da "máquina territorial primitiva" e de sua "declinação" da aliança e da filiação (D. & G. 1972: 171). A hipótese fundamental na construção de uma teoria alternativa ao estruturalismo, a esse respeito, consiste em fazer a filiação aparecer *duas vezes*. A primeira vez, como estado genérico e intensivo do parentesco, a segunda, como estado particular e extensivo, em oposição complementar à aliança. A aliança aparece apenas no momento extensivo; sua função é precisamente a de extensivizar e codificar o parentesco, isto é, operar a passagem do parentesco intensivo ao parentesco extensivo.

6. Suspeito que a insistência em elaborar uma teoria alternativa àquela d'*As estruturas elementares do parentesco* – o antiestruturalismo feroz d'*O Anti-Édipo*, em suma – é a parte onde mais ressalta a contribuição *afetiva* (sempre no sentido espinosista) de Guattari a este último livro, sem prejuízo de sua cumplicidade intelectual mais ampla com Deleuze nos dois *Capitalismo e esquizofrenia*.

7. Tudo é produção: a filiação intensiva

Os autores postulam assim a existência primordial de uma filiação pré-cosmológica intensa, germinal, disjuntiva, noturna e ambígua, um "implexo" ou "influxo germinal" (id. ibid.: 191) que é o primeiro caráter de inscrição marcado sobre o corpo pleno e inengendrado da Terra: "força pura da filiação ou genealogia, Numen" (id. ibid.: 181). Essa análise se apoia quase exclusivamente em uma interpretação das narrativas coletadas por Marcel Griaule e sua equipe na África Ocidental, em particular no grande mito de origem dos Dogon publicado em *Le Renard pâle* (Griaule & Dieterlen 1965): o ovo cósmico de Amma; a Terra placentária; o *trickster* incestuoso Yuruggu; os Nommo, "gêmeos" hermafroditas e antropo-ofidiomorfos...

O papel que essa narrativa desempenha no argumento geral é de enorme relevância teórica; ela funciona como uma espécie de "antimito de referência" d'*O Anti-Édipo*.[7] No segundo capítulo ("Psicanálise e familialismo"), os autores haviam desenvolvido um contraste entre as concepções teatral-expressiva e maquínico-produtiva do inconsciente, o qual os levara a levantar mais de uma vez a questão impaciente: "Por que retornar ao mito?" (D. & G. 1972: 67, 99, 134), a propósito do uso emblemático feito pela psicanálise da velha história grega. Quando os autores levam a cabo sua reconstrução da antropologia do parentesco no capítulo seguinte (id. ibid.: 181-95), porém, constata-se que são eles

---

7. O artigo de Michel Cartry e Alfred Adler (1971) sobre o mito dogon está na origem da importância atribuída a tal horizonte etnográfico; ele é citado em momentos cruciais da análise. Esses dois antropólogos, juntamente com András Zempléni, leram atentamente o rascunho do terceiro capítulo d'*O Anti-Édipo* (ver Nadaud 2004: 20-21). Reciprocamente, as ideias de Deleuze e Guattari tiveram uma influência determinante sobre o estudo de Cartry e Adler (1971: 37, n. 1).

mesmos que, no fim das contas, retornam ao mito. Pois a introdução dos materiais dogon não se faz sem uma reapreciação do conceito de mito por Deleuze e Guattari:

> [O] recurso ao mito é indispensável, não porque ele seja uma representação transposta ou mesmo invertida das relações reais em extensão, mas porque é só ele que determina, conforme o pensamento e a prática indígenas, as condições intensivas do sistema (inclusive do sistema de produção). (id. ibid.: 185)

Essa avaliação aparentemente discordante do recurso ao mito, dentro d'*O Anti-Édipo*, exigiria uma consideração mais profunda do que me sinto em condições de fazer no momento. A título de especulação, é possível dizer que o que vemos, entre as referências à tragédia de Édipo e ao ciclo da Raposa Pálida, é menos uma diferença de atitude em relação a um mesmo mito que uma diferença no mito mesmo, uma diferença interna ao que chamamos "mito": a história de Édipo pertence ao regime bárbaro ou "oriental" do significante despótico, ao passo que a narrativa dogon pertenceria mais bem ao regime selvagem da semiótica primitiva ou "pré-significante" (no sentido de id. 1980: 147-ss). Não se trata pois de um mesmo mito, de um mesmo outro genérico do *logos*; há mito e mito – exatamente no mesmo sentido em que se pode dizer que há "figura" e "figura", para evocar um conceito-chave da geofilosofia (a figura como conceito do quase-conceito; ver id. 1991: 86-ss). A questão do sentido inteiramente diverso que assume a enunciação mítica quando saímos do mundo pré-filosófico dos "Mestres da Verdade" (Detienne [1967] 1981) e seu regime monárquico de enunciação, mundo "clássico" do helenista, do historiador da filosofia, para entrar no mundo extrafilosófico das "sociedades contra o Estado", mundo do pensamento selvagem, da alteridade antropológica radical – bem, essa questão ainda não recebeu um desenvolvimento à altura.[8]

Mas o metamito dogon não é um "pensamento" qualquer que teria ocorrido a um pensamento selvagem genérico. Ele é um mito cosmogônico de uma população da África ocidental, região onde floresce uma cultura do parentesco profundamente marcada pelas ideias de ancestralidade e de descendência e pela presença de agrupamentos políticos constituídos na base de uma origem parental comum (as linhagens). Não é de surpreender, assim, que os autores d'*O Anti-Édipo* cheguem, com o auxílio desse mito, à filiação como dimensão originária da relacionalidade de parentesco e vejam a aliança como uma dimensão adventícia, cuja função seria a de diferenciar as afiliações linhageiras. Deleuze e Guattari se movem no interior de um universo de parentesco "estrutural-funcionalista", antropologicamente britânico, fortesiano (Fortes 1969, 1983). Ali, o que é intenso e primordial são as linhagens filiativas ambíguas, involuídas, implicadas e (pré-)incestuosas, as quais perdem seu uso inclusivo e ilimitativo na medida que, sendo o objeto de uma memória "noturna e biocósmica", devem "sofrer o recalcamento" exercido através da aliança para que se possam explicar e atualizar no espaço físico do *socius* (D. & G. 1972: 183).

---

8. O debate entre Lévi-Strauss e Ricœur a respeito da análise estrutural dos mitos se radica nessa diferença (veja-se "La Pensée sauvage et le structuralisme". *Esprit*, ano 31, n. 322, nov. 1963). Richir (1994) traz sugestões interessantes sobre os diferentes regimes do mito. Ver também adiante, p. 208.

Tudo se passa, porém, como se o sistema dos Dogon, que são sinedoquicamente os Selvagens naquela altura d'*O Anti-Édipo*, exprimisse a teoria da descendência no plano virtual ou intensivo e a teoria da aliança no plano atual ou extensivo. Pois os autores fazem inteiramente suas as críticas de Leach a Fortes a respeito da "filiação complementar", assim como concluem, de uma passagem decisiva de Lévi-Strauss sobre a lógica do casamento de primos cruzados ([1949] 1967: 151-54), que "em momento algum [...] a aliança deriva da filiação", e que "nesse sistema em extensão, não há filiação primeira nem geração primeira ou troca inicial, mas já e desde sempre alianças" (D. & G. 1972: 182, 184).[9] Na ordem do extensivo, a filiação se reveste de um caráter *a posteriori*, "administrativo e hierárquico", ao passo que a aliança, que nesta ordem é primeira, é "política e econômica" (id. ibid.: 172). O afim, o aliado de casamento como personagem sociopolítico, está lá desde o princípio para fazer com que as relações familiares sejam sempre relações coextensivas ao campo social (id. ibid.: 196). Mas existe algo antes do princípio: na ordem da gênese metafísica, isto é, do ponto de vista mítico (id. ibid.: 185), a aliança é segunda. "O sistema em extensão nasce das condições intensivas que o tornam possível, mas ele reage sobre elas, anula-as, recalca-as, não lhes permitindo senão uma expressão mítica" (id. ibid.:188). Fica em aberto, naturalmente, a questão de saber o que seria

9. Ver também o raciocínio estruturalista típico, assimilado "inconscientemente" pelos autores: "É difícil evitar que nas estruturas de parentesco se proceda como se as alianças decorressem das linhas de filiação e das suas relações, embora as alianças laterais e os blocos de dívida condicionem as filiações extensas no sistema em extensão, e não o inverso" (D. & G. 1972: 220).

7. Tudo é produção: a filiação intensiva

uma "*expressão mítica*" no sentido não trivial, já que o mito "não é expressivo, mas condicionante" (id. ibid.: 185).

O campo do parentesco pós-proibição do incesto é, assim, organizado pela aliança e a filiação em uma relação de pressuposição recíproca comandada atualmente pela primeira e virtualmente pela segunda. O plano intensivo do mito é povoado por filiações pré-incestuosas que ignoram a aliança. A noção de uma afinidade intensiva seria nesse caso autocontraditória, ou algo perto disso. O mito é intensivo porque (pré-)incestuoso, e vice-versa: a aliança é "realmente" o princípio da sociedade, e o fim do mito. É difícil não se recordar aqui do último parágrafo d'*As estruturas elementares do parentesco*, onde Lévi-Strauss observa que, em seus mitos sobre a Idade de Ouro e o Além, "a humanidade sonha em capturar e fixar aquele instante fugidio em que lhe foi permitido crer que podia trapacear com a lei da troca, ganhando sem perder, desfrutando sem partilhar", e que assim, para ela, a felicidade completa, "eternamente negada ao homem social", é aquela que consistiria em *vivre entre soi* ([1949] 1967: 569-70), fechado avaramente em casa, "em família".[10]

Retomando o problema nos termos da economia conceitual d'*O Anti-Édipo*, parece-me que o aspecto crucial da análise do mito dogon é a determinação da filiação (intensiva) como operador da síntese disjuntiva de inscrição – o(s) Nommo que é/são um e dois, homem e mulher, humano e serpentino; a Raposa Pálida que é ao mesmo tempo filho, irmão e esposo da Terra etc. –, ao passo que a aliança é o operador da síntese conjuntiva:

---

10. Como em uma das epígrafes d'*O homem nu* (Lévi-Strauss [1971] 2011), tirada da revista *Playboy*: "*Incest is fine, as long as it's kept in the family*".

Assim é a aliança, a segunda característica da inscrição: a aliança impõe às conexões produtivas a forma extensiva de uma conjugação de pessoas, compatível com as disjunções da inscrição, mas, inversamente, ela reage sobre a inscrição ao determinar um uso exclusivo e limitativo dessas próprias disjunções. É assim inevitável que a aliança seja representada miticamente como sobrevindo, a partir de um certo momento, às linhas filiativas (ainda que, em outro sentido, ela sempre tenha estado lá). (D. & G. 1972: 182)

Vimos mais acima que a síntese disjuntiva é o regime relacional característico das multiplicidades. Como se lê logo em seguida ao trecho acima, o problema não é o de ir das filiações às alianças, mas "o de passar de uma ordem energética intensiva a um sistema extensivo". E nesse sentido,

[q]ue a energia primária da ordem intensiva [...] seja uma energia de filiação não muda nada, pois esta filiação intensa ainda não está estendida, não comportando ainda nenhuma distinção entre pessoas, ou mesmo entre os sexos, mas apenas variações pré-pessoais em intensidade. (id. ibid.: 183)

Aqui caberia apenas acrescentar que se essa ordem intensiva não conhece distinção de pessoas nem de sexos, tampouco conhece qualquer distinção de espécies, particularmente uma distinção global entre humanos e não-humanos: no mito, todos os actantes ocupam um campo interacional único, ao mesmo tempo ontologicamente heterogêneo e sociologicamente contínuo (ali onde toda coisa é "humana", o humano é toda uma outra "coisa").

A questão surge então naturalmente: se o fato da energia primária ser uma energia de filiação *não muda nada*, é possível determinar uma ordem intensiva onde a energia primária seja uma energia de aliança? É realmente necessário que a aliança funcione apenas e sempre para ordenar, discernir, discretizar e policiar uma filiação pré-incestuosa anterior? Ou seria *possível* conceber uma aliança intensa, anedipiana, que compreenda "variações pré-pessoais em intensidade"? Em poucas palavras, o problema consiste em saber se cabe construir um conceito de aliança como síntese disjuntiva.

Para fazê-lo, teríamos que tomar uma distância um pouco maior da sociocosmologia de Lévi-Strauss do que faz *O Anti-Édipo*, ao mesmo tempo em que precisaríamos submeter o conceito de troca a uma interpretação deleuziana ou "perversiva". Para isso, por sua vez e reciprocamente, é preciso começar por admitir com toda a ênfase possível que a teoria lévi-straussiana da troca matrimonial continua sendo, no final das contas, uma construção antropológica muito mais sofisticada e poderosa que a doutrina juralista dos grupos de filiação; voltar a Fortes e Goody não nos arranja em nada. Em certo sentido, *As estruturas elementares do parentesco* foram o primeiro *O Anti-Édipo*, na medida em que marcaram uma ruptura com a imagem do parentesco centrada na família e dominada pela parentalidade; ou, para dizê-lo diferentemente, a relação d'*O Anti-Édipo* com *As estruturas elementares* é análoga à relação deste último livro com *Totem e tabu*.

Uma retomada do discurso estruturalista do parentesco em chave antiedipiana exige, no mínimo, o abandono da descrição do "átomo de parentesco" em termos de uma alternativa exclusiva – esta mulher como sendo ou bem minha irmã, ou bem minha esposa, este homem como sendo já meu pai, já meu tio materno – e reformulá-

-la em termos de uma disjunção inclusiva ou não restritiva: "seja... seja...", "e/ou". A diferença entre irmã e esposa, irmão e cunhado, deve ser tomada como uma *diferença interna*, "indecomponível e desigual a si mesma"; o que dizem os autores sobre o esquizofrênico e as disjunções masculino/feminino, morto/vivo que ele aciona, valeria também nesse caso: uma determinada mulher é de fato minha irmã ou minha esposa, mas "pertence precisamente a ambos os lados", irmã do lado das irmãs (e irmãos), esposa do lado das esposas (e maridos) – não ambas as coisas ao mesmo tempo para mim, "mas cada uma das duas enquanto pontos terminais de uma distância que el[a] sobrevoa deslizando [...] um[a] na extremidade da outra como as duas extremidades de um bastão em um espaço indecomponível" (D. & G. 1972: 90-91).

O ponto pode ser reformulado em uma linguagem que todo antropólogo reconhecerá. Minha irmã é minha irmã *porque* ela é uma esposa para outrem: as irmãs não nascem tais sem nascerem ao mesmo tempo esposas; a irmã existe *para que* haja a esposa; toda "mulher" é um termo – uma metarrelação – constituído pela relação assimétrica entre as relações de "irmã" e de "esposa" (o mesmo se aplica aos "homens", evidentemente). A consanguinidade da irmã, assim como sua afetação sexual molar, não é dada – nunca houve um "dado biológico de base" (Héritier 1981) –, mas instituída, não apenas ao mesmo título que a afinidade da esposa, mas por seu intermédio (causalidade formal reversa). É a relação de sexo oposto entre mim e minha irmã/esposa que gera minha relação de mesmo sexo com meu cunhado. As relações de sexo oposto não apenas geram as relações de mesmo sexo, como lhes comunicam

7. Tudo é produção: a filiação intensiva

seu próprio potencial diferencial interno (Strathern 1988, 2001). Dois cunhados estão relacionados da mesma maneira que as díades de sexo cruzado que fundam sua relação (irmão/irmã, marido/mulher): não a despeito de sua diferença, mas por causa dela. Um dos cunhados vê a face uxórica de sua irmã no marido desta; o outro, o lado sororal de sua esposa no irmão desta. Um vê o outro como determinado pelo laço de sexo oposto que os diferencia a ambos: cada um vê-se a si mesmo como "de mesmo sexo" na mesma medida que o outro é visto "como" de sexo oposto, e reciprocamente. As duas faces do termo relacionante criam, dessa forma, uma divisão interna aos termos relacionados. Todos se tornam duplos, as "mulheres" e os "homens"; o relator e os relacionados revelam-se permutáveis sem por isso se tornarem redundantes; cada vértice do triângulo da afinidade inclui os outros dois vértices como *versões de si mesmo.*

Veja-se, por exemplo, a análise que faz Roy Wagner (1977) da troca matrimonial entre os Daribi melanésios: o clã patrilinear doador de esposas vê as mulheres que cede como um fluxo eferente de sua própria substância masculina; mas o clã receptor verá o fluxo aferente como constituído de substância feminina; quando as prestações matrimoniais fazem o caminho inverso, a perspectiva se inverte. O autor conclui: "Aquilo que se poderia descrever como troca, ou reciprocidade, é, na verdade, uma [...] imbricação de duas visões de uma só coisa" (id. ibid.: 62). A interpretação da troca de dons melanésia como definível intensionalmente em termos de uma troca de perspectivas (onde, note-se bem, é a noção de perspectiva que

determina conceitualmente a de troca e não o contrário)
foi elevada ao nível de sofisticação que se sabe por Marilyn
Strathern (1988).[11]

A respeito da anterioridade da determinação "esposa"
sobre a de "irmã", sugiro ao leitor remeter-se a um
*parágrafo do datiloscrito d'*O pensamento selvagem,
suprimido na edição de 1962, mas recuperado por Frédéric
Keck na edição crítica incluída nas Œuvres de Lévi-
-Strauss *da Pléiade:*

> *O fundamento especulativo das proibições alimentares e das*
> *regras de exogamia consiste portanto numa repugnância a*
> *conjugar termos que podem ser conjugados de um ponto de*
> *vista geral (toda mulher é "copulável", como todo alimento é*
> *"comível") mas entre os quais o espírito estabeleceu uma*
> *relação de similitude num caso particular (a mulher, ou o*
> *animal, de meu clã). [...] [P]or que essa acumulação de*
> *conjunção [...] é tida como nefasta? A única resposta possível*
> *[...] é que a* similitude primeira não é dada como um fato,
> mas é promulgada como uma lei [...] Assimilar o
> semelhante sob uma nova relação estaria em contradição
> com a lei que admitiu o semelhante [apenas] como um
> meio de criar o diferente. Com efeito, a similitude é o
> instrumento [*moyen*] da diferença, e não é nada mais do
> que isso. (*2008: 1834-35, n. 14; grifo nosso*).

11. Esse aspecto das obras de Wagner e Strathern representa assim uma "transformação antecipada" do tema das relações entre o perspectivismo cosmológico e a afinidade potencial, que apenas começava a se esboçar na etnologia amazonista da época. A sinergia das interpretações se deu bem mais tarde (Strathern 1999: 246-ss, 2005: 135-62; Viveiros de Castro 2008a, 2017).

Certamente, não é porque estaria em contradição com a ideia que Lévi-Strauss faz em geral da similitude e da diferença que essa passagem foi suprimida; trata-se aí, ao contrário, de um desenvolvimento que antecipa a fórmula que encontraremos mais tarde em O homem nu *– "a semelhança não existe em si: ela não passa de um caso particular da diferença, aquele em que a diferença tende a zero. Mas esta jamais se anula completamente" (Lévi-Strauss [1971] 2011: 35) – e que, de resto, não passa de um enunciado mais abstrato do argumento sobre a impossível gemelaridade ameríndia que se encontra em* História de Lince. *A passagem me parece decisiva, porém, em virtude de seu valor diacrítico: ela permite medir a distância que separa o conceito estruturalista de troca matrimonial de princípios como o da "não acumulação do idêntico", proposto por Françoise Héritier, princípio que faz a semelhança derivar de (ou apoiar-se em) si mesma, segundo um preconceito substancialista (no duplo sentido do termo) inteiramente alheio à ontologia lévi-straussiana da diferença. Para o estruturalismo, com efeito, uma ideia como esta da "não acumulação do idêntico" é o tipo mesmo, se me permitem o oxímoro, de um princípio secundário.*

A duplicação complexa (na qual há, note-se de passagem, dois triângulos, um para cada sexo tomado como "relator") é explicitamente descrita por Deleuze e Guattari em um comentário sobre a célebre analogia entre homossexualidade e reprodução vegetal feita no *Sodoma e Gomorra* de Proust. Algo como um "átomo de gênero" pode ser entrevisto aqui:

O tema vegetal [...] nos traz uma outra mensagem e um outro código: cada um de nós é bissexuado, cada um possui os dois sexos, mas separados, não comunicantes; o homem é apenas aquele em quem a parte masculina predomina estatisticamente, a mulher, aquela em quem a parte feminina domina estatisticamente. De tal forma que, no plano das combinações elementares, é preciso fazer intervir pelo menos dois homens e duas mulheres para constituir a multiplicidade na qual se estabeleçam comunicações transversais [...] a parte masculina de um homem pode se comunicar com a parte feminina de uma mulher, mas também com a parte masculina dessa mulher, ou com a parte feminina de outro homem, ou ainda com a parte masculina desse homem etc. (D. & G. 1972: 82)

"Pelo menos dois homens e duas mulheres." Se os ligássemos por uma "troca de irmãs", isto é, por um arranjo matrimonial entre dois pares de germanos de sexo oposto (dois *divíduos* bissexuais, em suma), teríamos uma versão extensiva, canonicamente estruturalista, da multiplicidade-gênero. Mas evidentemente, "é em intensidade que é preciso interpretar tudo" (id. ibid.: 186). Eis o trabalho que o pequeno "etc." ao fim da passagem acima parece estar fazendo. Da troca ao devir?

TERCEIRA PARTE
Contra as filiações celestiais: a aliança demoníaca

8.
Metafísica da predação

A leitura na contramão do estruturalismo proposta nas páginas a seguir exige um rápido desvio pela narrativa autobiográfica, para o que peço a indulgência do leitor, uma vez que essa leitura foi empiricamente suscitada por minha experiência pessoal como etnólogo americanista.

Em duas passagens das obras-chave de 1962, *O totemismo hoje* (Lévi-Strauss 1962a) e *O pensamento selvagem* (1962b), em que o "pré-estruturalismo" d'*As estruturas elementares* começa a dar lugar ao "pós-estruturalismo" das *Mitológicas*,[1] Lévi-Strauss estabelece um contraste paradigmático entre "totemismo" e "sacrifício", que veio a assumir para mim um valor que se poderia chamar de propriamente mítico, permitindo-me formular com mais clareza o que eu percebia confusamente como sendo os limites da antropologia estrutural. Limites no sentido tanto geométrico da palavra – o perímetro de jurisdição do método lévi--straussiano – como no sentido matemático-dinâmico – o atrator para onde tendem certas virtualidades desse método. O contraste foi importante, em particular, para uma releitura da etnografia amazônica à luz de minha pesquisa junto aos Araweté, um povo de língua tupi da Amazônia oriental (Viveiros de Castro 1986). Ele foi o ponto de apoio indispensável para uma tentativa de repensar o sentido e a função do canibalismo guerreiro e do xamanismo, institui-

1. Ver Viveiros de Castro 2008c.

ções cosmopolíticas centrais (ou melhor, "de-centrais") dos Tupi e outras sociedades ameríndias.

—

A questão da existência de ritos de tipo sacrificial na Amazônia indígena coloca o problema das relações históricas e tipológicas entre as culturas das terras baixas da América do Sul e as formações estatais andinas e mesoamericanas, onde o sacrifício é um dispositivo teológico-político essencial. Por trás desse problema, encontra-se por sua vez aquele, bem mais amplo, da emergência do Estado nas sociedades ditas primitivas. Na Amazônia, o fenômeno que usualmente concentra as atenções dos especialistas interessados na questão é o xamanismo, uma vez que o xamã por vezes parece assumir a aparência proto-sacerdotal de um delegado da transcendência. Mas o consenso americanista é de que a definição clássica, franco-sociológica de sacrifício (Hubert & Mauss [1899] 1969), que continua a servir de referência geral para a disciplina, não dá conta satisfatoriamente do complexo do xamanismo sul-americano.

A conexão entre a etnografia araweté e a noção de sacrifício, entretanto, não se me impôs diretamente a partir das práticas xamânicas desse povo, mas a partir de seu discurso escatológico. A cosmologia dos Araweté reserva um lugar de honra ao canibalismo póstumo: as divindades celestes (os *Maï*) devoram as almas dos mortos chegadas ao céu, como prelúdio à metamorfose destas em seres imortais, semelhantes a seus devoradores. Como argumentei em minha monografia, esse canibalismo místico-funerário araweté é uma transformação estrutural evidente do canibalismo bélico-sociológico dos Tupinambá que habitavam a costa brasileira no século xvi.

Talvez seja necessário recordar os traços gerais do canibalismo tupinambá. Tratava-se de um elaborado sistema de captura, execução e devoração cerimonial de inimigos. Os cativos de guerra, frequentemente tomados de povos de mesma língua e costumes que a dos captores, podiam viver bastante tempo junto a estes, antes da morte na praça central da aldeia. Eles eram em geral bem tratados, vivendo em liberdade vigiada enquanto se faziam os longos preparativos para o grande rito de execução; era costume darem--se-lhes mulheres do grupo como esposas – ou seja, eles eram transformados em cunhados ("inimigo" e "cunhado" se diz em tupi-guarani antigo com a mesma palavra: *tovajar*, termo que significa literalmente "contrário" ou "fronteiro"). Já se vê aqui de que modo a predação ameríndia implica a questão da afinidade, como observava Lévi-Strauss. O ciclo ritual culminava com a execução solene do cativo – ato de valor iniciatório para o oficiante, que assim obtinha um novo nome, ganhava o direito de se casar e de ter filhos, de discursar em público, de aceder ao paraíso postumamente –, e com a devoração de seu corpo por todos os presentes, isto é, pelos anfitriões e os convidados das aldeias aliadas, com a única exceção do oficiante-executor, que não só não comia do cativo, como entrava em reclusão funerária, isto é, em um período de luto. Ele se entregava, em outros termos, a um processo de identificação com o "contrário" a quem acabara de executar.

A antropofagia ritual dos Tupinambá foi frequentemente interpretada como uma forma de "sacrifício humano", seja no sentido figurativo da expressão, utilizada por alguns dos primeiros cronistas e missionários, seja em um sentido conceitualmente preciso, como fez Florestan Fernandes ([1952] 1970), que aplicou o esquema analítico de Hubert e Mauss aos materiais quinhentistas. Para fazê-lo, entretanto, Florestan precisou postular algo que não se encontrava nas fontes documentais: um destinatário do sacrifício, uma "entidade sobrenatural". Segundo ele, o sacrifício se dirigia aos espíritos dos mortos do grupo, vingados e celebrados pela execução e devoração do cativo de guerra.

Em minha monografia sobre os Araweté, contestei a ideia de que entidades sobrenaturais estivessem necessariamente envolvidas no canibalismo tupi, e que sua propiciação fosse a causa final do rito. É verdade que, precisamente no caso araweté, encontravam-se "entidades sobrenaturais" no papel de polo ativo da relação canibal. Mas, do ponto de vista de minha leitura da escatologia desse povo por via da sociologia tupinambá, tal condição sobrenatural dos devoradores não se revestia de maior importância. Meu argumento era que os *Maï* araweté (as divindades) ocupavam o lugar que, no rito tupinambá, era ocupado pelo grupo em função de sujeito – o grupo do matador e seus aliados, que devorava o cativo –, ao passo que o lugar de objeto do sacrifício, o cativo do rito tupinambá, era ocupado pelos mortos araweté. Os viventes araweté, por fim, ocupariam o lugar de *co-sujeitos* que, nos Tupinambá, era ocupado pelo grupo inimigo, aquele de onde a vítima era extraída.[2] A transformação, em

2. Na medida em que a morte cerimonial era considerada como a "boa morte", algo como o *kalós thánatos* homérico, a relação entre os grupos inimigos era dotada de uma positividade essencial: não apenas ela dava acesso à imortalidade individual, como permitia a vingança coletiva, a qual era o motor e o motivo centrais da vida tupinambá. Soares de Souza tem essa fórmula lapidar: "Como

suma, que canibalismo divino araweté efetuava sobre o canibalismo humano tupinambá não dizia respeito ao conteúdo simbólico dessa prática ou a sua função social, mas a um deslocamento pragmático, uma torção ou translação de perspectiva que afetava os valores e as funções de "sujeito" e de "objeto", de "meio" e de "fim", de "si" e de "outrem".

Vim, em seguida, a concluir que a ideia de uma mudança coordenada de pontos de vista fazia mais que descrever a relação entre as versões araweté e tupinambá do motivo canibal. Essa mudança apontava para uma propriedade do canibalismo tupi ele próprio, enquanto esquema actancial. Terminei portanto por defini-lo como um processo de transmutação de perspectivas, onde o "eu" se determina como "outro" pelo ato mesmo de incorporar este outro, que por sua vez se torna um "eu", mas sempre *no* outro, *através* do outro ("através" também no sentido solecístico de "por meio de"). Tal definição pretendia resolver uma questão simples porém insistente: o que, do inimigo, era realmente devorado? Não podia ser sua matéria ou "substância", visto que se tratava de um canibalismo ritual, em que a ingestão da carne da vítima, em termos quantitativos, era insignificante; ademais, são raras e inconclusivas as evidências, nas fontes que conhecemos, de quaisquer virtudes físicas ou metafísicas atribuídas ao corpo dos inimigos. Logo, a "coisa"

os Tupinambá são muito belicosos, todos os seus fundamentos são como farão guerra a seus contrários" ([1587] 1971: 320). Sobre a dialética da morte do indivíduo e da vida do grupo, ver essa passagem de Thevet: "E não pensem que o prisioneiro se surpreende com essas notícias [que será executado e devorado em breve], assim, a opinião de que sua morte é honrável, e que lhe vale muito mais morrer assim, que em sua casa de alguma morte contagiosa: pois (dizem eles) não se pode vingar a morte, que ofende e mata os homens, mas vingam-se aqueles que foram mortos e massacrados em ato de guerra" ([1575] 1953: 196).

comida não podia, justamente, ser uma "coisa", sem deixar porém de ser, e isso é essencial, um *corpo*. Esse corpo, não obstante, era um signo, um valor puramente posicional; o que se comia era a *relação* do inimigo com seu devorador, por outras palavras, sua *condição de inimigo*. O que se assimilava da vítima eram os signos de sua alteridade, e o que se visava era essa alteridade como ponto de vista sobre o Eu. O canibalismo e o tipo de guerra indígena a ele associado implicavam um movimento paradoxal de autodeterminação recíproca pelo ponto de vista do inimigo.

Com essa tese eu avançava, evidentemente, uma contrainterpretação de alguns preceitos clássicos da disciplina. Se o objetivo da antropologia multiculturalista europeia é descrever a vida humana tal como ela é vivida do "ponto de vista do nativo", a antropologia multinaturalista nativa assume como condição vital de autodescrição a preensão "semiofísica" – a execução e a devoração – do "ponto de vista do inimigo". A antropofagia enquanto antropologia.[3]

O estímulo etnográfico imediato para essa ideia foram as canções de guerra araweté, nas quais o guerreiro, por meio de um jogo deítico e anafórico complexo, fala de si mesmo do ponto de vista de seu inimigo morto: a vítima, que é o sujeito e o assunto do canto, fala dos Araweté que matou, e fala de seu matador – que é quem "fala", isto é, quem canta a fala do inimigo morto – como se de um inimigo canibal (ainda que entre os Araweté só se comam palavras). "Através" de *seu* inimigo, o matador araweté vê-se ou põe-se *como* inimigo, "enquanto" inimigo. Ele se apreende como sujeito a partir do momento em que vê a si mesmo através do olhar

---

3. Ou, no humor feroz de Oswald de Andrade, a odontologia como ontologia...

de sua vítima, ou antes, em que ele pronuncia sua própria singularidade pela voz do outro. Perspectivismo.

A semiofagia guerreira dos Tupi estava longe de ser um desenvolvimento inusitado dentro da paisagem ameríndia. O tema da existência de uma filosofia política indígena do canibalismo, que era ao mesmo tempo uma filosofia canibal do político, havia sido esboçado em seus grandes traços na teoria clastreana da guerra (P. Clastres [1977] 2004; ver P. Clastres & Sebag 1963, H. Clastres 1968 e 1972, para artigos pioneiros). Sua generalidade e complexidade etnográfica só começaram a ser reconhecidas, entretanto, graças aos esforços de diversos colegas amazonistas, mais ou menos na mesma época em que eu me debruçava sobre os materiais tupi.[4] Esses trabalhos apontavam para uma economia da alteridade predatória como constituindo o regime basal da socialidade amazônica: a ideia de que a "interioridade" do corpo social é integralmente constituída pela captura de recursos simbólicos – nomes e almas, pessoas e troféus, palavras e memórias – do exterior. Ao escolher

4. Dentre estes, merecem destaque especial: a tese essencial de Bruce Albert (1985) sobre o complexo bélico-funerário dos Yanomami; os estudos reunidos por Patrick Menget (1985a) em um número do *Journal de la Société des Américanistes*, notadamente os artigos de Taylor (1985) sobre a caça de cabeças dos Jívaro enquanto dispositivo de captura de virtualidades de pessoas, e o de Jean-Pierre Chaumeil (1985) sobre a economia cosmológica da guerra entre os Yagua; os trabalhos de Menget (1985b, 1988) sobre o sistema de "adoção" de mulheres e crianças inimigas pelos Ikpeng; o artigo de Philippe Erikson (1986) sobre a etnossociologia canibal dos povos de língua Pano; e o de Joanna Overing (1984) sobre as imagens do canibalismo na cosmologia dos Piaroa. Nas décadas seguintes, os estudos se multiplicaram (além de diversos trabalhos dos pesquisadores citados, mencionem-se os de Philippe Descola, Barbara Keifenheim, Isabelle Combès, Tânia Stolze Lima, Aparecida Vilaça, Alexandre Surralès, Carlos Fausto, Dimitri Karadimas, Renato Sztutman, entre outros).

8. Metafísica da predação

como princípio de movimento a incorporação de atributos do inimigo, o *socius* ameríndio é levado a se "definir" – determinar – segundo esses mesmos atributos. É o que se podia ver no grande momento ritual da vida dos Tupinambá, a execução do cativo, em que o lugar de honra era reservado à figura gemelar do matador e de sua vítima, que se refletiam e reverberavam ao infinito. Enfim, eis o essencial da "metafísica da predação" de que falava Lévi-Strauss: a sociedade primitiva como uma sociedade sem interior, que não *é* senão *fora de si*. Sua imanência coincide com sua transcendência.

Foi, assim, menos pelo xamanismo que pela guerra e pelo canibalismo, que vim a me defrontar, pela primeira vez, com o problema do sacrifício. Ora, se a definição maussiana parecia-me inadequada para o caso tupi – onde não parecia haver nem destinatário, nem "sagrado" –, a noção proposta por Lévi-Strauss em sua discussão do totemismo, ao contrário, parecia-me lançar uma nova luz sobre a antropofagia.

—

O contraste entre "totemismo" e "sacrifício" apresenta-se inicialmente sob a forma de uma oposição ortogonal entre os sistemas *totem* e *manido* dos Ojibwa, traçada no primeiro capítulo d'*O totemismo hoje* (Lévi-Strauss 1962a: 32). No capítulo VII d'*O pensamento selvagem* a oposição é generalizada, rediagramatizada (id. 1962b: 298) e sistematizada nos termos seguintes:

1. O totemismo postula a existência de uma homologia entre duas séries paralelas (espécies naturais e grupos sociais),

estabelecendo uma correlação formal e reversível entre dois sistemas de diferenças globalmente isomórficas;

2. O sacrifício postula a existência de uma só série, contínua e orientada, ao longo da qual se efetua uma mediação real e irreversível entre dois termos polares e não-homólogos (humanos e divindades), cuja contiguidade deve ser estabelecida por identificações ou aproximações analógicas sucessivas;

3. O totemismo é metafórico, o sacrifício é metonímico; o primeiro é um "sistema interpretativo de referências"; o segundo, um "sistema técnico de operações"; o primeiro é da ordem da *langue*; o segundo, da ordem da *parole*.

Pode-se concluir dessa caracterização que o sacrifício atualiza processos de um tipo, à primeira vista, distinto das equivalências de proporcionalidade presentes no totemismo e nos demais "sistemas de transformação" analisados em *O pensamento selvagem*. As transformações lógicas de tipo totêmico estabelecem-se entre termos que têm suas posições recíprocas modificadas por permutações, inversões, quiasmas e outras redistribuições combinatórias e extensivas – o "totemismo" é uma tópica da descontinuidade. As transformações sacrificiais, ao contrário, acionam relações intensivas que modificam a natureza dos próprios termos, pois "fazem passar" algo entre eles: a transformação, aqui, é menos uma permutação que uma transdução, no sentido de Gilbert Simondon – ela lança mão de uma energética do contínuo. Se o objetivo do totemismo é estabelecer uma semelhança entre duas séries de diferenças dadas cada qual por seu lado, o propósito do sacrifício é diferenciar internamente dois polos pressupostos como autossemelhantes, o que faz funcionar a diferença de forma totalmente diversa

8. Metafísica da predação

(por dentro mais do que por fora, digamos assim). Recorrendo a uma alegoria matemática, diríamos que o modelo das transformações estruturais do totemismo é a análise combinatória, ao passo que o instrumento necessário para explorar o "reino da continuidade" (a expressão é de Lévi--Strauss) estabelecido pelas metamorfoses intensivas do sacrifício remeteria, antes, a algo como o cálculo diferencial: imagine-se a morte da vítima como o traçar de uma tangente, a melhor aproximação à curva da divindade...

Assim, a definição lévi-straussiana do totemismo o apreende como um sistema de *formas*, ao passo que a do sacrifício recorre a formulações que sugerem a presença de algo como um sistema de *forças*. Uma verdadeira mecânica dos fluidos: Lévi-Strauss usa toda uma imagística de vasos comunicantes para falar do sacrifício, referindo--se, por exemplo, a uma "solução de continuidade" entre "reservatórios", a um "déficit de contiguidade" preenchido "automaticamente" e outras expressões semelhantes. Tudo isso evoca irresistivelmente a ideia-chave de uma *diferença de potencial* como princípio do sacrifício.

A mesma linguagem hidráulico-energética reaparece na análise do riso e da emoção estética como descarga de energia simbólica acumulada, no "Finale" d'O homem nu. Lévi--Strauss lança mão dela também quando se refere às sociedades com história "quente", que lutariam contra a entropia utilizando-se das diferenças de potencial contidas nas desigualdades de classe ou na exploração de outros povos para, desse modo, gerar devir e energia (Lévi-Strauss & Charbonnier 1961: 44-48). A noção de diferença de potencial tem um papel decisivo, embora pouco notado, na construção do conceito de mana *no "Esboço de uma teoria geral da magia" (Hubert & Mauss [1902-03] 1950). Hubert e Mauss sustentam que o* mana *é a ideia do valor diferencial das coisas e dos seres ("em magia, trata-se sempre dos valores respectivos reconhecidos pela sociedade"), isto é, de seu ordenamento hierárquico, e que essa diferença hierárquica de valor (Mauss com Nietzsche!) é consistente com uma tradução dos conceitos de* mana, *orenda etc. por Hewitt como "potencialidade mágica". E concluem: "O que chamávamos lugar relativo ou valor respectivo das coisas, poderíamos chamar igualmente diferença de potencial. Pois é em virtude dessas diferenças que as coisas agem umas sobre as outras [...] [A] ideia de* mana *não é outra coisa senão a ideia desses valores, dessas diferenças de potencial. Eis aí a totalidade da noção que funda a magia e, portanto, a totalidade da magia" (id. ibid.: 114). A interpretação lévi-straussiana do* mana *em termos de um desajuste entre o significante e o significado (Lévi-Strauss 1950: XLIX) seria, então, um compromisso entre uma explicação de tipo totêmico, por utilizar um modelo de diferenças correlativas entre uma série significante e uma série significada, e uma explicação de tipo sacrificial, a partir do momento em que ela se apoia na constatação de um desajuste perpétuo (a ausência de "perequação") entre as duas séries, desequilíbrio que se parece muito com a "diferença de potencial" de Hubert e Mauss.*

Duas imagens, em suma, diferentes da diferença, uma imagem extensiva e uma imagem intensiva: a forma e a força. Imagens tão diferentes a ponto de serem "incompatíveis", sugere o autor (Lévi-Strauss 1962b: 295), juízo que tomo a liberdade de interpretar como significando imagens *complementares*, no sentido de Niels Bohr, autor frequentemente citado por Lévi-Strauss.[5] Nesse caso, antes que dois "sistemas", totemismo e sacrifício designariam duas *descrições* simultaneamente necessárias mas mutuamente exclusivas de um mesmo fenômeno geral, o sentido ou semiose enquanto articulação de séries heterogêneas.

Tal complementaridade, porém, pelo menos no que concerne Lévi-Strauss, é nitidamente assimétrica. Em sua aula inaugural no Collège de France, o autor assinalava que, em contraste com a história, a antropologia estrutural deve utilizar "um método mais de *transformações* que de *fluxões*" (Lévi-Strauss [1960] 1973: 28), sugerindo com isso uma álgebra de grupos mais que uma dinâmica diferencial. Recordemos que "método de fluxões" foi o nome dado por Newton àquilo que veio a se chamar de cálculo diferencial. E com efeito, tudo se passa como se o método estrutural em antropologia – talvez fosse melhor dizer a interpretação usual do método – tivesse sido concebido para dar conta da forma antes que da força, da combinatória melhor que do diferencial, do corpuscular mais facilmente que do ondulatório, da *langue* em relativo detrimento da *parole*, da categorização de preferência à ação.[6] Consequentemente, esses aspectos

5. Ver, por exemplo: Lévi-Strauss (1952) 1958: 326, (1954) 1958: 398, 2004: 42; Lévi-Strauss & Charbonnier 1961: 18, 25.

6. Isso dito, em 1972 Deleuze já observava sobre a matemática do estruturalismo: "Acontece que procuramos a origem do estruturalismo do lado da axiomática. E é verdade que Bourbaki, por exemplo, emprega o termo estrutura. Mas é, parece-nos, num sentido muito diferente do estruturalismo. [...] A origem matemática do estruturalismo deve, antes, ser procurada do lado do cálculo diferencial, e precisamente na interpretação que dele deram Weierstrass e Russell, interpretação *estática*

que parecem resistir em maior ou menor medida ao método estrutural costumam ser tratados por Lévi-Strauss como modos semióticos (ou mesmo ontológicos) menores – não é por acaso que falávamos no começo deste livro de uma antropologia menor –, seja porque dariam testemunho dos limites do pensável, seja porque pertenceriam ao domínio do assignificante, seja, enfim, porque exprimiriam as potências da ilusão. Assim, famosamente, o sacrifício foi visto como imaginário e falso, o totemismo como objetivo e verdadeiro (id. ibid.: 301-02), juízo que se repete na oposição entre mito e rito aprofundada em *O homem nu* (Lévi-Strauss [1971] 2011: 596-603) – e juízo que, somos tentados a dizer, ensina-nos mais sobre certos aspectos da cosmologia de Lévi-Strauss que sobre a cosmologia dos povos que ele estudou.[7]

O totemismo, hoje, encontra-se dissolvido na atividade classificatória geral do pensamento selvagem;[8] o sacrifício ficou à espera de uma dissolução construtiva comparável. Sabe-se como o totemismo foi dissolvido por Lévi-Strauss: ele deixou de ser uma instituição, passando a ser um método de classificação e um sistema de significação, cuja referência à série das espécies naturais é contingente. Seria

---

e ordinal, que libera definitivamente o cálculo de toda referência ao infinitamente pequeno, e o integra numa pura lógica das relações" ([1972] 2002: 247).

7. A oposição entre mito e rito feita em *O homem nu* foi um grande embaraço para a posteridade estruturalista, como atestam as numerosas tentativas de modalizá-la, reformulá-la, ou pura e simplesmente rejeitá-la (e com ela, às vezes, segmentos inteiros da problemática lévi-straussiana). A etnologia americanista, em particular, viu-se a braços com a oposição em pelo menos dois estudos fundamentais sobre sistemas rituais amazônicos (Hugh-Jones 1979, Albert 1985).

8. Com a exceção importante, já notada, da teoria de Descola, onde o termo veio a designar uma "ontologia" específica, especialmente dominante na Austrália aborígene.

8. Metafísica da predação

possível repensar o sacrifício segundo linhas semelhantes? Seria, em suma, possível ver as divindades que funcionam como termos da relação sacrificial como tão contingentes quanto as espécies naturais do totemismo? O que seria um esquema genérico do sacrifício, do qual as cristalizações institucionais típicas seriam apenas um caso particular? Ou, para formularmos o problema em uma linguagem mais sacrificial que totêmica, qual seria o campo de virtualidades dinâmicas das quais o sacrifício é uma atualização singular? Que forças o sacrifício mobiliza?

À parte os juízos de valor de Lévi-Strauss, os contrastes entre descontinuidade metafórica e continuidade metonímica, quantidade posicional e qualidade vetorial, referência paradigmática e operação sintagmática, pareceram-me muito iluminadores, levando-me a inscrever o canibalismo ritual tupi na coluna (no paradigma!) do sacrifício. Verdadeiro operador antitotêmico, o canibalismo realizaria uma transformação potencialmente recíproca (ver o imperativo da vingança que o motivava, na socialidade tupinambá) mas realmente irreversível entre os termos que conecta, mediante atos de suprema contiguidade e "descontiguidade" – o contato físico violento da execução, o desmembramento e devoração do corpo da vítima – que implicam um movimento de indefinição e a criação de uma zona de indiscernibilidade entre matadores e vítimas, devoradores e devorados. Nenhuma necessidade de postular entidades sobrenaturais para perceber que estamos no elemento do sacrifício. Na interpretação tripolar do esquema ritual tupinambá desenvolvida em minha monografia sobre os Araweté, os actantes são o grupo dos devoradores, a pessoa dual executor-vítima, e o grupo inimigo; o "morto" é uma posição vicária assumida alternativa ou sucessivamente por esses polos do rito; e é ela que conduz as forças circulantes no processo.

Tudo isso está muito bem. Mas o conceito de "sacrifício", neste novo sentido lévi-straussiano, dá realmente conta do que se passa no ritual canibal? Não há nada de imaginário, ainda menos de falso, no canibalismo tupi. Nem mesmo a vingança, por ser, a rigor, "impossível" (uma morte se paga, mas não se apaga), era imaginária; ela era, antes, um esquematismo da práxis – ou deveríamos dizer, da *poiesis* – social, um mecanismo de produção ritual da temporalidade coletiva (o ciclo interminável das vinganças) pela instalação de um desequilíbrio perpétuo entre os grupos inimigos.[9] E de qualquer modo, se era sempre preciso imaginar o inimigo – construir o outro como tal –, o objetivo era comê-lo realmente – para construir o Eu como Outro. Há algo a mais, que não passa pelo conceito de sacrifício, mesmo se muito mais se passa, ali, que no totemismo.

---

9. "Desequilíbrio perpétuo" é um conceito-chave em *História de Lince* (Lévi-Strauss 1991), elaborado – como por coincidência – a partir da análise do mito tupinambá dos gêmeos recolhido por Thevet c. 1554 ([1575] 1953).

8. Metafísica da predação

9.
Xamanismo transversal

Repassemos assim pelo xamanismo, que evocamos anteriormente quando resumimos a teoria perspectivista. Por serem capazes de ver as outras espécies como estas se veem – como humanas –, os xamãs amazônicos desempenham o papel de diplomatas, operando em uma arena cosmopolítica onde se defrontam os diferentes interesses dos existentes. Nesse sentido, a função do xamã amazônico não difere essencialmente da função do guerreiro. Ambos são comutadores ou condutores de perspectivas; o primeiro opera na zona interespecífica, o segundo na zona inter-humana ou intersocietária.[1] Essas zonas se superpõem intensivamente, mais que se dispõem extensivamente em relação de adjacência horizontal ou de englobamento vertical. O xamanismo amazônico, como já se disse, é a continuação da guerra por outros meios. Isso porém nada tem a ver com a violência em si mesma,[2] mas com a comunicação – uma comunicação transversal entre incomunicáveis, uma comparação perigosa e delicada entre perspectivas onde a posição de humano está em perpétua disputa. *A quem cabe a posição de humano aqui?* – essa é sempre a questão que se põe quando um indivíduo confronta um emissor estranho

[1]. Não esqueçamos que cada espécie possui seus próprios xamãs, e que a relação dos xamãs humanos com as outras espécies se estabelece, sobretudo, com os xamãs dessas espécies com as quais ele se aliou.

[2]. Mesmo que os xamãs sejam frequentemente auxiliares indispensáveis na guerra, seja como oráculos, seja como guerreiros do invisível.

de afetos e de agentividade, seja ele um animal ou uma pessoa desconhecida na floresta, um parente há muito ausente que retorna à aldeia ou a imagem de alguém morto que aparece em um sonho. A humanidade universal dos seres – a humanidade cósmica de fundo que faz de toda espécie de existente um gênero reflexivamente humano – está sujeita ao princípio da complementaridade, definindo-se pelo fato de que duas espécies diferentes, necessariamente humanas para si mesmas, não podem jamais sê-lo simultaneamente uma para a outra.

Seria igualmente correto dizer que a guerra é a continuação do xamanismo por outros meios: na Amazônia, o xamanismo é violento tanto quanto a guerra é sobrenatural. Ambos guardam uma referência à caça enquanto modelo de agonismo perspectivo, configurando um etograma trans-humano que manifesta uma atração metafísica pelo perigo (Rodgers 2002) e pela convicção profunda (e grave) de que toda atividade vital é uma forma de expansão predatória.[3]

Nos termos estritos do contraste lévi-straussiano, o xamanismo está firmemente situado do lado do sacrifício. É verdade que a atividade xamânica consiste no estabelecimento de correlações ou traduções entre os mundos respectivos de cada espécie natural, com a busca de homologias e equivalências ativas entre os diferentes pontos de vista em confronto (Carneiro da Cunha [1998] 2017). Mas o

---

3. É por isso que a suposta importância conferida pelos ameríndios aos doces valores da "convivialidade" e da "tranquilidade", a respeito dos quais ainda corre muita tinta amarga na literatura amazonista recente, parece-me ser uma interpretação não exatamente *falsa*, mas comicamente *equivocada* dos poderes ambíguos da alteridade predatória, assumida pelo pensamento indígena como horizonte ontológico universal.

xamã ele próprio é um "relator" real, não um correlator formal: é preciso que ele passe de um ponto de vista a outro, que se transforme em animal para que possa transformar o animal em humano e reciprocamente. O xamã utiliza – substancia e encarna, relaciona e relata – as diferenças de potencial inerentes às divergências de perspectivas que constituem o cosmos; seu poder, e os limites de seu poder, derivam dessas diferenças.

É aqui finalmente que se pode começar a extrair algum rendimento da teoria maussiana. Imagine-se o esquema sacrificial clássico como constituindo uma estrutura mediativa saturada ou completa, conectando a polaridade entre o sacrificante e o destinatário pela dupla intermediação do sacrificador e da vítima. Imagine-se as duas figuras "sacrificiais" amazônicas, o canibalismo ritual e o xamanismo, como reduções ou degenerações do esquema maussiano, no mesmo sentido em que Lévi-Strauss dizia que a troca restrita é um caso matematicamente degenerado da troca generalizada.

Uma característica distintiva do xamanismo amazônico é que o xamã é *ao mesmo tempo* o oficiante e o veículo do sacrifício. É nele que se realiza o "déficit de contiguidade" – o vácuo criado pela separação entre corpo e alma, a externalização subtrativa de partes da pessoa do xamã – capaz de fazer passar um fluxo semiótico-material benéfico entre humanos e não-humanos. É o próprio xamã quem atravessa para o outro lado do espelho; ele não manda delegados ou representantes sob a forma de vítimas, mas é a própria vítima: um morto antecipado, tal o xamã dos Araweté que, em suas viagens ao céu, é interpelado pelas divindades canibais desse povo como "nossa futura comida" – a mesma expressão com que, cinco séculos atrás, os Tupinambá chamavam jocosamente seus cativos de guerra.[4] Cruzamos o umbral de um outro regime cosmológico e sociopolítico quando o xamã começa a se tornar o sacrificador de outrem: quando passa, por exemplo, a ser o executor de vítimas humanas, o administrador de sacrifícios alheios, o sancionador de movimentos que ele não executa, mas apenas supervisiona. Essa nos parece ser uma diferença crítica entre as figuras do *xamã* e do *sacerdote*.

Não se trata, decerto, de uma oposição absoluta. O que se designa em geral como "xamanismo", na Amazônia indígena, recobre uma diferença importante, apontada por Stephen Hugh-Jones (1996), entre um xamanismo "horizontal" e um xamanismo "vertical". Tal contraste é especialmente saliente em povos como os Bororo do Brasil Central ou os grupos Tukano e Aruaque do rio Negro, onde há duas categorias bem distintas de mediadores místicos. Os xamãs que Hugh-Jones classifica de horizontais são especialistas cujos poderes derivam da inspiração e do carisma, e cuja atuação, voltada para o exterior do *socius*, não está isenta de agressividade e de ambiguidade moral. Seus interlocutores por excelência são os espíritos animais, talvez a causa mais frequente

---

4. Por esse atalho araweté reencontramos o canibalismo, redução ainda mais dramática do esquema sacrificial, onde não só o sacrificador-executor se identifica com a vítima (luto, morte simbólica, interdito de manducação do inimigo), como o sacrificante, isto é, o grupo dos devoradores, coincide com o destinatário do sacrifício. Ao mesmo tempo, em uma torção característica, o esquema se desdobra, e o grupo de onde provém o inimigo, obrigado à vingança ritual, torna-se, por um lado, uma espécie de co-sacrificante, aquele que "oferece" a vítima, e, por outro lado, define-se como um destinatário futuro, o titular da vingança guerreira que ele fatalmente exercerá contra o grupo dos devoradores.

das doenças na Amazônia indígena.[5] A categoria dos xamãs verticais, por sua vez, compreende os mestres cantores e os especialistas cerimoniais, os guardiães pacíficos de um conhecimento esotérico indispensável para a condução a bom termo dos processos de reprodução das relações internas ao grupo: nascimento, iniciação, nominação, funerais.

O xamã que qualifiquei de "sacrificador-vítima" é o xamã horizontal; esse especialista, observa Hugh-Jones, é conspícuo nas sociedades amazônicas de estilo mais igualitário e belicoso. Já o xamã vertical, presente apenas nas sociedades mais hierarquizadas e pacíficas, aproximar-se-ia da figura do sacerdote. Note-se que não há sociedade amazônica onde existam apenas xamãs verticais; ali onde só há um tipo reconhecido de xamã, este tende a acumular as funções dos dois xamãs dos Bororo ou Tukano, com um nítido predomínio, porém, dos atributos e responsabilidades do xamanismo horizontal.

O contraste estabelecido por Hugh-Jones é explicitamente feito em termos de tipos ideais, muito simplificados e esquemáticos. Mas isso não tira a pertinência analítica da distinção entre os xamanismos, a meu ver justificada pela etnografia. A divisão do trabalho de mediação cosmopolítica entre dois tipos de xamãs ganha um sentido comparativo importante se a inserirmos na série de desdobramentos mediativos listados por Lévi-Strauss em "A estrutura dos mitos": messias > dióscuros > *trickster* > ser bissexuado > germanos cruzados > casal... > tríade ([1955b] 1958: 251). A tal título, a dualidade assimétrica dos xamãs apontaria para uma

---

5. As doenças são frequentemente concebidas como casos de vingança canibal por parte dos animais consumidos.

propriedade essencial das estruturas cosmológicas ameríndias, o "dualismo em perpétuo desequilíbrio" exposto em *História de Lince*. Mas antes disso, notemos que o messias, termo inicial da série acima, é um elemento central do problema que Hugh-Jones equaciona a partir da distinção dos dois xamãs. Os numerosos movimentos messiânicos e milenaristas ocorridos no Noroeste amazônico a partir de meados do século XIX foram todos, sublinha o autor, comandados por xamãs-profetas de perfil "horizontal". Isso sugere que a distinção a fazer não seria tanto entre dois tipos de especialistas, o xamã *stricto sensu* (ou "xamã-guerreiro") e o xamã-sacerdote, mas entre duas *trajetórias* possíveis da função xamânica: a transformação sacerdotal e a transformação profética. O profetismo seria, nesse caso, o resultado de um processo de aquecimento histórico do xamanismo, ao passo que a emergência de uma função sacerdotal bem definida seria o resultado de seu resfriamento político, isto é, sua subsunção pelo poder social.

Outro modo de formular a hipótese seria dizer que a transformação sacerdotal, sua diferenciação a partir da função xamânica de base, está associada a um processo de constituição de uma interioridade social, isto é, ao surgimento de valores como a *ancestralidade*, que exprimem a continuidade diacrônica entre vivos e mortos, e como a *hierarquia sociopolítica*, que consagra descontinuidades sincrônicas entre os vivos. Com efeito, se o Outro arquetípico com quem se confronta o xamã horizontal é teriomórfico, o Outro do xamanismo vertical tende a assumir as feições antropomórficas do Ancestral.

O xamanismo horizontal ameríndio se insere em uma economia cosmológica onde a diferença entre humanos vivos e humanos mortos é pelo menos tão grande quanto a semelhança entre humanos mortos e não-humanos vivos. Não há animais no mundo dos mortos, observou Conklin (2001) sobre a escatologia dos Wari' da Amazônia ocidental. E não os há porque os mortos são eles mesmos animais – são os próprios animais, em sua versão-caça: são queixadas, a caça por excelência. Outros mortos, de outros povos, serão jaguares, o outro polo da animalidade, a versão caçadora ou canibal.[6] Assim como todos os animais eram humanos no começo de tudo, todos os homens serão animais no fim de cada um: a escatologia da (des)individuação reencontra a mitologia da (pré-)especiação. Os espectros dos mortos estão, na ordem da ontogênese, como os animais na ordem da filogênese: "no começo, todos os animais eram gente...". Não é de surpreender portanto que, enquanto imagens definidas por sua disjunção relativamente a um corpo humano, os mortos sejam atraídos pelos corpos animais; é por isso que, na Amazônia, morrer é transformar-se em um animal: se as almas dos animais são concebidas como tendo uma forma corporal humana prístina, é lógico que as almas dos humanos sejam concebidas como tendo um corpo animal póstumo, ou como entrando em um corpo animal que será eventualmente morto e comido pelos viventes.

A emergência do xamanismo vertical estaria assim associada à separação entre essas duas posições de alteridade, os mortos e os animais. A partir de algum momento – cuja

---

6. Recordemos o "Rondó do caititu" d'*O cru e o cozido*, onde os porcos e os jaguares são apresentados como os dois arquétipos animais polares da afinidade (o mau e o bom afim, respectivamente), isto é, da humanidade enquanto estruturada pela alteridade; e recordemos, com Carneiro da Cunha (1978), que mortos e afins são farinha do mesmo saco.

determinação confesso me escapar (talvez a arqueologia seja a disciplina que traga mais luzes aqui) –, os mortos humanos passam a ser vistos mais como humanos que como mortos, o que tem, por consequência, a possibilidade simétrica de uma "objetivação" mais acabada dos não-humanos. Em suma, a separação entre humanos e não-humanos, a projeção de uma figura animal genérica como Outro da humanidade, é função da prévia separação entre mortos e animais, com a projeção de uma figura genérica da humanidade na forma do ancestral. O fato escatológico de base, a saber, que os mortos viravam animais, era algo que ao mesmo tempo humanizava os animais e "alterava" os mortos; com o divórcio entre mortos e animais, os primeiros permanecem humanos, ou mesmo passam a ser sobre-humanos, e os segundos começam a deixar de sê-lo, derivando para a sub- ou a anti-humanidade.

Para resumir os vários aspectos do contraste examinados por Hugh-Jones, podemos dizer que o xamanismo horizontal é exoprático, o vertical, endoprático. Sugiro que, na Amazônia indígena, a exopráxis é anterior – lógica, cronológica e cosmologicamente – à endopráxis, e que ela permanece sempre operativa, mesmo naquelas formações de tipo mais hierárquico como as do Noroeste amazônico, ao modo de um resíduo que bloqueia a constituição de chefaturas ou Estados dotados de uma interioridade metafísica robusta. Os mortos nunca deixam de ser parcialmente animais, pois todo morto gera um espectro, na medida em que tem um corpo; e nessa medida, se alguém pode nascer aristocrata, ninguém morre imediatamente ancestral; não há puros ancestrais exceto no *espace du dedans* do passado absoluto, o plano pré-cosmológico e pré-corporal do mito – mas ali humanos e animais comunicavam entre si diretamente. De outro lado, os animais, plantas e outras categorias amazônicas de seres jamais deixam de ser inteiramente humanos; sua transformação pós-mítica em animais etc. contraefetua sua humanidade originária, fundamento da acessibilidade xamânica a seus representantes atuais. Todo morto continua um pouco bicho; todo bicho continua um pouco gente. A humanidade permanece imanente, reabsorvendo a grande maioria dos focos de transcendência que se acendem sem cessar na vasta floresta densa, diversa e abundante que é o *socius* amazônico.

O xamã horizontal amazônico marca, em sua onipresença na região, a impossibilidade de uma coincidência perfeita entre poder político e potência cósmica, dificultando assim a elaboração de um sistema sacrificial de tipo clássico. A instituição do sacrifício pelas chamadas "altas culturas" andinas e mesoamericanas assinala, neste caso, a captura do xamanismo pelo Estado. O fim da bricolagem cosmológica do xamã, o começo da engenharia teológica do sacerdote.[7]

A oposição entre xamanismos de tipo vertical e horizontal foi algumas vezes associada a um contraste entre transcendência e imanência (Pedersen 2001, Holbraad & Willerslev 2007). O xamanismo amazônico, como o perspectivismo que lhe serve de pano de fundo, é efetivamente

---

7. O dossiê sobre xamanismo e profetismo na Amazônia foi reaberto e renovado pela tese de Renato Sztutman (2012). O contraste que exprimo no vocabulário lévi-straussiano do *bricoleur* (o xamã) e do engenheiro (o sacerdote) corresponde àquele dos *Mil platôs* entre a semiótica pré-significante ou primitiva – segmentar, multidimensional, antropofágica – e a semiótica significante ou despótica – a interpretose, a dívida infinita, a rostidade (D. & G. 1980: 140-ss). Nos termos de Descola (2005), este seria talvez um contraste entre "animismo" e "analogismo".

uma prática da imanência. Observo apenas que isso não implica nenhuma igualdade de estatuto entre os humanos e os extra-humanos conectados pelo xamanismo; muito pelo contrário (a confusão entre imanência e igualdade é frequente na etnologia amazônica). Mas tampouco há uma hierarquia fixa de pontos de vista entre os seres. O perspectivismo amazônico não é interpretável nem como uma escala de perspectivas em relação de inclusão progressiva, conforme uma cadeia de dignidade ontológica,[8] nem muito menos como projetando algum "ponto de vista do todo". As diferenças de potencial transformativo entre os seres são a razão de ser do xamanismo, mas nenhum ponto de vista contém nenhum outro de modo unilateral. Todo ponto de vista é "total", e nenhum ponto de vista é equivalente a nenhum outro: o xamanismo horizontal não é, portanto, horizontal, mas *transversal*. A relação entre pontos de vista (a relação que é o ponto de vista enquanto multiplicidade) é de síntese disjuntiva ou exclusão imanente, não de inclusão transcendente. Em suma, o sistema perspectivista está em "desequilíbrio perpétuo", para mais uma vez voltarmos à expressão que Lévi-Strauss aplicou às cosmologias ameríndias.

Mas se é assim, então a interpretação do xamanismo amazônico (horizontal) como uma redução estrutural do

8. Sugiro, com isso, que as observações discrepantes de Eduardo Kohn (2002, 2005) para o caso dos Ávila Runa devem ser interpretadas como diagnósticas de uma tendência, talvez antiga, à "verticalização" própria da cosmologia destes Quechua da floresta. Ver, a meu favor, Taylor sobre os Jivaro Achuar: "Nem as classes de seres espirituais nem as formas de interação que os humanos desenvolvem com elas são ordenadas em função de uma escala de dignidade ou de poder, e nenhum dos sexos se beneficia de uma exclusividade na capacidade de entrar em relação com não-humanos" (manuscrito 2009).

esquema maussiano mostra-se, no final das contas, inadequada. O xamanismo escapa à partição, que eu imaginava exaustiva, entre lógica totêmica e prática sacrificial. O xamã não é um sacerdote larvar ou incoativo; o xamanismo é antes um profetismo de baixa intensidade que uma religião proto-sacerdotal. As operações xamânicas, se não se deixam reduzir a um jogo simbólico de classificações totêmicas, tampouco são da mesma espécie que o contínuo fusional perseguido pelas interserialidade imaginária do sacrifício. Elas exemplificam uma terceira forma de relação, a comunicação entre termos heterogêneos que constitui multiplicidades pré-individuais, intensivas ou rizomáticas: o sangue|cerveja implicado em todo devir-jaguar, para recordarmos nosso exemplo.

Por aqui – pela via do devir – voltamos à obra de Deleuze e Guattari. Não por acaso, decerto, voltamos a ela no ponto de *Mil platôs* em que os autores propõem uma releitura do contraste entre totemismo e sacrifício.

10.
A produção não é tudo: os devires

Observávamos um pouco acima que o autor duplo d'*O Anti-Édipo* sustentava que o fato de a energia primária ser uma energia de filiação não mudava "nada" – em outras palavras, seria um fato contingente. Indagávamos se não seria legítimo então conceber uma *outra* ordem intensiva onde a energia primária fosse uma "energia de aliança". O problema, concluíamos, era o de determinar as condições de construção de um conceito de aliança como síntese disjuntiva.

A possibilidade de uma interpretação intensiva da aliança só se torna inteligível a partir de *Mil platôs*, com o longo capítulo sobre o devir. A noção de devir é central em Deleuze desde seus estudos sobre Bergson e Nietzsche, e ocupa o lugar que se sabe em *Lógica do sentido*, mas, a partir do ensaio a quatro mãos sobre Kafka (D. & G. 1975), ela adquire uma inflexão e uma intensidade singulares, que atingirão sua velocidade de escape conceitual no platô "1730: Devir-intenso, devir-animal, devir-imperceptível", décimo capítulo do livro de 1980. O devir é o que literalmente se evade, foge, escapando tanto à *mimesis*, ou seja, a imitação e a reprodução ("O mimetismo é um conceito muito ruim" [D. & G. 1980: 18]), quanto à "*memesis*", ou seja, a memória e a história. O devir é amnésico, pré-histórico, anicônico e estéril; ele é a diferença na prática.

—

O décimo capítulo de *Mil platôs* começa com uma exposição do contraste estabelecido por Lévi-Strauss entre as lógicas serial-sacrificial e totêmico-estrutural: a identificação imaginária entre o humano e o animal, de um lado, a correlação simbólica entre diferenças sociais e diferenças naturais, do outro. Entre esses dois modelos analógicos, a série e a estrutura, Deleuze e Guattari introduzem o motivo bergsoniano do devir, um tipo de relação irredutível tanto às semelhanças seriais como às correspondências estruturais. O conceito de devir descreve uma relação cuja apreensão é, à primeira vista, dificultosa dentro do quadro analítico do estruturalismo, onde as relações funcionariam como objetos lógicos molares, apreendidos essencialmente em extensão (oposições, contradições, mediações). O devir é uma relação real, molecular e intensiva que opera em um registro outro que o da relacionalidade ainda apenas morfológica do estruturalismo. A síntese disjuntiva do devir não é possível segundo as regras dos jogos combinatórios das estruturas formais; ela opera nas regiões longe do equilíbrio habitadas pelas multiplicidades reais (DeLanda 2002: 75). "O devir e a multiplicidade são uma só e mesma coisa" (D. & G. 1980: 305.).

Se as semelhanças seriais são imaginárias e as correlações estruturais, simbólicas, os devires são, então, reais. Nem metáfora, nem metamorfose, um devir é um movimento que desterritorializa ambos os termos da relação que ele cria, extraindo-os das relações que os definiam para associá-los através de uma nova "conexão parcial", para falarmos como Strathern. O verbo devir, neste sentido, não designa uma operação predicativa ou uma ação transitiva: estar implicado em um devir-jaguar não é a mesma coisa que virar um jaguar. O jaguar "totêmico" em que um homem se transforma "sacrificialmente" é imaginário, *mas a transformação é real*. É o devir ele próprio que é felino: em um devir-jaguar, "jaguar" é um aspecto imanente da ação, não seu objeto transcendente, pois devir é um verbo intransitivo.[1] Tão logo o homem se torna um jaguar, o jaguar não está mais lá (por isso utilizávamos, mais acima, a notação "humano|jaguar" para descrever essa multiplicidade disjuntiva do devir). Como dizem os autores, citando, significativamente, os mitos ameríndios,

> Lévi-Strauss, em seus estudo de mitos, não para de cruzar esses atos rápidos pelos quais o homem torna-se animal ao mesmo tempo que o animal torna-se... (mas torna-se o quê? torna-se homem ou se torna outra coisa?). (D. & G. 1980: 290)

Devir, eles prosseguem, é um verbo com uma consistência toda sua; ele não é imitar, aparecer, ser, corresponder. E – surpresa – "devir [...] tampouco é produzir, produzir uma filiação, produzir por filiação" (id. ibid.: 292). *Nem filiação, nem produção*. Como diria Dorothy a Toto, "tenho a impressão que não estamos mais n'*O Anti-Édipo*".

"O pensamento intensivo em geral é um pensamento sobre a produção", afirma DeLanda (2003: 15). Bem, talvez nem tão "em geral" assim. O conceito de devir desempenha efetivamente o mesmo papel cosmológico axial em *Mil platôs* que o conceito de produção n'*O Anti-Édipo*. Não porque "tudo é devir" – o que seria um solecismo –, nem porque não haja outras ideias interessantes

---

1. É hiperdefectivo, visto que seu único modo é o infinitivo, o modo da instantaneidade extra-histórica.

10. A produção não é tudo: os devires

no livro, mas porque o dispositivo antirrepresentativo por excelência dos *Mil platôs*, aquele que bloqueia o trabalho da representação, é o conceito de devir, exatamente como a produção era o dispositivo antirrepresentativo d'*O Anti-Édipo*. Produção e devir: dois movimentos distintos, então. Ambos envolvem a natureza, ambos são intensivos e pré-representativos; em certo sentido, eles são dois nomes de um só movimento, pois o devir é o processo do desejo, o desejo é a produção do real, o devir e a multiplicidade são uma coisa só, o devir é um rizoma, e o rizoma é o processo de produção do inconsciente. Mas em outro sentido eles não são, definitivamente, o mesmo movimento: entre a produção e o devir, "o trajeto não é o mesmo nos dois sentidos". A produção é um processo em que se realiza a *identidade* do homem e da natureza, em que a natureza se revela como processo de produção ("a essência humana da natureza e a essência natural do homem se identificam na natureza como produção ou indústria" [D. & G. 1972: 10]). Devir, ao contrário, é uma participação "antinatural" (*contre-nature*) entre o homem e a natureza; ele é um movimento instantâneo de captura, simbiose, conexão transversal entre heterogêneos (id. 1980: 294, 296). "[A] natureza só procede assim, contra si mesma. Estamos longe da produção filiativa ou da reprodução hereditária" (id. ibid.: 296). O devir é o outro lado do "espelho da produção" (minha homenagem a Baudrillard): o avesso de uma identidade. Uma identidade ao contrário, para recordarmos a palavra tupinambá para "inimigo".

"O Universo não funciona por filiação" (id. ibid.). Subentenda-se: o universo em todos os seus estados, o estado intensivo-virtual como o estado extensivo-atual. Mas então, se ele não funciona por *filiação* – antes que não por outra coisa qualquer –, somos levados a suspeitar que é possível que ele funcione por *aliança*. E, com efeito, no primeiro platô líamos que "a árvore é filiação, mas o rizoma é aliança, é unicamente de aliança" (id. ibid.: 36). E agora lemos que

> O devir não é uma evolução, pelo menos não uma evolução por descendência e filiação. O devir não produz nada por filiação; toda filiação é imaginária. O devir é sempre de ordem outra que a ordem da filiação. Ele pertence à aliança. (id. ibid.: 291)

Muito bem. O que aconteceu, entre a análise que afirmava a filiação intensiva, ambígua, noturna do mito dogon em *O Anti-Édipo* e a recusa de atribuir qualquer papel positivo a esse modo relacional em *Mil platôs*? Como a filiação pôde passar de *intensiva* a *imaginária*?

Parece-me que a mudança reflete um deslocamento maior do olhar de Deleuze e Guattari, de um horizonte intraespecífico para um horizonte interespecífico: de uma economia humana do desejo – desejo histórico-mundial, sem dúvida; desejo racial, sociopolítico, e não desejo familial, personológico, edipiano; mas desejo assim mesmo *humano* – para uma economia de afetos transespecíficos que ignoram a ordem natural das espécies e suas sínteses limitativas, conectando-nos por disjunção inclusiva com o plano de imanência. Do ponto de vista da economia desejante d'*O Anti-Édipo*, a aliança extensiva vinha limitar a filiação intensiva e molecular, atualizando-a sob a forma molar do grupo de descendência; mas do ponto de vista da economia cósmica do afeto – do desejo como *força inumana* –, é a filiação que vem agora limitar, com suas identificações imaginárias,

10. A produção não é tudo: os devires

uma aliança tanto mais real quanto mais contranatural entre seres totalmente heterogêneos: "Se a evolução comporta algum autêntico devir, é no vasto domínio das simbioses, que envolve seres de escalas e reinos totalmente diferentes, sem nenhuma filiação possível entre si" (D. & G. 1980: 291).

Segue-se o exemplo favorito da vespa e da orquídea, um agenciamento "do qual nenhuma vespa-orquídea jamais nascerá" – mas sem o qual, acrescente-se, nenhuma vespa e nenhuma orquídea, tais como as conhecemos, poderia a rigor deixar descendência, porque a filiação natural dentro de cada espécie depende dessa aliança contranatureza entre as espécies.

A desterritorialização conceitual da sexualidade iniciada em *O Anti-Édipo* se completa aqui; a organização binária dos sexos, bissexualidade inclusive (ver o "átomo de gênero", *supra,* p. 150) cede passagem a "*n* sexos" que se conectam com "*n* espécies" no plano molecular: "a sexualidade passa pelo devir-mulher do homem e pelo devir-animal do humano: emissão de partículas" (id. ibid.: 341). E se todo animal implicado em um devir-animal é uma multiplicidade ("todo animal é fundamentalmente um bando, uma matilha" [id. ibid.: 293]), é porque ele define uma socialidade múltipla, lateral, heterogenética, extrafiliativa e extrarreprodutiva, que arrasta a socialidade humana em uma demoníaca metonímia universal:

> Nós opomos a epidemia à filiação, o contágio à hereditariedade, o povoamento por contágio à reprodução sexuada, à produção sexual. [...] As participações e núpcias contranatureza são a verdadeira Natureza que atravessa todos os reinos da natureza. (id. ibid.: 295)

Aliança, seja. Mas não toda e qualquer aliança. Como vimos, o primeiro volume de *Capitalismo e esquizofrenia* postulava *duas filiações*, uma intensiva e germinal, a outra extensiva e somática, esta última contraposta à aliança – à aliança enquanto princípio extensivo que desempenharia o papel de "representação recalcante" do representante do desejo, o influxo germinal. Agora, em *Mil platôs*, vemos surgir *duas alianças*: aquela dissecada n'*O Anti-Édipo*, interna ao *socius* e mesmo ao gênero masculino (homossexualidade coletiva primária); e uma outra, imanente ao devir, irredutível tanto à produção e à metamorfose imaginárias (genealogia celeste, filiação ao animal) como à troca e à classificação simbólicas (aliança exogâmica, totemismo).

Todo devir é uma aliança. O que não quer dizer, mais uma vez, que toda aliança seja um devir. Há a aliança extensiva, cultural e sociopolítica, e há a aliança intensiva, contranatural e cosmopolítica. Se a primeira distingue filiações, a segunda confunde espécies, ou melhor, contraefetua por síntese implicativa as diferenças contínuas que são atualizadas, no outro sentido (o trajeto não é o mesmo...), pela síntese limitativa da especiação descontínua. Quando um xamã ativa um devir-jaguar, ele não "produz" um jaguar, tampouco se "filia" à descendência dos jaguares: ele *adota* um jaguar; ele *coopta* um jaguar – ele estabelece uma aliança felina:

> Dir-se-ia mais bem que uma zona da indistinção, de indiscernibilidade, de ambiguidade se estabelece entre dois termos, como se tivessem atingido o ponto que precede imediatamente sua diferenciação respectiva: não uma similitude, mas um deslizamento, um avizinhamento extremo, uma contiguidade

absoluta; não uma filiação natural, mas uma aliança contranatureza. (Deleuze 1993: 100)

Note-se como essa definição de devir (pois é disso que se trata) dispõe-se transversalmente ao dualismo entre filiação, continuidade metonímica e semelhança serial, por um lado, e aliança, descontinuidade metafórica e diferença opositiva, por outro lado. A "contiguidade absoluta" de tipo tangencial-diferencial estabelecida pela aliança contranatureza é certamente outra coisa que a "des-contiguidade" absoluta, contrastiva, entre linhagens filiativas estabelecida pela aliança simbólico-cultural (exogamia). Mas ela tampouco se resume, desnecessário acrescentar (D. & G. 1972: 131), a uma identificação ou indiferenciação imaginárias entre os "dois termos". Não se trata de opor filiação natural a aliança cultural, como na teoria estruturalista clássica. A contranaturalidade da aliança intensiva é igualmente contracultural ou contrassocial.[2] Estamos falando de um terceiro incluído, de uma outra relação – de uma "nova aliança":

> "Aliança" é uma boa e uma má palavra. Toda palavra é boa se pode ser usada para cruzar a fronteira entre pessoas e coisas. Assim, aliança é uma boa palavra se você a usar para um micróbio. Força é uma boa palavra se você a usar para um humano. (Latour 1993)

---

2. Contrassocial na medida, poderíamos dizer, em que a socialidade humana é necessariamente contraintensiva, uma vez que gerada enquanto extensivização da "energia primária da ordem intensiva".

Não é preciso deixar a paisagem africanista para encontrarmos um primeiro exemplo dessa aliança transfronteiriça, essa afinidade (afim = *ad finis*) entre humanos e não-humanos. Na seção "Lembranças de um feiticeiro, ii" do décimo platô, os autores evocam os homens-animais do tipo daqueles "defloradores sagrados" estudados por Pierre Gordon, ou dos homens-hienas de algumas tradições sudanesas descritas por Geneviève Calame-Griaule. Esses últimos fornecem a ocasião para um comentário, a nosso ver, decisivo:

> [O] homem-hiena vive nas margens da aldeia, ou entre duas aldeias, de modo que pode vigiar nas duas direções. Um herói, ou mesmo dois heróis, cada qual com uma noiva na aldeia do outro, vencerão o homem-animal. É como se fosse necessário distinguir entre dois estados muito diferentes da aliança: uma aliança demônica que se impõe do exterior, e que impõe sua lei a todas as filiações (aliança forçada com o monstro, com o homem-animal); e uma aliança consentida, que se conforma ao contrário à lei das filiações, e que se manifesta quando os homens das aldeias vencem o monstro e passam a organizar suas próprias relações. Tal distinção pode vir a modificar a questão do incesto. Pois não basta dizer que a proibição do incesto deriva das exigências positivas da aliança em geral. Há, ao contrário, uma forma de aliança que é tão estranha, tão hostil à filiação, que ela assume necessariamente o valor de incesto (o homem-animal sempre tem uma relação com o incesto). A segunda forma de aliança proíbe o incesto porque só pode se submeter aos direitos da filiação estabelecendo-se entre filiações distintas. O incesto aparece duas vezes, como potência monstruosa da aliança quando esta subverte a filiação, mas também como potência interdita da filiação quando

esta submete a aliança e deve distribuí-la entre linhagens distintas. (D. & G. 1980: 303, n. 15)

"Isso pode vir a modificar a questão do incesto", concluem os autores. Eles parecem estar fazendo alusão à teoria d'*As estruturas elementares do parentesco*; mas a observação se aplica igualmente bem ao modo como a questão era tratada em *O Anti-Édipo*. Pois agora é a noção de aliança que passa a ter uma dupla incidência; não é mais apenas uma reguladora da "sexualidade enquanto processo de filiação", mas também "uma potência de aliança [que] inspira uniões ilícitas ou amores abomináveis". Seu propósito não é mais apenas o de gerir, mas também o de "impedir a procriação" (id. ibid.: 301): aliança antifiliativa, aliança contra a filiação. Mesmo aquela aliança "troquista", *échangiste*, recalcante, produtora de filiação, começa nesse momento a mostrar certos poderes ocultos e selvagens – como se tivesse sido contaminada pela outra aliança, a aliança *démonique*, literalmente "demônica", que escolhi traduzir por "demoníaca" por todas as razões.[3] "É verdade que a aliança e a filiação estão em relações reguladas pelas leis de casamento, mas mesmo ali a aliança retém uma potência perigosa e contagiosa. Como Leach demonstrou..." (id. ibid.).[4] É notável

3. "[A] fera em potência que, no plano da vida social, sempre é o cunhado que tira de um homem sua irmã" (Lévi-Strauss [1971] 2011: 470). Como o próprio autor adverte, é preciso saber tomar essas equivalências "míticas" *literalmente*, em um "sentido que transcende a distinção entre real e imaginário: sentido pleno do qual nada mais sabemos que evocar o fantasma na cena reduzida da linguagem figurada" (id. 1962b: 351).

4. A referência é ao ensaio "Rethinking Anthropology", onde Leach ([1951] 1961: 20) observa a generalidade de uma "influência metafísica" que se exerceria entre aliados por casamento. Para um comentário recente, ver Viveiros de Castro 2008a.

como a palavra "potência", *puissance*, passa insistentemente a qualificar e determinar a aliança *em geral* nessa altura de *Mil platôs*; o conceito de aliança cessa de designar uma instituição – uma estrutura – e passa a funcionar como uma potência e um potencial: um devir. Da aliança como forma à aliança como força, passando por cima da filiação como substância? Não estamos aqui nem no elemento místico--serial do sacrifício, nem no elemento mítico-estrutural do totemismo, mas no elemento mágico-real do devir.

Não estamos tampouco no elemento do contrato social. "O desejo ignora a troca; *ele só sabe do roubo e do dom*" (id. 1972: 219). Mas, como no caso da aliança, há troca e troca. Há uma troca que não pode ser dita "*échangiste*" no sentido capitalista-mercantil do termo, já que pertence à categoria do roubo e do dom: a troca característica das "economias do dom", precisamente – a aliança estabelecida pela troca de dons, movimento perpétuo alternado de dupla captura, onde os parceiros comutam (contra-alienam) perspectivas invisíveis mediante a circulação de coisas visíveis: é o "roubo" que realiza a síntese disjuntiva imediata dos "três momentos" do dar, receber, retribuir.[5] Pois os dons podem ser recíprocos, mas isso não faz de sua troca um movimento menos violento; todo o propósito do ato de donação é forçar o parceiro a agir, extrair um gesto do outro, provocar uma resposta: roubar, em suma, sua alma (a aliança como roubo recíproco de alma). E neste sentido, não há ação social que não seja uma "troca de dons", pois toda ação só é social enquanto, e apenas enquanto,

---

5. Sobre troca e perspectiva, ver: Strathern 1988: 230, 271, 327; 1991: *passim*; 1992a: 96-100; 1999: 249-56; Munn (1986) 1992: 16; Gregory 1982: 19. Sobre a noção de dupla captura, ver Deleuze & Parnet (1977) 1996: 7-9; Stengers (1996) 2003: 42, II. II.

10. A produção não é tudo: os devires

é ação sobre uma ação, reação a uma reação. *Reciprocidade*, aqui, quer dizer apenas *recursividade*. Nenhuma insinuação de sociabilidade; menos ainda de altruísmo. A vida é roubo.[6]

—

A alusão aos feiticeiros africanos não é, naturalmente, acidental. Deleuze e Guattari associam os devires à feitiçaria, como prática e como discurso (os contos mágicos), em oposição ao mundo claro e distinto dos mitos e instituições totêmicas, por um lado, e ao mundo obscuro e confuso do sacerdote e da tecnologia sacrificial, por outro. A observação é capital (M. Goldman 2005), pois o xamanismo transversal amazônico pertence a esse mundo "obscuro e distinto" da magia, da feitiçaria e do devir.

Aqui, haveria matéria para reflexão ulterior, da qual não posso mais que indicar alguns rumos, inspirados nesse artigo recém-citado de Goldman. Da obra de Mauss, é naturalmente o estudo sobre a magia, e não o texto sobre o sacrifício, que precisaria ser remobilizado para pensar o xamanismo – o velho e desprezado "Esboço de uma teoria geral da magia", coautorado com Henri Hubert, que contém

6. "A linguagem pode trabalhar contra aquele que a usa. [...] A noção de socialidade é frequentemente entendida como se implicasse sociabilidade, a reciprocidade, como se significasse altruísmo, e o fato da relação, solidariedade" (Strathern 1999: 18). "Ação sobre uma ação" é uma das maneiras pelas quais Foucault descrevia o poder (força aplicada sobre força, como diria o Nietzsche de Deleuze); e "reação a uma reação" é como Bateson ([1936] 1958) explica o conceito de *cismogênese*, de grande importância tanto para a análise estrutural lévi-straussiana como para a esquizoanálise deleuzo-guattariana. Quanto ao roubo que é a vida, A. N. Whitehead: "A vida é roubo, e o ladrão requer uma justificação" (apud Stengers 2002: 349). Chamemos "dom" à justificação?

em potência todo o celebrado *Ensaio sobre a dádiva*, uma vez que o *hau* do *Ensaio*, que está na origem do "princípio de reciprocidade" d'*As estruturas elementares*, não é mais que uma versão troquista do *mana* do "Esboço", que, por sua vez, é o protoconceito do "significante flutuante" de Lévi-Strauss ([1950] 2003). Da obra lévi-straussiana, por sua vez, é menos o conhecido "O feiticeiro e sua magia" que um comentário algo misterioso feito no terceiro volume das *Mitológicas* (id. [1968] 2006: 105-110) que se deveria reter. Ali, em seguida ao resumo de M_{60}, "Desventuras de Cimidyuë", Lévi-Strauss menciona, em um mesmo fôlego, a existência de narrativas míticas que adotam formas seriais e folhetinescas, a singular atmosfera onírica característica dessas narrativas – onde abundam encontros com espíritos enganadores que induzem distorções conceituais e equívocos perceptivos –, as alusões crípticas que elas conteriam a práticas de feitiçaria, e sua associação com rituais de ingestão de drogas alucinógenas indutoras de processos de "identificação" com animais.

Esse comentário permite entrever por um breve instante toda uma *outra* mitopráxis ameríndia correndo ao lado – mas às vezes na contracorrente, como os rios de mão dupla evocados no mesmo volume das *Mitológicas* –, daquela mitologia etiológica tematizada preferencialmente por Lévi-Strauss. Refiro-me às narrativas de transformação, o gênero dos "contos de feitiçaria", como os chamariam Deleuze e Guattari, onde as variações de perspectiva que afetam os personagens – "esses atos rápidos..." – são objeto de uma forte topicalização narrativa. *O perspectivismo remete a esse devir-feiticeiro da mitologia ameríndia.*

Menos que da involução histórica linear do mito em romance, imaginada por Lévi-Strauss nesse capítulo d'*A ori-

gem dos modos à mesa, tratar-se-ia aqui de um devir lateral interno ao mito, que o faz entrar no regime da multiplicidade, estilhaçando-o em fragmentos de uma rapsódia tão infinita quanto esparsa sobre os *quase-acontecimentos*:[7] as anedotas, os boatos, a fofoca, o folclore familiar e aldeão – a "pequena tradição" de Robert Redfield –, as historietas cômicas, os incidentes de caça, as visitações de espectros, os sonhos maus, os sustos repentinos, os presságios... Esse é o elemento de um *mito menor*, o mito como registro e instrumento do simulacro, da alucinação e da mentira. E se o mito da "grande tradição", o mito submetido a um uso maior pelas filosofias e religiões do mundo (o mito bíblico que Ricœur joga contra Lévi-Strauss) é o portador do dogma e da fé, do *credo quia absurdum*, o mito menor de Lévi-Strauss (o mito ameríndio em seu devir-feiticeiro) ilustra a máxima duplamente inversa de Henri Michaux: "é mentira mesmo quando é verdade".[8] Como podemos testemunhar ainda hoje, com as *science wars*, a distância entre a religião e a magia é muito maior que aquela entre a religião e a ciência.

7. Para a noção de "quase-acontecimento", ver Rodgers 2004 e Viveiros de Castro 2008b.

8. As *Mitológicas* advertem repetidas vezes que não incluirão em seu percurso os mitos associados a doutrinas esotéricas, a confrarias de sábios, a elaborações teológicas (excluem-se assim a mitologia do altiplano do continente, bem como parte da mitologia do Noroeste amazônico e do Sudoeste norte-americano). Como se o mito ameríndio – o mito estrutural etiológico – estivesse constantemente na iminência de uma bifurcação de sua trajetória: o devir-feiticeiro do mito menor, que o transforma em conto de transformação – o mito como multiplicidade rizomática –, e a deriva "arborescente" em direção à cosmogonia e à teologia, ao *logos* monárquico – o mito de Estado. Haveria aí alguma analogia com a dupla trajetória do xamanismo amazônico, o profetismo e o sacerdotalismo? Pois é certo que, do ponto de vista de um Ricœur, por exemplo, *toda* a mitologia ameríndia analisada por Lévi-Strauss pertence ao mito menor.

Nem sacrifício, nem totemismo, enfim. "Costumamos dizer: 'das duas, uma' – mas é sempre uma terceira [coisa]..." (Lévi-Strauss & Eribon 1988: 176). É preciso assim concluir que o conceito de sacrifício d'*O pensamento selvagem* confunde dois "falsos amigos", amalgamando em uma só o que são duas operações, a semelhança interserial e o devir extrasserial. Mais ainda, seria preciso concluir que a outra operação sobre as séries selvagens, o totemismo, não é finalmente o melhor modelo para a diferença; ou antes, ela é, precisamente, um *modelo*, que não nos dá todo o *processo* da diferença: é preciso não se deixar hipnotizar pelas analogias de proporcionalidade, os grupos-4 de Klein e as tabelas de permutação; é preciso saber passar da homologia correlacional à decalagem transformacional (Maniglier 2000: n. 26).

Tal como construído nos livros de 1962, o totemismo é um sistema de relações classificatórias onde "nada se passa", *nada passa* entre as séries correlativas: um modelo, aparentemente, de equilíbrio perfeito. As "diferenças de potencial" totêmicas são internas a cada série, incapazes de produzir qualquer efeito sobre a série alterna. O devir, ao contrário, afirma a relação como pura exterioridade, como extração dos termos das séries a que pertencem, sua entrada em rizoma: ele pede, não uma teoria das relações fechadas dentro dos termos, mas uma teoria dos termos como abertos às relações. A rigor, portanto, o devir não constitui um terceiro *tipo* de relação, como escrevemos acima, mas um terceiro *conceito* de relação, através do qual se deve ler tanto o totemismo como o sacrifício como reterritorializações secundárias de uma diferença relacionante primária, atualizações alternativas do devir como multiplicidade in tensiva universal. Atualizado ao mesmo tempo nas separações totêmicas e nas misturas sacrificiais (purificação e mediação – Latour), o devir é incessantemente contraefetuado nas margens dos aparelhos sacrificiais e nos intervalos das taxonomias totêmicas, na periferia da "religião" e nas fronteiras da "ciência".

> *Isto dito, seria preciso tirar as consequências do fato de que o esquema analógico do totemismo, com sua correspondência simétrica entre diferenças naturais e diferenças sociais, está baseado em uma assimetria que é sua razão de ser: é precisamente o fato de que as espécies totêmicas são endopráticas – urso se casa com urso, lince com lince – que as torna aptas a significar espécies sociais exopráticas – membros do clã do urso casam com membros do clã do lince. Diferenças externas tornam-se diferenças internas, distinções tornam-se relações, termos viram funções. Do fundo do totemismo espreita uma fórmula canônica – aquela que transforma o dispositivo totêmico no dispositivo das castas, como podemos acompanhar no capítulo IV d'O pensamento selvagem. Parece-nos significativo que seja justamente aqui, na demonstração dos limites da simetria (Lévi-Strauss 1962b: 167) entre a especialização funcional das castas endogâmicas e a homogeneidade funcional dos clãs exogâmicos, que Lévi-Strauss aplique ao totemismo termos como "imaginário", "ilusão", "forma vazia", "usurpação mentirosa"... Se o totemismo será mais adiante, no mesmo livro, declarado fundamentalmente verdadeiro em sua oposição ao sacrifício, potência pura, este, do falso, quando confrontado com a casta ele dá, ao contrário,*

testemunho de que a ilusão e a verdade não se distribuem de maneira tão simples: "as castas naturalizam falsamente uma cultura verdadeira, os grupos totêmicos culturalizam verdadeiramente uma natureza falsa" (id. ibid.: 169). Ou seja: é como se a natureza e a cultura estivessem em desequilíbrio perpétuo; como se entre as duas não pudesse haver paridade; como se à "verdade" em uma série correspondesse a "ilusão" na outra série. Esse motivo – o "princípio de complementaridade do sentido", poderíamos chamá-lo – acompanha todo o pensamento de Lévi-Strauss, da "Introdução à obra de Marcel Mauss" à História de Lince.

Em suma: é nosso modesto parecer que o futuro da noção-mestra da antropologia, a noção de relação, depende da atenção que a disciplina souber prestar aos conceitos de diferença e de multiplicidade, de devir e de síntese disjuntiva. Uma teoria pós-estruturalista da relacionalidade, isto é, uma teoria que mantenha o compromisso "infundamental" do estruturalismo com uma ontologia relacional, não pode ignorar a série construída pela filosofia de Gilles Deleuze, aquela paisagem povoada pelas figuras de Leibniz, Spinoza, Hume, Nietzsche, Butler, Whitehead, Bergson e Tarde, nem as ideias de perspectiva, força, afeto, hábito, evento, processo, preensão, transversalidade, devir e diferença. Esta é a linhagem de um estruturalismo menor, do qual se subtraiu uma articulação ou um mediador essencial, um personagem ainda mais estratégico que o sujeito transcendental eliminado por Lévi-Strauss. Um estruturalismo com algo mais ainda de menos; um estruturalismo, enfim – mas digamo-lo com a devida circunspecção –, que não gire tão obsessivamente em torno de Kant.

10. A produção não é tudo: os devires

Com circunspecção e senso de direção, acrescente-se. Pois não se trata de andar mais uma vez para trás e deixar uma antropologia kantiana para cair nos braços de uma "antropologia cartesiana", com ou sem dualismos (ou aspas); não se trata de trocar o kantismo sem sujeito transcendental por um "kantismo" com sujeito empírico – por um inatismo cognitivo, com ou sem modularidade. E trata-se, também, de resistir, pela tangente projetiva deleuziana, a mais um outro pré-estruturalismo que por vezes se apresenta como futuro da disciplina, um estranho movimento de reação à relação que vem favorecendo a reproliferação de identidades e de substâncias, de essências e de transcendências, de agências e de consciências. Até mesmo a "materialidade" dos corpos e dos signos tem sido recrutada, um pouco de todo lado, para a ingrata tarefa de reencarnar o mistério da encarnação e de celebrar o milagre da *agência*. Isso quando não se vai diretamente à "substância", como foi o caso da antropologia francesa do parentesco, que passou os últimos vinte anos aplicando-se com empenho a minar os alicerces *échangistes*, ou seja, relacionais, do estruturalismo, a fim de pôr em seu lugar ideias inatas concernentes aos fluidos corporais. E tome substancialismo.

11.
As condições intensivas do sistema

Voltemos à passagem de Lévi-Strauss já tanto citada nestas páginas, aquela em que o decano dos americanistas conecta as "análises críticas" da noção de afinidade levadas adiante pelos etnólogos brasileiros[1] com o desvelamento de uma problemática filosófica indígena. Tudo isso deriva, em última instância, do próprio Lévi-Strauss, e penso que ele tinha plena ciência disso. Que a afinidade sul-ameríndia, com efeito, não é uma categoria sociológica, mas uma ideia filosófica, Lévi-Strauss ele mesmo já havia observado em um de seus primeiros trabalhos, alguns anos antes de ter retransformado, com *As estruturas elementares do parentesco*, essa ideia da razão cosmológica em uma categoria do entendimento sociológico, e esta, por sua vez, no esquematismo primordial do parentesco humano – mas não sem que algo da potência desterritorializadora da ideia não se conservasse no processo. Assim, em um artigo no *American Anthropologist* em que comparava os antigos Tupinambá com os Nambiquara que conhecera poucos anos antes, o autor observava que

> um certo laço de parentesco, a relação de cunhados, possuía um significado entre muitas tribos sul-americanas que

---

1. Com o auxílio mais que decisivo, diga-se, de muitos colegas de outras nacionalidades, e muito especialmente de Peter Rivière, Joanna Overing, Bruce Albert, Anne-Christine Taylor e Peter Gow.

transcendia de muito [*far transcending*] uma simples expressão de parentesco [*relationship*]. (Lévi-Strauss 1943: 398)

Tudo está aí. Só haveria talvez a sublinhar que o verbo escolhido aponta para a natureza propriamente transcendental, antes que transcendente, desse significado da afinidade cosmopolítica ameríndia: ela é a condição do parentesco, e, como tal, sua dimensão de exterioridade imanente.

—

A distinção entre as duas alianças proposta no *Mil platôs* parece se impor com a força de um traço típico, etnologicamente falando, quando deixamos a paisagem do oeste da África para penetrar na da Amazônia indígena. Ela corresponde de perto a um contraste destacado pelos etnógrafos dessa região, entre, por um lado, uma afinidade intensiva ou "potencial", cosmológica, mítico-ritual, da qual se poderia perfeitamente dizer que é "ambígua, disjuntiva, noturna e demoníaca", e, por outro lado, uma afinidade extensiva ou atual, subordinada à consanguinidade. Como já tratei desse tema em diversos estudos sobre o parentesco amazônico, evitarei aqui ser mais que alusivo.[2]

2. Por exemplo Viveiros de Castro 1986, 2001b, 2002b, 2008a. O que chamei quase sempre de "afinidade potencial" deveria ser renomeado "afinidade virtual", como sugere aliás Taylor (2000: 312, n. 6), o que tornaria mais consistente a aproximação com a teoria deleuziana do virtual. Sobre isso, ver Viveiros de Castro 2002b: 357 e Taylor 2009. As fontes diretas da noção de afinidade potencial são: Overing 1983, 1984; Albert 1985; Taylor 1993, bem como meus próprios trabalhos sobre os Tupi (Viveiros de Castro 1986).

Em regra geral, nas sociedades amazônicas, a afinidade matrimonial é concebida como uma relação profundamente *delicada*, em todos os sentidos do adjetivo: perigosa, frágil, incômoda, embaraçosa e preciosa ao mesmo tempo. Ela é moralmente ambivalente, afetivamente tensa, politicamente estratégica, economicamente fundamental. Consequentemente, os laços de afinidade são o objeto de um esforço coletivo de desinvestimento, realizado através de seu mascaramento pelas relações de consanguinidade (germanidade e filiação). Os afins terminológicos (aqueles afins *a priori* que caracterizam os "sistemas elementares") são concebidos como tipos de cognatos – como primos e tios cruzados, por exemplo – mais que como afins; os afins efetivos são consanguinizados na referência e no tratamento ("meu sogro" se torna "meu tio materno" etc.); os termos específicos de afinidade são evitados em favor de eufemismos consanguíneos ou de tecnônimos que exprimem uma cognação transitiva ("tio materno de meu filho" antes que "cunhado" etc.); os cônjuges tornam-se *una caro*, uma só carne, por via do sexo e da comensalidade cotidiana, e assim por diante. Como observou Peter Rivière (1984: 70) para o caso bastante típico das Guianas, onde vigora um forte ideal de endogamia aldeã e cognática, "dentro da aldeia ideal a afinidade não existe".

Mas se a afinidade não existe dentro da aldeia ideal, ela haverá de existir alhures. Dentro de toda aldeia real, para começar; mas sobretudo fora da aldeia ideal: no exterior ideal da aldeia, enquanto ideia de afinidade – em outras palavras, como afinidade intensiva ou virtual. Pois assim que deixamos a aldeia, real ou ideal, o mascaramento se inverte, e a afinidade se torna a forma não-marcada da relação social, tanto mais forte quanto mais genérica, tanto mais explí-

11. As condições intensivas do sistema

cita quanto menos atual: o cunhado perfeito é aquele com cuja irmã *não* casei, ou que não casou com minha irmã.[3] Os afins são inimigos, e assim, os inimigos são afins. Quando os afins não são inimigos, quando são parentes e corresidentes – o caso "ideal" –, então é preciso que *não* sejam tratados como afins; quando os inimigos não são afins, é porque são inimigos, isto é, devem ser tratados *como* afins.

As relações supralocais na Amazônia tendem assim a ser fortemente conotadas pela afinidade. As alianças matrimoniais localmente exogâmicas, precisamente porque raras, são politicamente estratégicas; os laços ritualizados de amizade ou parceria comercial interpessoal, expressos em toda uma imagística da afinidade, formam o substrato indutivo para amplos sistemas econômicos regionais; e a ambivalente cerimonialidade intercomunitária, contraface de um estado permanente de guerra, física ou espiritual, latente ou manifesta, entre os grupos locais, define algo como um horizonte cultural uniforme, centrado, paradoxalmente, na figura exterior do afim-estrangeiro-inimigo. E, ponto fundamental, essa afinidade intensiva atravessa as fronteiras entre as espécies: animais, plantas, espíritos, outros povos e etnias de incerta humanidade, todos se acham implicados em tais relações sintético-disjuntivas com os "humanos".[4]

3. Era o prisioneiro tupinambá, por exemplo, inimigo/cunhado (ver *supra*) votado à morte cerimonial em terreiro a quem se dava uma mulher do grupo durante o tempo de seu cativeiro, em um simulacro de afinidade tanto mais real que essa mulher era, idealmente, uma irmã do futuro matador.

4. Repita-se que essa afinização *a priori* de outrem ocorre a despeito do fato de que as alianças matrimoniais efetivas, na maioria dos regimes amazônicos, se firmam no interior do grupo local. Na verdade, as alianças não podem *não* se concentrar no grupo local, uma vez que é precisamente tal concentração que *define* a dimensão do "local" – aldeia, nexo ou conjunto. Ou seja, a situação não muda muito quando

Até segunda ordem, e o mais das vezes até o fim, os outros são todos afins, parceiros obrigatórios do jogo cósmico do roubo e do dom – ou de uma "troca" que deve ser entendida como caso particular do roubo e do dom, aquela em que a diferença de potencial entre os parceiros tende a zero, "mas não se anula jamais completamente". Mesmo dentro da aldeia idealmente endogâmica das socialidades guianenses, é preciso um certo coeficiente de alteridade entre os parceiros de uma união matrimonial, visto que a irmã (imediata ou classificatória) é sempre não casável. A união de um homem com sua sobrinha uterina, a filha de sua irmã com outro homem, é o que mais se aproxima desse ideal incestuoso; união que é, note-se, preferencial em várias sociedades amazônicas. Ou seja: se levarmos a análise longe o bastante, vamos encontrar, dentro da própria aldeia ideal, aquela afinidade que "não existe". De qualquer modo, como se sabe, o incesto é impossível;[5] toda endogamia atual é o limite inferior de uma exogamia virtual. Como dizia Lévi-Strauss, a similitude é um mero caso particular da diferença, e a sociabilidade é apenas o limite inferior da predação.

A relação de afinidade virtual pura, ou meta-afinidade, o esquematismo genérico da alteridade na Amazônia, pertence indubitavelmente ao "segundo tipo de aliança" men-

se consideram aqueles regimes amazônicos que encorajam ou prescrevem a exogamia de aldeia ou de grupo de descendência. A afinidade potencial e seus harmônicos cosmológicos continuam a dar o tom das relações genéricas com os grupos não-aliados, os brancos, os inimigos, os animais, os espíritos.

5. Ver Wagner 1972, sobre o caráter tautológico da noção de proibição do incesto – uma irmã não é interdita por ser irmã, mas é irmã *ao mesmo tempo em que* é interdita (o interdito é "constitutivo", não "regulativo"). Ver também uma argumentação muito semelhante de Deleuze e Guattari (1972: 190), sobre a impossibilidade de "fruir simultaneamente da pessoa e do nome".

11. As condições intensivas do sistema

cionado no *Mil platôs*. Ela é hostil à filiação, uma vez que aparece ali onde o casamento não é uma opção ou desaparece uma vez que ele se realiza, e sua produtividade não é do tipo procriativo. Ou antes, ela subordina toda procriatividade interna a uma aliança demoníaca com o exterior. Não um *modo de produção* (de filiação homogenética), mas um *modo de predação* (de cooptação heterogenética), um modo de "reprodução" por captura simbiótica e por "repredação" ontológica: a interiorização canibal – literal ou figurada – do outro é condição da exteriorização de todo Eu, um Eu que se vê, destarte, "autodeterminado" *pelo* inimigo, isto é, *como* inimigo (ver *supra*, p. 160). Este é o devir-outro intrínseco à cosmopráxis amazônica. A afinidade virtual pertence à guerra antes que ao parentesco; ela faz, literalmente, parte de uma máquina de guerra anterior e exterior ao parentesco enquanto tal. Uma aliança contra a filiação, então: não por ser a representação recalcante de uma filiação intensiva primordial, mas porque impede a filiação de funcionar como germe de uma transcendência (a origem divina, o ancestral fundador, o grupo de filiação identitário). Toda filiação é imaginária, diziam os autores do *Mil platôs*. Ao que poderíamos acrescentar: e toda filiação projeta um Estado, é uma filiação de Estado. A aliança intensiva amazônica é uma aliança contra o Estado (...homenagem a Pierre Clastres).

A afinidade intensiva ou primordial é assim um dos signos diacríticos da socialidade amazônica, talvez do continente como um todo; tocamos aqui a "rocha-mãe" da mitologia americana (Lévi-Strauss 1991: 295). Considere-se o complexo continental percorrido pelas *Mitológicas*: se compararmos os mitos ameríndios com nossa própria mitologia da cultura, uma diferença que ressalta é a dominância das relações de afinidade nos primeiros e das relações de parentalidade na segunda. As figuras centrais dos mitos ameríndios estão canonicamente relacionadas como afins; um personagem conspícuo dessas narrativas, para tomarmos um exemplo, é o sogro canibal, o Mestre não-humano de todos os bens culturais, que submete seu genro a uma série de provas com intenção de matá-lo; o rapaz as supera todas (frequentemente graças às habilidades de outros não-humanos que se apiedam dele) e retorna ao seio da comunidade humana trazendo o precioso botim da cultura. O conteúdo deste arquimito (Lévi-Strauss [1971] 2011: 503-ss) não é muito diferente do enredo prometeico: há o céu e a terra, há um herói preso entre os dois; há o fogo civilizador, e o "dom" das mulheres, e a origem da mortalidade humana. Mas os antagonistas do mito ameríndio são sogros ou cunhados, não figuras paternas ou filiais como aquelas que reinam nas mitologias do Velho Mundo, sejam elas mediterrâneas, africanas ou freudianas. Para abreviar, digamos que no Velho Mundo os humanos tiveram de roubar o "fogo" de um pai divino, enquanto os ameríndios tiveram de furtá-lo de um sogro ou recebê-lo de presente de um cunhado, animais ambos.

O que chamamos "mitologia" é o discurso – dos outros, via de regra – sobre o Dado (Wagner 1978): é nos mitos que se dá, de uma vez por todas, aquilo que doravante será tomado como dado, as condições primordiais a partir das quais, e contra as quais, os humanos se definem ou constroem; esse discurso estabelece os termos e os limites da dívida ontológica. Se este é o caso, então a dívida ameríndia não concerne à filiação e a parentalidade – o "dado genealógico de base" –, mas ao casamento e à afinidade; o Outro, como vimos, é primeiro de tudo um afim. Note-se que não nos referimos aqui ao fato trivial de que os mitos indígenas tratam as relações de afinidade como sempre já-lá – eles fazem o mesmo com as relações consanguíneas, ou imaginam mundos em que os pré-humanos ignoravam as proibições matrimoniais etc. –, mas ao fato de que a afinidade constitui a "armação" (no sentido das *Mitológicas, i.e.* de arcabouço actancial) do mito. Essa armação ou moldura contém uma variedade de personagens. Em particular, ela é povoada de afins animais. É imperativo que eles sejam animais, ou, em geral, não-humanos: vegetais, astrais, metereológicos, artefactuais... (Estes personagens são *futuros* não-humanos, a bem dizer; no mito todo mundo é parcialmente humano, os humanos atuais inclusive, embora o caminho não seja o mesmo nos dois sentidos.) É precisamente essa aliança com o não-humano que define "as condições intensivas do sistema" na Amazônia.

Os mitos ameríndios, naturalmente, contêm incestos edipianos, conflitos entre pais e filhos, tudo que quisermos e mais um pouco. *A oleira ciumenta* se demora, com as intenções que se conhece, sobre um *"Totem e tabu* jívaro" (Lévi-Strauss 1985: cap. xvi). Mas é bastante claro que, para Lévi-Strauss, a mitologia do continente, em particular aquela que trata da origem da cultura, gira em torno da afinidade e da troca, não da parentalidade e da procriação, do mesmo modo como o incesto característico do imaginário ameríndio é aquele mesmo que Lévi-Strauss colocou no fundamento d'*As estruturas elementares*, o incesto entre irmão e irmã, ou "incesto de aliança", antes que o "incesto de filiação" ou incesto freudiano ente pais e filhos. Recordemos que "o mito de mais vasta difusão no Novo Mundo" (id. [1968] 2006: 81, 339-42; [1971] 2011: 192) explica a origem do Sol e da Lua como resultado de um incesto entre irmão e irmã; é essa narrativa que o autor chamará de "vulgata americana" (id. 1979: 197, 217), e que constitui a célula fundamental de M_I, o mito de referência bororo, onde o incesto arquetipicamente "edipiano" entre mãe e filho, e o consequente combate mortal com o pai, são retranscritos por Lévi-Strauss, em um momento de humor estruturalista, como um incesto entre "germanos" e um conflito entre "afins". Com efeito, na sociedade bororo, organizada em clãs matrilineares exogâmicos, todo indivíduo pertence ao clã de sua mãe, ao passo que seu pai é um afim, membro de um clã aliado por casamento; do ponto de vista do pai, o filho é como um irmão da mulher. Esse deslocamento lévi-straussiano da problemática do incesto é aproveitado no comentário do mito dogon em *O Anti-Édipo*: "O incesto com a irmã não é um substituto do incesto com a mãe, mas, ao contrário, é o modelo intensivo do incesto como manifestação da linhagem germinal" (D. & G. 1972: 187).

—

Mas nesse plano intensivo não pode haver, a rigor, uma oposição distintiva – necessariamente extensiva – entre aliança e filiação. Ou por outra, se há duas alianças, há também duas filiações. Se toda produção é filiativa, nem toda filiação é (re) produtiva; se há filiações reprodutivas e administrativas (representativas, de Estado), há também filiações contagiosas e monstruosas, aquelas que resultam de alianças e devires contranatureza, de uniões incestuosas ou transespecíficas.[6]

6. Há mitologias amazônicas que projetam um cenário pré-cósmico similar à situação de "filiação intensiva" discernida por Deleuze e Guattari no mito dos

Endogamia e exofiliação, as estruturas elementares do *anti*parentesco. Se dentro da aldeia ideal das Guianas a afinidade exogâmica não existe, em outras aldeias ideais ameríndias o que "não existe" é a consanguinidade endofiliativa – já que a maioria das crianças do grupo são de origem inimiga, como no caso "ideal" dos Caduveo descritos em *Tristes trópicos*:

> Essa sociedade mostrava-se muito avessa aos sentimentos que consideramos naturais; assim, sentia uma viva repugnância pela procriação. O aborto e o infanticídio eram praticados de maneira quase normal, de tal forma que a perpetuação do grupo se efetuava por adoção muito mais frequentemente do que por geração. (Lévi-Strauss 1955a: 205-08)

Outro exemplo de desvio perverso da doutrina estruturalista – homenageada por sua infração, como se diz em inglês[7] – são os Tupinambá, que, preferindo casar-se com as filhas de suas irmãs, dedicavam-se entusiasticamente, ao mesmo tempo, a capturar cunhados no exterior, homens inimigos a quem davam as próprias irmãs como esposas temporárias, antes de sua execução e devoração cerimonial. Uma hiperendogamia quase incestuosa era assim reiterada por uma hiperexogamia canibal. No esquematismo exagerado dos mitos: copular com a irmã, adotar um filhote de

Dogon. Os mitos dos povos Tukano e Aruaque do Noroeste amazônico, em particular, devem ser mencionados (S. Hugh-Jones 1979, 1996), ainda que, como argumenta G. Andrello (2006), eles remetam ao mesmo esquema de afinidade intensiva que constitui o estado fundamental – o plano de imanência – do pré-cosmos amazônico.

7. "*Honoured in the breach*", a expressão é de origem shakesperiana (*Hamlet*).

animal... Ou também, em uma dupla torção do esquema anterior: casar-se com uma estrela, carregar o amante ofidiano na vagina...

A questão, ao fim e ao cabo, é menos a de saber se há uma ou duas alianças, uma ou duas filiações, se os mitos reconhecem ou não uma filiação primordial etc., que a de determinar *de onde provém a intensidade*. A questão é a de saber se o exterior nasce do interior – se a aliança descende e depende da filiação –, ou, ao contrário, se o interior é a repetição do exterior – se a filiação e a consanguinidade são um caso particular da aliança e da afinidade, aquele onde a diferença como disjunção intensiva tende a zero, sem jamais, bem entendido...[8]

É precisamente essa "zona de indistinção, de indiscernibilidade, de ambiguidade" entre afinidade e consanguinidade,[9] menos uma indiferenciação entre elas que sua infinita reverberação, sua duplicação interna, a involução fractal que põe uma dentro da outra – é essa disjunção entre-implicativa que se vê marcada pela importância que assume a figura da gemelaridade na mitologia ameríndia, a qual, evocada rapidamente em "A estrutura dos mitos", vai ganhando corpo no desenrolar das *Mitológicas* (por via sobretudo dos mitos do Sol e da Lua), para se transformar em "a chave de todo sistema" em *História de Lince* (id. 1991: 295). Pois, longe de representar o protótipo da similitude ou da identidade consanguínea, a gemelaridade ameríndia – provisória, incompleta, semimediativa, divergente, desequilibrada, tingida por um inces-

8. Como sabemos, "a quantidade intensiva [...] tem uma relação com o zero que lhe é consubstancial" (Deleuze 1983).
9. E dentro desta última, entre filiação e germanidade – ver a mãe-irma de M_I.

11. As condições intensivas do sistema

tuoso antagonismo – é uma repetição interna da afinidade potencial; os gêmeos desiguais são a personificação mítica da "inelutável dissimetria" (id. [1968] 2006: 442) que forma a condição do mundo. A consanguinidade como metonímia da afinidade; a gemelaridade como metáfora da diferença: é preciso ser um pouco leibniziano para saborear a ironia.

A gemelaridade diferencial começa por separar a pessoa de si mesma, revelando-se uma categoria intensiva: como o exprime tão belamente o capítulo sobre "a sentença fatídica" em *História de Lince* ("se for menina/o eu crio, se for menino/a eu mato"), uma criança ainda no ventre da mãe é a "gêmea de si mesma" (id. 1991: 87-ss), pois carrega um duplo virtual do sexo oposto, que desaparece quando o indivíduo unissexuado é finalmente dado à luz. O paradoxo do "gato de Schrödinger" pode ser visto como uma transformação desse tema mítico – que talvez se tenha tornado mais visível a Lévi-Strauss por via do gato quântico ele próprio, evocado justamente em *História de Lince* (1991: 10). Note-se que este último livro mitológico de Lévi-Strauss concentra o foco nos pares de gêmeos masculinos conspícuos na mitologia americana (inclusive para melhor contrastá-los com os Dióscuros); mas em *O homem nu*, o autor avançava o intrigante argumento de que os gêmeos de mesmo sexo são um estado transformacional "derivado" e "subsidiário" de uma armadura formada por gêmeos (incestuosos) de sexo oposto (id. [1971] 2011: 190-92). A dessemelhança dos gêmeos ameríndios de mesmo sexo derivaria assim, *inter alia*, de sua "origem" em um par de gêmeos de sexo oposto. O que sugere, não que toda diferença derive da diferença sexual, como pretende Françoise Héritier (1981: 39), mas justo o contrário, a saber, que toda sexualidade é diferencial – como todo sistema de signos (Maniglier 2000, Viveiros de Castro 1990). Pois, para reincidir na paráfrase de Lévi-Strauss ([1971] 2011: 539), é o caso de dizer que a experiência constitutiva do parentesco não é a de uma oposição entre os sexos, mas a apreensão do outro sexo como oposição.

Concluamos essa breve evocação reafirmando que a ideia de uma afinidade potencial como categoria cosmológica de fundo na Amazônia indígena constituiu-se, do ponto de vista de seu quadro teórico e etnográfico de referência, em ruptura com a imagem "troquista" do *socius*. Daí a importância das noções de predação ou preensão – o roubo e o dom, o canibalismo e o devir-inimigo – que lhe estiveram desde sempre associadas. Elas procuravam captar o movimento de uma potência da aliança que seria como o estado fundamental da metafísica indígena, uma potência cosmopolítica irredutível à afinidade jurídico-teológica das teorias clássicas do parentesco (o "domínio doméstico", a "esfera pública"...), sejam elas estrutural-funcionalistas, estruturalistas ou marxistas. O roubo, o dom, o contágio, o dispêndio e o devir: é *dessa* troca que se tratava. A aliança potencial é o devir-outro que circunscreve e subordina o parentesco amazônico. Foi através dela que a etnologia desses povos, fiel às *Mitológicas* antes de ser fiel (para poder sê-lo) a *As estruturas elementares do parentesco*, antecipou a observação tão justa do filósofo Patrice Maniglier:

> O parentesco não é essencialmente um fenômeno social, não se trata através dele, exclusiva ou primordialmente, de regular e determinar as relações dos seres humanos entre si, mas de garantir o que se poderia chamar a economia política do universo, a circulação das coisas deste mundo de que fazemos parte. (2005b: 768)

QUARTA PARTE
O cogito canibal

O filósofo deve tornar-se não-filósofo, para que a não-filosofia se torne a terra e o povo da filosofia. [...] O povo é interior ao pensador porque é um "devir-povo", na medida em que o pensador é interior ao povo [...].

DELEUZE E GUATTARI

12.
O inimigo no conceito

O *Anti-Narciso*, aquele livro que gostaríamos de ter escrito mas do qual não pudemos aqui senão expor o plano de alguns capítulos, seria uma experiência de pensamento, e um exercício de ficção antropológica. A expressão "experiência de pensamento" não tem o sentido usual de entrada imaginária na experiência pelo pensamento, mas o de entrada no pensamento pela experiência real. Não se trata de imaginar uma experiência, mas de experimentar uma imaginação, ou "de experimentar o pensamento ele próprio".[1] A experiência, no caso presente, é a de gerações de etnógrafos da Amazônia indígena, e o experimento que se tentaria é uma ficção controlada por essa experiência. Ou seja, a ficção seria antropológica, mas sua antropologia não é fictícia.

A ficção consiste em tomar as ideias indígenas como conceitos, e em extrair dessa decisão suas consequências: determinar o solo pré-conceitual ou o plano de imanência que tais conceitos pressupõem, os personagens conceituais que eles acionam, e a matéria do real que eles põem. Tratar essas ideias *como* conceitos não significa que elas sejam objetivamente determinadas como outra coisa, outro tipo de objeto atual. Pois tratá-las como cognições individuais, representações coletivas, atitudes proposicionais,

---

1. Essa leitura da noção de *Gedankenexperiment* é aplicada por Thierry Marchaisse à obra de François Jullien sobre a China (Jullien & Marchaisse 2000: 71).

crenças cosmológicas, esquemas inconscientes, configurações relacionais, complexos textuais, disposições encarnadas e assim por diante – estas seriam apenas outras tantas ficções teóricas.

Assim, *O Anti-Narciso* não é, nem um estudo de "mentalidade primitiva", nem uma análise dos "processos cognitivos" indígenas: seu objeto é menos o modo de pensar indígena que os objetos desse pensar, o mundo possível que seus conceitos projetam. Não se trata, tampouco, de um ensaio etno-sociológico sobre uma certa visão de mundo. Primeiro, porque não há mundo pronto para ser visto, um mundo antes da visão, ou antes, da divisão entre o "visível" e o "invisível" que institui o horizonte de um pensamento. Segundo, porque tomar as ideias como conceitos é recusar sua explicação em termos da noção transcendente de contexto (ecológico, econômico, político etc.), em favor da noção imanente de problema. Não se trata, enfim, de propor uma *interpretação* do pensamento ameríndio, mas de realizar uma *experimentação* com ele, e portanto com o nosso: "*Every understanding of another culture is an experiment with one's own*" (Wagner [1975] 1981: 12).

Deixemos as coisas claras. Não acho que a "mente" dos índios americanos seja (necessariamente...) o teatro de "processos cognitivos" diferentes dos de quaisquer outros animais humanos. Não é o caso de imaginar os índios como dotados de uma neurofisiologia peculiar, que processaria o diverso diversamente de "nós" (por exemplo). No que me concerne, penso que eles pensam exatamente "*como* nós"; mas penso também que *o que* eles pensam, isto é, os conceitos que eles se dão, são muito diferentes dos nossos – e portanto que o mundo descrito por esses conceitos é muito diverso do nosso.[2] No que concerne aos índios, penso que *eles* pensam que todos os humanos, e além destes, muitos outros sujeitos não-humanos, pensam exatamente "como eles", mas que isso, longe de produzir (ou resultar de) uma convergência referencial universal, é exatamente a *razão* das divergências de perspectiva.

A imagem do pensamento selvagem que nos esforçamos por determinar, assim, não visa nem ao saber indígena e suas representações mais ou menos verdadeiras sobre a realidade – o "conhecimento tradicional" hoje tão disputado no mercado global de representações –, nem às categorias mentais indígenas, sobre cuja representatividade, do ponto de vista das faculdades da espécie, as ciências do espírito não se cansam de dissertar. Nem representações, individuais ou coletivas, racionais ou quase, que exprimiriam parcialmente estados de coisas anteriores e exteriores a elas; nem categorias e processos cognitivos, universais ou particulares, inatos ou adquiridos, que manifestariam propriedades de uma coisa do mundo, seja ela a mente ou a sociedade – o objeto cuja existência aqui se afirma são os *conceitos* indígenas, os *mundos* que estes conceitos constituem (mundos que assim os exprimem), o fundo virtual de onde eles procedem.

Tomar as ideias indígenas como conceitos significa tomá-las como dotadas de uma significação filosófica, ou como potencialmente capazes de um uso filosófico. Decisão irresponsável, dir-se-á, tanto mais que não são só os índios que não são filósofos, mas, sublinhe-se com força,

---

2. Ver Jullien sobre a diferença entre se afirmar a existência de diferentes "modos de orientação no pensamento" e se afirmar a operação de uma "outra lógica" (Jullien & Marchaisse 2000: 205-07).

muito menos o presente autor. Como aplicar, por exemplo, a noção (o conceito) de conceito a um pensamento que, aparentemente, nunca achou necessário debruçar-se sobre si mesmo, e que remeteria antes ao esquematismo fluente e variegado do símbolo, da figura e da representação coletiva que à arquitetura rigorosa da razão conceitual? Não existe um bem conhecido abismo histórico e psicológico, uma "ruptura decisiva" entre a bricolagem e seus signos de um lado, e a engenharia e seus conceitos de outro (Lévi-Strauss 1962b), entre a mitopoiese humana genérica e o universo particular da racionalidade ocidental (Vernant [1966] 1996: 229), entre a transcendência paradigmática da Figura e a imanência sintagmática do Conceito (D. & G. 1991)?

Bem, quanto a tudo isso, que é tributário mais ou menos direto de um certo hegelianismo infuso, tenho muitas dúvidas. E, antes disso, tenho meus motivos não-filosóficos, mais exatamente, motivos antropológicos e políticos, para falar em "conceitos". O primeiro deles decorre da decisão de tomar as ideias indígenas como situadas no mesmo plano que as ideias antropológicas.

Dizíamos no começo do presente texto que as teorias antropológicas situam-se numa estrita continuidade com as pragmáticas intelectuais dos coletivos que elas tomam por objeto. A experiência proposta, então, começa por afirmar a equivalência de direito entre os discursos do antropólogo e do nativo, bem como a situação de "pressuposição recíproca" desses discursos, que só acedem como tais à existência ao entrarem em relação de conhecimento. Os conceitos antropológicos atualizam tal relação, e são por isso completamente relacionais, tanto em sua expressão como em seu conteúdo.[3] Eles não são nem reflexos verídicos da cultura do nativo (o sonho positivista), nem projeções ilusórias da cultura do antropólogo (o pesadelo construcionista). O que eles refletem é uma certa relação de inteligibilidade entre as duas culturas, e o que eles projetam são as duas culturas como seus pressupostos. Eles operam, assim, um duplo desenraizamento: são como vetores sempre a apontar para o outro lado, interfaces transcontextuais cuja função é representar, no sentido diplomático do termo, o Outro no seio do Mesmo, lá como cá.

A origem e função relacional dos conceitos antropológicos costuma vir marcada por uma palavra exótica: *mana, totem, kula, potlatch, tabu, gumsa/gumlao*... Outros conceitos, não menos autênticos, portam uma assinatura etimológica que evoca antes as analogias entre a tradição de origem da disciplina e as tradições que são seu objeto: dom, sacrifício, parentesco, pessoa... Outros, enfim, são invenções vocabulares que procuram generalizar dispositivos conceituais dos povos estudados – animismo, oposição segmentar, troca

---

3. A esta altura, talvez seja desnecessário advertir o leitor que estou deliberadamente ignorando os direitos de exclusividade sobre o conceito concedidos à filosofia por Deleuze e Guattari em seu último livro (D. & G. 1991). A oposição entre "conceito" e "figura", que desempenha um papel central no capítulo "Geofilosofia" desse livro, parece-me uma oposição problemática entre caso particular e forma geral. Para resumir um argumento que um dia eu talvez esteja em condições de sustentar, entendo que o conceito filosófico é uma variação local, histórica, "provinciana" (no sentido em que Chakrabarty [2000] 2007 fala em "provincializar a Europa") de uma imaginação intrinsecamente figural ou mitopoiética, capacidade não só pan-humana como, acredito, inerente ao vivente como tal. Quanto a falar em conceitos *antropológicos*, justifico-me aqui alegando que todo saber ocidental, científico, artístico ou outro, abre-se para uma dimensão filosófica, na medida em que emerge historicamente de um mesmo fundo mitopoiético regional (circum-mediterrâneo), aquele que se conhece também pelo nome de "Metafísica".

12. O inimigo no conceito

restrita, cismogênese... –, ou, inversamente, e mais proble-
maticamente, desviam para o interior de uma economia
teórica específica certas noções difusas de nossa tradição –
proibição do incesto, gênero, símbolo, cultura... –, buscando
universalizá-las.[4]

Não estaria aí enfim a originalidade da antropologia,
nesta sinergia relacional entre as concepções e práticas
provenientes dos mundos do "sujeito" e do "objeto"? Reconhecer isso ajudaria, entre outras coisas, a mitigar nosso
complexo de inferioridade frente às ciências "duras". Como
observa Latour:

> A descrição do *kula* se equipara à descrição dos buracos ne-
> gros. Os complexos sistemas de aliança são tão imaginativos
> como os complexos cenários evolutivos propostos para os ge-
> nes egoístas. Compreender a teologia dos aborígenes austra-
> lianos é tão importante quanto cartografar as grandes falhas
> submarinas. O sistema de posse da terra nas Trobriand é um
> objetivo científico tão interessante como a sondagem do gelo
> das calotas polares. Se a questão é saber o que importa na de-
> finição de uma ciência – a capacidade de inovação no que diz
> respeito às agências [*agencies*] que povoam nosso mundo –,
> então a antropologia estaria bem próxima do topo da hierar-
> quia disciplinar. (1996a: 5)

A analogia feita nessa passagem é entre as concepções indígenas e os objetos das ciências naturais. Essa é uma perspectiva possível, e mesmo necessária: deve-se poder produzir

---

4. Sobre a assinatura das ideias filosóficas e científicas e o batismo dos conceitos,
ver D. & G. 1991: 13, 28-29.

uma descrição científica das ideias e práticas indígenas, como se fossem objetos do mundo, ou melhor, para que sejam objetos do mundo. (Os objetos científicos de Latour são tudo menos entidades indiferentes, pacientemente à espera de uma descrição.) Outra estratégia possível é a de comparar as concepções indígenas às teorias científicas, como o faz Horton, segundo sua "tese da similaridade" (1993: 348-54). Outra ainda, todavia, é a estratégia aqui proposta. Penso que a antropologia sempre andou demasiado obcecada com a "Ciência", não só em relação a si mesma – se ela é ou não, pode ou não, deve ou não ser uma ciência –, como sobretudo, e este é o real problema, em relação às concepções dos povos que estuda: seja para desqualificá-las como erro, sonho, ilusão, e em seguida explicar cientificamente como e por que os "outros" não conseguem (se) explicar cientificamente; seja para promovê-las como mais ou menos homogêneas à ciência, frutos de uma mesma vontade de saber consubstancial à humanidade – assim a similaridade de Horton, assim a ciência do concreto lévi-straussiana (Latour [1991] 1994: 46). A imagem da ciência, essa espécie de padrão-ouro do pensamento, não é porém o único terreno em que podemos nos relacionar com a atividade intelectual dos povos estrangeiros à tradição ocidental.

Imagine-se, sem prejuízo destas, uma outra analogia que a de Latour, e outra similaridade que a de Horton. Uma analogia onde, em lugar de tomar as concepções indígenas como entidades semelhantes aos buracos negros ou às falhas tectônicas, tomemo-las como algo de mesma ordem que o *Cogito* ou a mônada. Diríamos então, parafraseando a citação de Latour, que o conceito melanésio da pessoa como "divíduo" (Strathern 1988) é tão imaginativo como o

12. O inimigo no conceito

223

individualismo possessivo de Locke; que compreender a "filosofia da chefia ameríndia" (P. Clastres 1962) é tão importante quanto comentar a doutrina hegeliana do Estado; que a cosmogonia maori se equipara aos paradoxos eleáticos e às antinomias kantianas (Schrempp 1992); que o perspectivismo amazônico é um objetivo filosófico tão interessante como compreender a metafísica de Leibniz... E se a questão é saber o que importa na avaliação de uma filosofia – sua capacidade de criar novos conceitos –, então a antropologia, sem pretender substituir a filosofia, não deixa de ser um poderoso *instrumento* filosófico, capaz de ampliar um pouco os horizontes ainda excessivamente etnocêntricos de "nossa" filosofia, e de nos livrar, de passagem, da antropologia dita "filosófica". Na definição vigorosa de Tim Ingold (1992: 696): "*anthropology is philosophy with the people in*". Por "*people*", Ingold entende aqui os "*ordinary people*", as pessoas comuns, o comum dos mortais (id. ibid.); mas ele está também jogando (ou assim eu decidi entendê-lo) com o significado de "*the people*" como "o povo", e mais ainda, como "povos". Uma filosofia com outra gente e outros povos dentro, então: a possibilidade de uma atividade filosófica que mantenha uma relação com a "não-filosofia" – a vida – de outros povos do planeta, além de com a nossa própria. Os povos "incomuns", portanto, aqueles que se acham fora de nossa esfera de *comunicação*. Se a filosofia real abunda em selvagens imaginários, a geofilosofia visada pela antropologia faz uma filosofia imaginária com selvagens reais. "*Imaginary gardens with real toads in them*" (Marianne Moore): jardins imaginários com sapos de verdade. E os sapos, como se sabe, frequentemente revelam-se príncipes – mas é preciso saber qual sapo beijar.

Note-se, na paráfrase que faço acima do trecho de Latour, o deslocamento que importa. Agora não se trataria mais, ou apenas, da descrição antropológica do *kula* (enquanto forma melanésia de socialidade), mas do *kula* enquanto descrição melanésia (da "socialidade" como forma antropológica); ou ainda, seria preciso continuar a compreender a "teologia australiana", como a chama Latour, mas agora como constituindo ela própria um dispositivo de compreensão; do mesmo modo, os complexos sistemas de aliança ou de posse da terra deveriam ser vistos como imaginações sociológicas indígenas. É claro que será sempre necessário descrever o *kula* como uma descrição, compreender a religião aborígene como um compreender, e imaginar a imaginação indígena: é preciso transformar as concepções em conceitos, extraí-los delas e devolvê-los a elas. E um conceito é uma relação complexa entre concepções, um agenciamento singular de intuições pré-conceituais; no caso da antropologia, as concepções em relação incluem, antes de mais nada, as do antropólogo e as do nativo – relação de relações. Os conceitos nativos são os conceitos do antropólogo. Por construção, entenda-se.

—

O canibalismo como imagem do pensamento, o inimigo como personagem conceitual: resta todo um capítulo da Geofilosofia deleuzo-guattariana a escrever. Uma expressão prototípica de Outrem na tradição ocidental é a figura do *Amigo*. O Amigo é outrem, mas outrem como "momento" do Eu. Se me determino como amigo do amigo, é apenas porque o amigo, na conhecida definição de Aristóteles, é um *outro Eu mesmo*. O Eu está lá desde o início: o amigo é a condição-Outrem pensada retroprojetivamente sob a forma condicionada do sujeito. Como observa Francis Wolff (2000: 169), essa definição implica uma teoria segundo a qual "toda relação com outrem, e portanto toda forma de amizade, encontra seu fundamento na relação do homem com si mesmo" (suspeito que Wolff acha isso admirável). O vínculo social pressupõe a autorrelação como origem e modelo.

Mas o Amigo não funda somente uma "antropologia". Dadas as condições histórico-políticas de constituição da filosofia grega, o Amigo emerge como indissociável de uma certa relação com a verdade: ele é uma condição de possibilidade do pensamento em geral, uma "presença intrínseca ao pensamento, uma condição de possibilidade do próprio pensamento, uma categoria viva, um vivido transcendental" (D. & G. 1991: 9). O Amigo é, em suma, o que os autores chamam de um *personagem conceitual*, o esquematismo de Outrem próprio ao conceito. A filosofia exige o Amigo, a *philia* é o elemento do saber.

Ora, o problema liminar colocado por qualquer tentativa de identificar um equivalente ameríndio para "nossa" filosofia é o de pensar um mundo constituído pelo Inimigo enquanto determinação transcendental. Não o amigo-rival da filosofia grega, mas *a imanência do inimigo* da cosmopráxis ameríndia, onde a inimizade não é um mero complemento privativo da amizade, nem uma simples facticidade negativa, menos ainda um *a priori* identitário do conceito de "político" ao modo de Carl Schmitt, mas uma estrutura de direito do pensamento, que define uma outra relação com o saber e um outro regime de verdade: canibalismo, perspectivismo, multinaturalismo. Se o Outrem deleuziano é o conceito mesmo de ponto de vista, o que é um mundo constituído pelo *ponto de vista do inimigo* como determinação transcendental? O *animismo*, levado às últimas consequências, como só os índios sabem fazê-lo, é não apenas um perspectivismo, mas também (se me permitem o trocadilho infame) um *inimismo*.

—

Tudo isso resume-se em formular a questão "impossível": o que acontece quando se leva o pensamento nativo a sério? Quando o propósito do antropólogo deixa de ser o de explicar, interpretar, contextualizar, racionalizar esse pensamento, e passa a ser o de utilizá-lo, tirar suas consequências, verificar os efeitos que ele pode produzir no nosso? O que é pensar o pensamento nativo? Pensar, digo, sem pensar se aquilo que pensamos (o outro pensamento) é "aparentemente irracional", ou pior ainda, naturalmente razoável, mas pensá-lo como algo que não se pensa nos termos dessa alternativa, algo inteiramente alheio a esse jogo.

Levar a sério é, para começar, não neutralizar. É, por exemplo, pôr entre parênteses a questão de saber se e como tal pensamento ilustra universais cognitivos da espécie humana, explica-se por certos modos de transmissão socialmente determinada do conhecimento, exprime uma visão de mundo culturalmente particular, valida funcionalmente a distribuição do poder político, e outras tantas formas de neutralização do pensamento alheio. Suspender tal questão ou, pelo menos, evitar encerrar a antropologia nela; decidir, por exemplo, pensar o outro pensamento apenas (digamos assim) como uma atualização de virtualidades insuspeitas do pensar.[5]

Levar a sério significaria, então, "acreditar" no que dizem os índios, tomar seu pensamento como exprimindo uma verdade sobre o mundo? Eis outro daqueles problemas tipicamente mal formulados. Para crer ou não crer em um pensamento, é preciso primeiro pensá-lo como um sistema de crenças. Mas os problemas autenticamente antropológicos não se põem jamais nos termos psicologistas da crença, nem nos termos logicistas do valor de verdade, pois não se trata de tomar o pensamento alheio como uma opinião, único objeto possível de crença ou descrença, ou como um conjunto de proposições, únicos objetos possíveis dos juízos de verdade. Sabe-se o estrago causado pela antropologia ao definir a relação dos nativos com seu discurso em termos de crença – a cultura vira uma espécie de teologia dogmática –, ou ao tratar esse discurso como uma opinião ou como um conjunto de proposições – a cultura vira uma teratologia epistêmica: erro, engano, ilusão, ideologia... Como observou Latour, "a crença não é um estado mental, mas um efeito das relações entre os povos, o sabemos desde Montaigne" (1996b: 15). E para continuarmos citando, como disse há tempos um intérprete tão fino quanto pouco lembrado do estruturalismo, o único problema antropológico é o *sentido*, e "o sentido, com efeito, não é *nem verdadeiro nem falso, nem crível nem incrível*; ele é aquilo que pode ser *dito*

---

5. Que se leia o grande Godfrey Lienhardt, sobre o exercício de mediação que incumbe à antropologia entre os "hábitos de pensamento" dos indígenas e os de nossa própria sociedade: "Ao fazê-lo, não é no final das contas alguma misteriosa 'filosofia primitiva' que estamos explorando, mas as potencialidades suplementares de nosso pensamento e linguagem" (in Asad 1986: 158-59).

de outro modo, traduzir-se em outra linguagem, ou melhor ainda, é aquilo que *permite a tradução*" (Pouillon 1980: 87, grifo nosso). O que nos traz para muito perto – Pouillon falava da "função mítica" – dessa questão fundamental que é a da conversibilidade mútua entre antropologia e mitologia (ver o capítulo seguinte).

Se não se trata de descrever o pensamento indígena americano em termos de crença, tampouco então é o caso de relacionar-se a ele sob o modo da crença – seja sugerindo com benevolência seu "fundo de verdade" alegórico (uma alegoria social, como para os durkheimianos, ou natural, como para as escolas americana do gênero "materialismo cultural"), seja, pior ainda, imaginando que ele daria acesso à essência íntima e última das coisas, detentor que seria de uma ciência esotérica infusa. "Uma antropologia que [...] reduz o sentido [*meaning*] à crença, ao dogma e à certeza cai forçosamente na armadilha de ter de acreditar ou nos sentidos nativos, ou em nossos próprios" (Wagner [1975] 1981: 30). O plano do sentido não é povoado por crenças psicológicas ou proposições lógicas, e o "fundo" contém outra coisa que verdades. Nem uma forma da *doxa*, nem uma figura da lógica, o pensamento nativo deve ser tomado – se se quer tomá-lo a sério – como *prática de sentido*: como dispositivo autorreferencial de produção de conceitos, de "símbolos que representam a si mesmos".

Recusar-se a pôr a questão em termos de crença parece-me um traço crucial da decisão antropológica. Para marcá-lo, reevoquemos o Outrem deleuziano (Deleuze 1969a, D. & G. 1991). Outrem é a expressão de um mundo possível; mas este mundo deve sempre, no curso usual das interações sociais, ser atualizado por um Eu: a implicação do possível em outrem é explicada por mim. Isto significa que o possível passa por um processo de *verificação*, que dissipa entropicamente sua estrutura. Quando desenvolvo o mundo exprimido por outrem, é para validá-lo como real e ingressar nele, ou então para desmenti-lo como irreal: a "explicação" introduz, assim, o elemento da crença. Descrevendo tal processo, Deleuze indicava a condição-limite que lhe permitiu a determinação do conceito de Outrem:

> [E]ssas relações de desenvolvimento, que formam tanto nossas comunidades como nossas contestações com outrem, dissolvem sua estrutura, e a reduzem, em um caso, ao estado de objeto, e, no outro, ao estado de sujeito. Eis por que, para apreender outrem como tal, sentimo-nos no direito de exigir condições especiais de experiência, por mais artificiais que fossem elas: o momento em que o exprimido ainda não possui (para nós) existência fora do que o exprime. – Outrem como expressão de um mundo possível. (Deleuze 1968: 335)

E concluía recordando uma máxima fundamental de sua reflexão:

> A regra que invocávamos anteriormente: não se explicar demais, significava, antes de tudo, não se explicar demais com outrem, não explicar outrem demais, manter seus valores implícitos, multiplicar nosso mundo povoando-o de todos esses exprimidos que não existem fora de suas expressões. (id. ibid.)

A lição pode ser aproveitada pela antropologia. Manter os valores de outrem implícitos não significa celebrar algum mistério transcendente que eles encerrem; significa a recusa de atualizar os possíveis expressos pelo pensamento indígena, a deliberação de guardá-los indefinidamente como possíveis – nem desrealizando-os como fantasias dos outros, nem fantasiando-os como atuais para nós. A experiência antropológica, nesse caso, depende de uma interiorização formal das "condições especiais e artificiais" de que fala Deleuze: o momento em que o mundo de outrem não existe fora de sua expressão transforma-se em uma condição eterna, isto é, interna à relação antropológica, que *realiza* esse possível *como virtual*. Se há algo que cabe de direito à antropologia, não é a tarefa de explicar o mundo de outrem, mas a de multiplicar nosso mundo, "povoando-o de todos esses exprimidos que não existem fora de suas expressões". Pois não podemos pensar *como* os índios; podemos, no máximo, pensar *com* eles. E a propósito – tentando só por um momento pensar "como eles" –, se há uma mensagem clara do perspectivismo indígena, é justamente a de que não se deve jamais tentar atualizar o mundo tal como exprimido nos olhos alheios.

13.
Devires do estruturalismo

Neste livro, tratou-se muito do estruturalismo; e não sem motivo. O estruturalismo lévi-straussiano deve ser compreendido como uma transformação estrutural do pensamento ameríndio: é a resultante da inflexão que este pensamento recebe ao ser filtrado por problemas e conceitos característicos da razão mítica ocidental (o mesmo e o outro, a substância e a relação, a semelhança e a diferença, o ser e o nada, o contínuo e o discreto, o sensível e o inteligível, a natureza e a cultura...), segundo um movimento de equivocação controlada, em equilíbrio instável, sempre ameaçado pela traição e pela corrosão. Retomo assim a tese anunciada no início deste ensaio (*supra*, p. 21) sobre a condição tradutiva intrínseca da antropologia, discurso conceitualmente codeterminado pelos discursos sobre os quais discorre. Se não é avisado separar a antropologia de Lévi-Strauss de suas condições de constituição no contato com a linguística de Saussure ou com a morfologia de D'Arcy Thompson, menos ainda o seria separá-la da experiência formativa do autor junto aos povos ameríndios, tanto no campo quanto nas bibliotecas. Os "alicerces ameríndios do estruturalismo", para falarmos como A.-C. Taylor, não podem ser ignorados sem que percamos com isso uma dimensão vital de compreensão da obra inteira de Lévi-Strauss. Isso não significa que a validade dos problemas e conceitos propostos por esse antropólogo se restrinja a uma "área cultural", por vasta que seja, mas todo o contrário. A obra de

Lévi-Strauss é o momento em que o pensamento ameríndio faz seu lance de dados: graças a seu grande mediador conceitual, esse pensamento ultrapassa seu próprio "contexto" e se mostra capaz de *dar a pensar a outrem*, isto é, a todo aquele que, persa ou francês, se disponha, sem mais, a simplesmente pensar.

A grande questão que se abre hoje, no processo de reavaliação da herança intelectual de Lévi-Strauss, é a de decidir se o estruturalismo é uno ou múltiplo, ou, para usarmos uma polaridade lévi-straussiana, se ele é internamente contínuo ou descontínuo. Sem deixar de concordar com os intérpretes que concordam com Lévi-Strauss, isto é, que veem sua obra como marcada por uma profunda unidade de inspiração e de método, vejo a personalidade teórica do estruturalismo e de seu autor como dividida – mas não antagônica ou opositivamente – em dois gêmeos eternamente desiguais, um herói cultural e um *trickster*, o personagem da mediação (mas que é também o instaurador do discreto e da ordem) e o contrapersonagem da separação (mas que é ao mesmo tempo o mestre do cromatismo e da desordem). Há sim dois estruturalismos, mas, como Lévi-Strauss ele mesmo mostrou, dois é sempre muitos dois.

Começamos, com efeito, a nos dar conta de que a obra de Lévi-Strauss colabora ativamente, e isso desde seus começos, com muito do que pareceria ser sua subversão futura. Tomemos por exemplo a ideia de que a antropologia estrutural utiliza "um método [...] mais de transformações que de fluxões" (ver *supra*, p. 166). Ela foi-se tornando, ao longo da obra de Lévi-Strauss, uma verdade bastante aproximativa, visto que a noção-chave de transformação foi-se transformando ela própria. Primeiro, foi ganhando precedência semântica sobre a noção de estrutura; segundo, foi assumindo uma roupagem cada vez mais analógica, mais próxima das fluxões dinâmicas que das permutações algébricas que definiam a transformação estrutural clássica. Essa transição conceitual é ela mesma cromática, feita de pequenos deslocamentos, de alguns rápidos recuos, às vezes de regressões desconcertantes, mas a direção geral é clara. O ponto de inflexão da curva situa-se, parece-me, entre o primeiro e o segundo volume das *Mitológicas*. Com efeito, uma curiosa nota em *Do mel às cinzas* é talvez o primeiro registro explícito da mudança:

> Leach nos censurou [...] por recorrermos exclusivamente a esquemas binários. Como se a noção mesma de transformação, de que fazemos um uso tão constante depois de tê-la tomado de D'Arcy Wentworth Thompson, não pertencesse inteiramente ao domínio da analogia. (Lévi-Strauss 1967: 74, n. 1)

Duas décadas mais tarde, o ponto é reafirmado pelo autor: a noção não lhe veio nem da lógica nem da linguística, mas do grande naturalista D'Arcy Thompson e, por via dele, de Goethe e de Dürer (Lévi-Strauss & Eribon [1988] 2005: 158-59). A transformação torna-se então uma operação estética e dinâmica, não mais lógica e algébrica. Com isso, a oposição entre certos paradigmas conceituais centrais da fase clássica do estruturalismo, como entre totemismo, mito e descontinuidade, por um lado, e sacrifício, rito e continuidade, por outro, torna-se bem mais fluida e instável do que o autor continuará, não obstante, afirmando em algumas passagens da fase posterior da obra, como no célebre contraste entre mito e rito do "Finale" d'*O homem nu*.

13. Devires do estruturalismo

A linha de corte passa claramente entre a álgebra finitária adequada aos conteúdos do parentesco e a forma intensiva do mito:

> O problema colocado em *As estruturas elementares do parentesco* remetia diretamente à álgebra e à teoria dos grupos de substituição. Os problemas colocados pela mitologia parecem indissociáveis das formas estéticas que os objetivam. Ora, estas formas pertencem ao mesmo tempo ao contínuo e ao descontínuo. (id. ibid.: 192)

A conclusão geral que se pode tirar é que a noção estruturalista de transformação sofreu ela própria uma dupla transformação, histórica e estrutural – na verdade, uma única transformação complexa, que a transformou em uma operação simultaneamente "histórica" e "estrutural". Essa mudança se deve em parte à influência, sobre Lévi-Strauss, das novas interpretações matemáticas disponíveis (René Thom, Jean Petitot); mas sobretudo, penso eu, à mudança do tipo de objeto privilegiado por sua antropologia. A partir de uma figura inicial de caráter principalmente algébrico-combinatório, a transformação veio se deformando e autodefasando até tornar-se uma figura com características muito mais topológicas e dinâmicas que o que ela era em sua primeira versão. As fronteiras entre permutação sintática e inovação semântica, deslocamento lógico e condensação morfogenética, tornaram-se mais tortuosas, contestadas, complicadas. A oposição entre a forma e a força (as transformações e as fluxões) perdeu seus contornos, e de certa maneira, se enfraqueceu.

Isso não significa que Lévi-Strauss ele mesmo dê grande relevo a tal mudança, nem que se demore nela, para além da reflexão supracitada a respeito dos diferentes problemas tratados pelo método estrutural. Ao contrário, sua tendência sempre foi a de sublinhar "a continuidade do programa que seguimos metodicamente desde *As estruturas elementares do parentesco*" ([1964b] 2004: 28). Continuidade – mas eis aí uma noção ambivalente como poucas, no vocabulário estruturalista...

É claro que Lévi-Strauss tem razão; seria ridículo querer corrigi-lo a respeito de si mesmo. Mas a insistência do mestre francês na unidade de inspiração de sua obra não nos dispensa de propor, como bons estruturalistas, uma leitura descontinuísta dessa obra; menos para insistir sobre rupturas ou cortes unívocos que para sugerir uma coexistência complexa ou uma superposição intensiva de "estados" do discurso estrutural.

As descontinuidades do projeto estruturalista podem ser distribuídas dentro das duas dimensões clássicas: no eixo das sucessões, segundo a ideia de que diferentes fases demarcam a obra lévi-straussiana; e no eixo das coexistências, com a ideia de que esta obra enuncia um discurso duplo, que ela descreve um duplo movimento. As duas descontinuidades coexistem na medida em que os *momentos* da obra se distinguem pela importância concedida a cada um dos dois *movimentos*, opostos contrapontisticamente ao longo de toda ela.

—

Comecemos pela diacronia, dizendo que o estruturalismo é como o totemismo: ele nunca existiu. Ou, mais precisamente, como no caso do totemismo, seu modo de existência não é o das substâncias mas o das diferenças. No caso, a diferença, várias vezes notada pelos comentadores, entre a primeira fase da obra de Lévi-Strauss, representada por *As estruturas elementares do parentesco*, e que se poderia dizer pré-estruturalista, e a segunda fase, pós-estruturalista, povoada pelas *Mitológicas* e as três monografias subsequentes, *A via das máscaras*, *A oleira ciumenta* e *História de Lince*.

Digo que a segunda fase é *pós*-estruturalista porque antes dela se inscreve o breve momento indiscutivelmente "estruturalista", representado pelos dois estudos sobre o problema totêmico, que o autor descreve como assinalando uma pausa entre *As estruturas elementares* e as *Mitológicas*. É nos livros de 1962, com efeito, que Lévi-Strauss identifica o pensamento selvagem, isto é, as condições concretas da semiose humana, a uma gigantesca e sistemática empresa de ordenamento do mundo, e promove o totemismo, antigo emblema da irracionalidade primitiva, a modelo mesmo de toda atividade racional. É a este momento da obra que o juízo maldoso de Deleuze e Guattari (1980: 289) parece se aplicar melhor: "O estruturalismo é uma grande revolução, o mundo inteiro se torna mais razoável".

> *Com efeito, seria possível dirigir a* O pensamento selvagem *uma objeção semelhante à que Deleuze levantava contra a filosofia crítica, a saber, que o campo transcendental kantiano é decalcado da forma empírica da representação, sendo construído por uma retroprojeção do condicionado sobre a condição. No caso de Lévi--Strauss, dir-se-ia que o pensamento selvagem foi "decalcado" da forma maximamente racionalizada do pensamento domesticado, a ciência ("existem dois modos diferentes de pensamento científico" [1962b: 24]), quando*

seria preciso, ao contrário, construir o conceito de um pensamento propriamente selvagem, isto é, que não se pareça em nada com sua versão domesticada (domesticada, recordemos, "com vistas a obter um rendimento" [id. ibid.: 289]).[1] *Mas um espírito mais conciliador poderia também ponderar que, com o estruturalismo, o mundo não se torna mais razoável sem que a razão não se torne outra coisa... mais mundana talvez, no sentido de mais secular, mais popular. Mas mais artista também, menos utilitária, menos rentável.*

A noção de que *As estruturas elementares do parentesco* é um livro "pré-estruturalista" deve ser entendida, por suposto, em relação às obras posteriores do próprio Lévi-Strauss, e tomada com uma boa pitada de sal. De qualquer modo, penso que antropólogos do calibre de um David Schneider ou de um Louis Dumont têm razão em classificar assim a obra de 1949, organizada como ela está em torno das duas dicotomias fundacionais das ciências humanas: Indivíduo e Sociedade, de um lado – o problema da integração e totalização sociais –, e Natureza e Cultura, do outro – o problema do instinto e da instituição humanos. O problema de Lévi-Strauss, em seu primeiro grande livro, é o problema "antropológico" por excelência, aquele da hominização: a emergência da síntese da cultura como transcendência da natureza. E "o grupo", isto é, a Sociedade, mantém-se como sujeito transcendental e causa final de todos os fenôme-

---

1. Deleuze (1974) nos lembra que, para Spinoza, a diferença "entre um cavalo de corrida e um cavalo de tiro [...] pode ser pensada talvez como maior que a diferença entre um cavalo de tiro e um boi".

nos analisados. Isso, é claro, até o último capítulo do livro, quando, como sublinha Maniglier (2005a), tudo parece subitamente se dissolver na contingência:

> As múltiplas regras que interditam ou prescrevem certos tipos de cônjuges, e a do incesto que as resume todas, se esclarecem a partir do momento em que se postula que é necessário que a sociedade exista. Mas a sociedade teria podido não existir. (Lévi-Strauss [1949] 1967: 561)

E segue-se o grandioso desenvolvimento conclusivo d'*As estruturas elementares*, onde se estabelece ao mesmo tempo que a sociedade é coextensiva ao pensamento simbólico e não sua causa antecedente ou sua razão de ser, que a sociologia do parentesco é um ramo da semiologia (toda troca é troca de signos, isto é, de perspectivas), e que toda ordem humana traz dentro de si um permanente impulso de contraordem. Esses acordes derradeiros marcam a entrada, ainda abafada, do que se poderia chamar de *segunda voz* do discurso antropológico de Lévi-Strauss, quando a sociologia do parentesco começa a abrir espaço para uma "antissociologia",[2] ou seja, para uma economia cosmopolítica – em outras palavras, para o regime do plano de imanência ameríndio que será traçado nas *Mitológicas*.

Pois é com as *Mitológicas* que a inversão na ordem das vozes se completa – ou melhor, quase se completa; não teria sido mesmo preciso ir mais longe: como Moisés e a Terra

---

2. "[É preciso] renunciar à ideia de que *As estruturas elementares do parentesco* é um grande livro de sociologia, e admitir que se trata antes de dissolver a sociologia" (Maniglier 2005b: 768).

Prometida... A noção de sociedade é desinvestida analiticamente em favor de um foco sistemático nas transformações narrativas intersocietárias; a oposição Natureza/Cultura deixa de ser uma condição antropológica universal (objetiva ou subjetiva) para se transformar em um tema mítico, interno ao pensamento indígena – tema cuja ambivalência dentro desse pensamento, aliás, só fará crescer a cada volume da série; e os objetos algebriformes chamados "estruturas" ganham contornos mais fluidos, derivando, como mencionamos, para uma noção analógica de transformação.[3] As relações que constituem as narrativas ameríndias, mais do que formar totalidades combinatórias em distribuição discreta, em variação concomitante e tensão representacional com os *realia* socioetnográficos, exibem de forma exemplar os princípios de "conexão e heterogeneidade", "multiplicidade", "ruptura assignificante" e "cartografia" que Deleuze e Guattari irão contrapor aos modelos estruturais em nome do conceito de "rizoma" – este conceito que era suposto ser o signo mesmo da antiestrutura, o grito de guerra do "pós-"estruturalismo.

O movimento da demonstração das *Mitológicas*, com efeito, é o de uma transversalidade heterogenética generalizada, onde um mito de um povo transforma um ritual de um segundo povo e uma técnica de um terceiro povo; onde a organização social de uns é a pintura corporal dos outros (como viajar da cosmologia à cosmética sem perder o rumo da política); onde os diferentes "códigos" semióticos se respondem

3. A palavra "estrutura" ela mesma é submetida a um regime de variação contínua, coabitando sem maiores *distinguos* semânticos com "esquema", "sistema", "armadura" e congêneres (ver por exemplo as legendas dos diagramas bastante inventivos que ornamentam as *Mitológicas*).

13. Devires do estruturalismo

mutuamente, mas sempre segundo defasagens, inversões e retrogressões dispostas ao longo de múltiplos eixos; e onde a redondez geométrica da terra da mitologia é constantemente perturbada por sua porosidade geológica, graças à qual as transformações parecem saltar entre pontos extremos do continente americano, surdindo aqui e ali como afloramentos vulcânicos de um oceano subterrâneo de magma.[4]

Pierre Clastres disse que o estruturalismo era "uma sociologia sem sociedade"; se isso é verdade – e Clastres o dizia como uma crítica –, então, com as *Mitológicas* temos um estruturalismo sem estrutura – e o digo como elogio. Todo aquele que se dispuser a fazer a travessia completa d'*O cru e o cozido* à *História de Lince* constatará que a mitologia ameríndia cartografada pela série não releva da árvore, mas do rizoma: ela é uma gigantesca teia sem centro nem origem, um mega-agenciamento coletivo e imemorial de enunciação disposto em um "hiperespaço" (Lévi-Strauss [1968] 2006: 93) incessantemente atravessado por "fluxos semióticos, fluxos materiais e fluxos sociais" (D. & G. 1980: 33-34); uma rede rizomática percorrida por diversas linhas de estruturação, mas que é, em sua multiplicidade "in-terminável" e sua radical contingência histórica, irredutível a uma lei unificadora e irrepresentável por uma estrutura arborescente. Existem inúmeras estruturas *nos* mitos ameríndios, mas não há uma estrutura *do* mito ameríndio – não há estruturas elementares da mitologia.

---

4. Um dos paradoxos mais interessantes do sistema mítico panamericano é a combinação entre uma densa conectividade metonímica da rede transformacional e a presença de "efeitos de ação à distância", como os que fazem as narrativas de povos do Brasil Central reaparecerem entre as tribos do Oregon e de Washington.

A mitologia ameríndia, enfim, é uma multiplicidade aberta, uma multiplicidade a n-1, ou diríamos melhor a "M-1", em homenagem ao mito de referência, M_I, o mito bororo que, como logo se constatava em *O cru e o cozido*, era apenas uma versão *invertida* e *enfraquecida* dos mitos jê que o seguiam (M_7–M_{12}). O mito "de referência" é um mito qualquer, um mito "sem referências" – como todo mito. Pois todo mito é uma versão de um *outro* mito, todo outro mito abre para um terceiro e um quarto mitos, e os n-1 mitos da América indígena não exprimem uma origem nem apontam um destino: não têm referência. Discurso sobre as origens, o mito é precisamente o que se furta a uma origem. O "mito" da *referência* cede lugar ao sentido do mito, ao mito como máquina de sentido: um instrumento para converter um código em outro, projetar um problema sobre um problema análogo, fazer circular a referência, contraefetuar anagramaticamente o sentido.

Falou-se muito também de tradução neste livro. A primeira aproximação ao conceito de mito ensaiada por Lévi--Strauss destacava sua tradutibilidade integral: "Poderíamos definir o mito como aquele modo do discurso em que o valor da fórmula *traduttore, traditore* tende praticamente a zero" (Lévi-Strauss [1955b] 1958: 232). Em *O homem nu*, a definição é estendida do plano semântico ao plano pragmático; aprendemos então que mais que apenas *traduzível*, o mito é ele mesmo *tradução*:

> Todo mito é por natureza uma tradução [...]. Todo mito é ao mesmo tempo primitivo em relação a si mesmo e derivado em relação a outros mitos; ele se situa não *dentro* de uma língua e *dentro* de uma cultura ou subcultura, mas no ponto

de articulação destas com outras línguas e outras culturas. O mito não é jamais *de sua própria língua*, ele é uma perspectiva sobre uma *língua outra*. (id. 1971: 576-77)

Mikhail Bakhtin em Lévi-Strauss?... Como o generalizará tão caracteristicamente o autor dual de *Mil platôs*, "se há linguagem, é antes entre aqueles que não falam a mesma língua. A linguagem é feita para isso, para a tradução, não para a comunicação" (D. & G. 1980: 536).

Ora, a definição perspectivista do mito proposta na passagem acima d'*O homem nu* torna-o contíguo à definição da antropologia ela mesma, tal como Lévi-Strauss propunha já em 1954: a antropologia como "ciência social do observado". Sabemos também que as *Mitológicas* são "o mito da mitologia". Essas duas definições são convergentes; na verdade, são uma só. *O discurso da mitologia estrutural estabelece as condições de toda antropologia possível.* Toda antropologia é uma transformação das antropologias que são seu objeto, situadas *todas*, desde sempre, no "ponto de articulação de uma cultura com outras culturas". O que permite passar de um mito a outro, e de uma cultura a outra, é de mesma natureza que o que permite passar dos mitos à ciência dos mitos, e da cultura à ciência da cultura.[5] Transversalidade e simetria. Abre-se com isso uma conexão inesperada entre o projeto das *Mitológicas* e o princípio de simetria generalizada de Bruno Latour e Isabelle Stengers.

Se o mito é tradução, é porque ele *não é*, sobretudo, representação, pois uma tradução não é uma representação, mas uma *transformação*. "Uma máscara não é aquilo que

5. Generalizo aqui um argumento crucial de Maniglier (2000).

ela representa, mas sobretudo aquilo que ela transforma, isto é, que ela escolheu *não* representar" (Lévi-Strauss 1979: 144).[6] O que dá ao metaobjeto que são as *Mitológicas* um caráter propriamente holográfico, como o rizoma mítico com o qual ele faz rizoma, e que contém em cada mito uma imagem reduzida do sistema mítico panamericano (o "mito único"). "É justamente porque a estrutura é rigorosamente definida como um sistema de transformação, que ela não pode ser representada sem fazer de sua representação uma parte de si mesma" (Maniglier 2000: 238). Isso nos encaminha para uma reconcepção de estrutura como "transformalista", ou melhor, *transformacionalista* – ou seja, nem formalista *à la* Propp, nem transformacional *à la* Chomsky:

> Uma estrutura está sempre entre dois: entre duas variantes, entre duas sequências de um mesmo mito, ou mesmo entre dois níveis dentro de um mesmo texto. [...] A unidade da estrutura não é a de uma forma que se repetiria identicamente em uma e outra variante, mas a de uma matriz que permite mostrar em que uma variante é uma transformação real da outra. [...] A estrutura é rigorosamente coextensiva a suas atualizações. Eis por que Lévi-Strauss insiste na diferença entre o estruturalismo e o formalismo, que se tende obstinadamente a negligenciar. (id. ibid.: 234-35)[7]

6. A aproximação entre mito e música que marca as *Mitológicas* teria assim como razão última o caráter fundamentalmente não representativo de ambas estas práticas semióticas.

7. Eis por que também a busca de uma "estrutura do mito" enquanto objeto sintagmático fechado é um perfeito contrassenso. Como ressalta dessa observação de Maniglier, e ainda mais enfaticamente da demonstração de Almeida (2008), a transformação estrutural por excelência, a fórmula canônica do mito, não permite definir a "estrutura interna" de um mito – pois não existe tal coisa

Um estruturalismo sem estruturas? Pelo menos, um estruturalismo transformado por uma outra noção de estrutura, mais parecida com o rizoma de *Mil platôs* que com aquela estrutura a que o conceito de rizoma pretendia se contrapor; noção outra que, na verdade, sempre esteve presente na obra de Lévi-Strauss. Ou talvez se deva dizer que há dois usos diferentes do conceito de estrutura nessa obra: como princípio transcendental de unificação, lei formal de invariância; e como operador de divergência, modulador de variação contínua (variação de variação). A estrutura como combinatória gramatical fechada e como multiplicidade diferencial aberta.

Seria preciso fazer um estudo minucioso do que se poderia chamar de "dialética da abertura e do fechamento analítico" nas *Mitológicas*, tomando de empréstimo um motivo onipresente na série. Se Lévi-Strauss crê reconhecer, na mitologia ameríndia, uma versão da problemática antropológica da Natureza e da Cultura, poder-se-ia constatar, em contrapartida, que a dialética da abertura e do fechamento que ele viu nos mitos também opera no plano metamitológico da antropologia. Pois se as *Mitológicas* são um "mito da mitologia", então elas devem conter os temas desenvolvidos nos mitos de que elas são uma transformação estrutural, isto é, uma transformação que permita transitar do conteúdo à forma e reciprocamente.

("o princípio permanece o mesmo": ver a passagem decisiva em Lévi-Strauss [1964b] 2004: 351). Um mito não se distingue de suas versões, a composição "interna" de uma narrativa é de mesma natureza que suas transformações "externas". A ideia de "um mesmo mito" é puramente operacional, provisória. O que se passa dentro de um mito é o que permite passar de um mito a um outro. *Todo mito* é "em forma de garrafa de Klein" (Lévi-Strauss 1985: 209-ss).

Já vimos como Lévi-Strauss assinala inúmeras vezes que os mitos que ele está analisando formam "um grupo fechado".[8] A ideia de *clôture*, fechamento, parece por vezes consubstancial à análise estrutural: para Lévi-Strauss, é preciso demonstrar que o "grupo se fecha", que se voltou ao estado inicial de uma cadeia de mitos por uma última transformação; que, na verdade, o grupo se fecha sobre diversos eixos. Essa insistência está ligada ao tema da necessária redundância da linguagem mítica, condição do estabelecimento de uma "gramática" da mitologia, como às vezes o autor se compraz em conceber sua empresa; e sabe-se a antipatia que ele vota à noção de "obra aberta".

Acontece, porém, que a multiplicação das demonstrações de fechamento produz a impressão aparentemente paradoxal de um número teoricamente indefinido, isto é, aberto, de estruturas fechadas. As estruturas se fecham, mas o número de estruturas, e de vias por onde fechá-las, é aberto – não há uma estrutura de estruturas, no sentido de um nível final de totalização estrutural, nem uma determinação *a priori* dos eixos semânticos (os códigos) mobilizados em estrutura.[9] Todo "grupo" de mitos termina por se revelar situado na intersecção de um número indeterminado de outros grupos; e dentro de cada grupo, cada "mito" é igualmente uma interconexão; e dentro de cada mito... Os gru-

---

8. O tema é especialmente insistente no "Para o acorde" de *Do mel às cinzas* e no capítulo sobre o "mito único" d'*O homem nu*, mas aparece um pouco em toda parte.
9. A inexistência de uma metaestrutura é assinalada desde a "Introdução à obra de Marcel Mauss" e de "A noção de estrutura em etnologia". Sobre a indeterminação de princípio dos eixos semânticos de um sistema mítico, recordar a máxima d'*O pensamento selvagem* segundo a qual "o princípio de uma classificação jamais se postula" (Lévi-Strauss 1962b: 79).

13. Devires do estruturalismo

pos devem poder se fechar (*clore*); mas o analista não pode se deixar encerrar (*enfermer*) dentro deles:

> O próprio de todo mito ou grupo de mitos é de proibir que nos encerremos nele: sempre chega um momento, no decorrer da análise, em que um problema se coloca cuja resolução obriga a sair do círculo que a análise havia traçado. (Lévi-Strauss 1971: 538)[10]

Além disso e sobretudo, a importância concedida ao imperativo de fechamento é drasticamente relativizada por diversas passagens da obra que, em sentido inverso, sublinham a interminabilidade da análise, a marcha em espiral das transformações, o desequilíbrio dinâmico, a dissimetria, a cooptação lateral de estruturas, a pluralidade dos níveis, as dimensões suplementares, a multiplicidade e diversidade dos eixos necessários para se ordenar os mitos... A senha conceitual é *"desequilíbrio"*:

> O desequilíbrio é sempre dado. (id. [1967] 2004: 241)

> Longe de estar isolada das outras, cada estrutura contém um desequilíbrio que não pode ser compensado sem apelar para um termo tomado de empréstimo de uma estrutura adjacente. (id. [1968] 2006: 322)

> Mesmo quando a estrutura muda ou se enriquece para superar um desequilíbrio, é invariavelmente às custas de um novo desequilíbrio que surge em outro plano [...] a estrutura deve

10. Notar como Lévi-Strauss fala indiferentemente em "mito" e "grupo de mitos".

> a uma inelutável dissimetria o poder de gerar o mito, que não é senão o esforço para corrigir ou dissimular essa dissimetria constitutiva. (id. ibid.: 442)

> Como na América do Sul (ver [1967] 2004: 241-42 *supra*), portanto, manifesta-se um desequilíbrio dinâmico no seio do grupo das transformações [...]. (id. [1971] 2011: 96)

Esse desequilíbrio não é uma simples propriedade formal que responde pela transformabilidade e tradutibilidade dos mitos, mas, como logo veremos, um elemento fundamental de seu conteúdo. Os mitos, pensando-se entre si, pensam *por meio* desse desequilíbrio – e *o que* eles pensam é esse desequilíbrio ele próprio, a disparidade em que consiste "o ser do mundo" (id. ibid.: 539). Os mitos contêm sua própria mitologia, ou teoria "imanente" (id. [1964b] 2004: 31), a teoria que afirma uma

> assimetria primeira, que se manifesta diversamente conforme a perspectiva em que nos colocamos para apreendê-la: entre o alto e o baixo, o céu e a terra, a terra firme e a água, o perto e o longe, a esquerda e a direita, o macho e a fêmea etc. Inerente ao real, essa disparidade põe a especulação mítica em movimento; mas isso é assim porque ela condiciona, antes mesmo do pensamento, a existência de todo objeto de pensamento. (id. 1971: 539)

—

O desequilíbrio perpétuo atravessa o mito, o mito da mitologia, para repercutir sobre todo o estruturalismo. Já vimos como essa dualidade entre estrutura enquanto combinatória gramatical fechada e enquanto multiplicidade diferencial aberta se mostra mesmo na fase tardia da obra. Ela, na verdade, atravessa a obra inteira; é o peso relativo de cada uma dessas concepções que mudará: a primeira delas predomina n'*As estruturas elementares*, a segunda predomina nas *Mitológicas*.

Voltemos um passo atrás, ou antes, combinemos esse passo diacrônico com a descontinuidade sincrônica de que falávamos mais acima. Desde muito cedo, a obra de Lévi-Strauss contém um importante subtexto ou contratexto pós-estruturalista. (Se Lévi-Strauss não é o último pré-estruturalista – longe disso, *hélas* –, ele chegou entretanto muito perto de ser o primeiro pós-estruturalista.) A suposta predileção do estruturalismo por oposições simétricas, equipolentes, duais, discretas e reversíveis (como as do esquema totêmico clássico), é desmentida não só pela crítica, ainda hoje surpreendente, ao conceito de organização dualista feita no artigo de 1956 – que postula o ternarismo, a assimetria e a continuidade como anteriores ao binarismo, à simetria e à descontinuidade – como, mais ainda, pela igualmente antiga e ainda mais desconcertante "fórmula canônica do mito", que pode ser tudo, salvo simétrica e reversível. Além disso, é digno de nota que Lévi-Strauss encerre as duas fases das *Mitológicas* (o "Finale" de *O homem nu* e o livro *História de Lince*) com ponderações sobre os limites do vocabulário da lógica extensional para dar conta das transformações que ocorrem em/entre os mitos (id. 1971: 567-68; 1991: 249).

Sobretudo, decerto não é por acaso que os dois últimos livros mitológicos de Lévi-Strauss sejam construídos como desenvolvimentos precisamente dessas duas figuras do dualismo instável: *A oleira ciumenta* é uma ilustração sistemática da fórmula canônica, ao passo que a *História de Lince* concentra-se na instabilidade dinâmica – o "desequilíbrio perpétuo", expressão que fez sua primeira aparição em *As estruturas elementares* para descrever o casamento avuncular dos Tupi –[11] das dualidades cosmossociológicas ameríndias. Isso me faz supor que estamos diante de uma mesma intuição inaugural de Lévi-Strauss (uma mesma estrutura virtual, se quiserem), da qual a fórmula canônica, que pré--desconstrói o analogismo totêmico do tipo A:B::C:D, e o dualismo dinâmico, que corrói a paridade estática das oposições binárias, seriam apenas duas expressões (ou atualizações) privilegiadas. Haveria talvez outras. Há talvez "muitas luas mortas, ou pálidas, ou obscuras" no firmamento das estruturas, um outro firmamento talvez, menos firme, mais movediço, mais ondulatório ou vibratório, um firmamento hipoestrutural, que pede um estruturalismo por assim dizer subquântico. De qualquer forma, os antropólogos sempre praticaram a teoria das cordas – quero dizer, das relações.

Antes de mais nada, a fórmula canônica, esse monumento retorcido de perversidade matemática. Com a fórmula canônica, em lugar de uma oposição simples entre metáfora totêmica e metonímia sacrificial, instalamo-nos de saída na equivalência entre uma relação metafórica e uma relação metonímica, com a torção que faz passar de uma metáfora a uma metonímia ou vice-versa (id. 1967: 211): a "dupla torção", a "torção supranumerária", que na verdade não é outra coisa que a transformação estrutural, pura e simples (ou antes, híbrida e complexa): a "rela-

---

11. Por outra coincidência que talvez não seja uma, provém dos Tupinambá (praticantes da união avuncular), como já registramos, o mito que introduz o tema do dualismo em desequilíbrio perpétuo em *História de Lince*, a célebre narrativa coletada por Thevet c. 1554 ([1575] 1953) no Rio de Janeiro.

ção desequilibrada... [que é] uma propriedade inerente às transformações míticas" (id. 1984: 13). A conversão assimétrica entre o sentido literal e figurado, o termo e a função, o continente e o conteúdo, o contínuo e o descontínuo, o sistema e seu exterior – estes são os temas que atravessam todas as análises lévi-straussianas da mitologia, e vão além dela (id. 2001). Demoramo-nos nas páginas anteriores sobre o conceito deleuziano de devir, sem saber na verdade muito bem aonde ele nos poderia levar, se o fizéssemos colidir (transversalmente) com o aparelho nocional do estruturalismo clássico. Começamos agora a suspeitar que a "fórmula canônica do mito" é uma tradução aproximada – feita em uma língua estrangeira, com um estranho sotaque ou inflexão, quase uma dimensão suprassegmental do discurso teórico lévi-straussiano –, ou melhor, uma antecipação premonitória da generalidade desse movimento paradoxal que Deleuze chamará de devir. *O devir é uma dupla torção.*

Em seguida, o "dualismo em desequílibrio dinâmico" ou "em desequilíbrio perpétuo", que constitui o *leitmotiv* de *História de Lince*. Vemos nele o movimento conceitual por meio do qual o mito ameríndio acede ao que se poderia chamar seu momento propriamente especulativo. Lévi-Strauss, com efeito, mostra como o desequilíbrio torna-se conteúdo do discurso mítico, ou por outras palavras, como um desequilíbrio que era *condição* se torna um desequilíbrio que é *tema*, um esquema inconsciente que se torna uma "inspiração profunda":

Qual é, efetivamente, a inspiração profunda desses mitos? [...] Eles representam a organização progressiva do mundo e da sociedade sob a forma de uma série de bipartições; mas sem que entre as partes resultantes em cada etapa apareça jamais uma verdadeira igualdade. [...] Deste desequilíbrio dinâmico depende o bom funcionamento do sistema que, sem isso, estaria perpetuamente ameaçado de cair em um estado de inércia. O que proclamam implicitamente esses mitos é que os polos entre os quais se ordenam os fenômenos naturais e a vida social: céu e terra, alto e baixo, perto e longe, índios e não-índios, concidadãos e estrangeiros etc., jamais poderão ser gêmeos. O espírito se esforça por emparelhá-los sem entretanto conseguir estabelecer entre eles uma paridade. Pois são estes afastamentos diferenciais em cascata, tais como os concebe o pensamento mítico, que põem em marcha a máquina do mundo. (1991: 90-91)

Os mitos, pensando-se entre si, pensam-se a si mesmos enquanto tais, em um movimento que, se ele "reflete" – isto é, se autotransforma – corretamente, não poderá escapar ao desequilíbrio sobre o qual reflete. A dualidade imperfeita em torno da qual gira a última grande análise mitológica de Lévi-Strauss, a gemelaridade que é "a chave de todo o sistema", é a expressão acabada dessa assimetria autopropulsiva. Enfim, compreendemos pelo desequilíbrio dinâmico de *História de Lince* que a verdadeira dualidade que interessa ao estruturalismo não é o combate dialético entre Natureza e Cultura, mas a diferença intensiva e interminável entre gêmeos desiguais. Os gêmeos de *História de Lince* são a chave, a cifra e a senha da mitologia e da sociologia ameríndias. A cifra: a disparidade fundamental da díade, a oposição como limite inferior da diferença, o dois como caso particular do múltiplo.

13. Devires do estruturalismo

Patrice Maniglier observou, a respeito da diferença entre as duas fases do projeto estruturalista, que:

> Se o primeiro momento da obra de Lévi-Strauss parece se caracterizar por uma intensa interrogação sobre o problema da passagem da natureza à cultura, e sobre a descontinuidade entre essas duas ordens que, só ela, lhe parecia garantir a especificidade da antropologia social contra a antropologia física, o segundo momento é não menos intensamente caracterizado por uma denúncia obstinada, por parte de Lévi-Strauss, da constituição da humanidade como uma ordem à parte. (2000: 7)[12]

E com efeito, considere-se o último parágrafo d'*As estruturas elementares*, já evocado neste ensaio (*supra*, p. 144), onde o autor observa que a felicidade completa, "eternamente negada ao homem social", é aquela que consiste em "viver *entre si*". Compare-se essa constatação, finalmente tão freudiana, com um outro passo muito citado (*supra*, p. 56) da obra de Lévi-Strauss, onde o antropólogo define o mito como sendo "uma história do tempo em que os homens e os animais ainda não eram diferentes. Essa definição me parece muito profunda".[13] O autor acrescenta que a humanidade jamais conseguiu se resignar diante da falta de acesso comunicativo às outras espécies do planeta. Ora, a nostalgia de uma comunicação originária entre todas as espécies (a continuidade interespecífica) não é exatamente a mesma coisa que aquela nostalgia da vida "entre si" responsável pela fantasia

12. Ver, no mesmo sentido, o livro capital de Schrempp (1992).
13. Lévi-Strauss & Eribon 1988: 193.

do incesto póstumo (a descontinuidade intraespecífica). Muito ao contrário, eu diria: mudou a ênfase, e o sentido, do que Lévi-Strauss entende como sendo o *contradiscurso* humano. Em outras palavras, o segundo nível do discurso antropológico do estruturalismo sobe à superfície.

A discordância ou tensão criativa entre os "dois estruturalismos" contidos na obra de Lévi-Strauss é internalizada de modo especialmente complexo nas *Mitológicas*. Vimos acima que Lévi-Strauss contrastava a álgebra do parentesco d'*As estruturas elementares*, que estaria inteiramente do lado do discreto, com a dialética mítica entre contínuo e descontínuo. Essa diferença não é puramente formal. Pois não é apenas a forma estética da mitologia ameríndia que se mostra um misto de contínuo e descontínuo, mas seu conteúdo filosófico igualmente – e de resto, como poderia um verdadeiro estruturalista separar forma de conteúdo?

Por isso, é forçoso concluir que as *Mitológicas* são um pouco mais que uma empresa centrada no "estudo das representações míticas da passagem da natureza à cultura", que é como o autor descreve modestamente sua empresa em *Minhas palavras* (Lévi-Strauss 1984). Pois é à medida que elas vão sendo escritas que seu autor começa, por seu lado, a contestar a pertinência de um contraste radical entre Natureza e Cultura, como observa Maniglier. Seria então um pouco absurdo imaginar que Lévi-Strauss transferisse para os índios a mesma insensatez que ia diagnosticando como a tara fatal do Ocidente. E com efeito, as *Mitológicas*, longe de descreverem uma passagem clara e unívoca entre Natureza e Cultura, obrigaram seu autor a cartografar um labirinto de caminhos tortuosos e equívocos, vias transversas, becos estreitos, impasses obscuros, rios que correm nos dois sentidos ao mesmo tempo... A passagem de mão única ente Natureza e Cultura não passa, em certo sentido, da primeira metade do primeiro livro da tetralogia. Dali para frente, os setes livros da série completa mostram-se fascinados pelas "mitologias da ambiguidade" (*Do mel às cinzas*), pelas "mitologias das fluxões" (*A origem dos modos à mesa*), pelos percursos regressivos e as marchas retrógradas da Cultura à Natureza, as zonas de compenetração entre essas duas ordens, os pequenos intervalos, as periodicidades curtas, as repetições rapsódicas, os modelos analógicos, as deformações contínuas, os desequilíbrios perpétuos, os dualismos que se desdobram em semitriadismos e explodem inesperadamente em uma multiplicidade de eixos transversais de transformação... O mel e a sedução sexual, o cromatismo e o veneno, a lua e a androginia, a algazarra e o fedor, os eclipses e a garrafa de Klein, os triângulos culinários que vistos de perto se transformam em curvas de Koch, isto é, fractais infinitamente complexas... Dir-se-ia que o conteúdo da mitologia ameríndia consiste em uma negação do próprio impulso gerador do mito, na medida em que essa mitologia pensa ativamente, e contempla nostalgicamente, um contínuo cuja negação é, no entender de Lévi-Strauss, a condição fundamental do pensamento. Se a mitologia ameríndia possui, como afirma várias vezes Lévi-Strauss, um anverso e um reverso, um sentido progressivo e outro regressivo, é também porque estes são os dois sentidos ou direções do discurso estruturalista ele próprio (ou vice-versa). A polêmica distinção entre mito e ritual do "Finale" d'*O homem nu* revela-se, no final das contas, como tendo sido recursivamente interiorizada: o grande mito tupi de *História de Lince* descreve um movimento idêntico ao que define a essência de todo rito (rito, não mito, note-se bem), o cascatear de oposições de escopo decrescente, sua convergência assintótica em um esforço "desesperado" para captar a assimetria última do real. Como se o único mito que funcionasse realmente como um mito lévi-straussiano fosse o "mito da mitologia", isto é, as *Mitológicas* elas mesmas. Ou não; elas tampouco. Esse é certamente um problema a ser retomado.

Chamo a atenção, aqui, para um parágrafo situado já no apagar das luzes d'*O homem nu*. A propósito de um mito norte-americano sobre a conquista do fogo celeste, que envolve o uso de uma escada de flechas que se parte e rompe a comunicação entre o céu e a terra, o autor observa – o mesmo autor, recordemos, que começava *O cru e o cozido* com um elogio do discreto, do enriquecimento lógico efetuado pelo empobrecimento dos contínuos fenomenológicos primordiais – agora, repito, o autor observa e conclui:

> Não se deve esquecer que esses atos não-reversíveis de mediação acarretam pesadas contrapartidas: empobrecimento quantitativo da ordem natural – na duração, pelo termo exíguo atribuído à vida humana; no espaço, pela diminuição do número de espécies animais após sua desastrosa incursão celeste – e também empobrecimento qualitativo, visto que, por ter conquistado o fogo, o Pica-Pau perde a maior parte de sua veste de plumas rubras (M_{729}), e que se, em troca, o Melro adquire um peitoral vermelho, é sob a forma de uma lesão anatômica subsequente ao seu fracasso no decorrer da mesma missão. Seja por destruição de uma harmonia primitiva, seja pela introdução de afastamentos diferenciais que a alteram, o acesso da humanidade à cultura se acompanha, no plano da

natureza, de uma espécie de degradação que a faz passar do contínuo ao discreto. (id. [1971] 2011: 484)

Esse é um daqueles trechos meio perdidos na selva das *Mitológicas* que percebemos subitamente cruciais, quando a ambiguidade entre os dois discursos do estruturalismo, aquele da hominização triunfante d'*As estruturas elementares* e aquele da denúncia da autosseparação da humanidade é "interiorizada" analiticamente e posta na conta de uma reflexão imanente ao mito. São os mitos que contam as duas histórias, e a marcha regressiva não é tão negativa assim, ou pelo menos não mais apenas negativa: a gênese da cultura é degenerativa? E nesse caso, a marcha regressiva é regenerativa? Impossível, entretanto? Imaginária, simplesmente? Ou pior? Pois há momentos em que a nostalgia do contínuo aparece para Lévi-Strauss como sintoma de uma doença real provocada pela proliferação descontrolada do descontínuo no Ocidente, dir-se-ia, e não apenas como mera fantasia ou liberdade imaginária. O aquecimento global da história, o fim das histórias frias, é o fim da Natureza.

Seja como for, se a mitologia ameríndia possui, como afirma várias vezes Lévi-Strauss, um direito e um avesso, um sentido progressivo (totêmico) e outro regressivo (sacrificial, portanto) – os dois sentidos ou direções do discurso estruturalista ele próprio –, então o xamanismo e o perspectivismo amazônicos pertencem inequivocamente ao avesso, o mundo reverso do sentido regressivo. O complexo civilizatório da origem do fogo de cozinha, recordemos, supõe os esquemas: disjunção céu/terra; instauração das periodicidades sazonais; diferenciação das espécies naturais. Mas o xamanismo perspectivista opera no elemento inverso e regressivo: o elemento do cromatismo crepuscular céu-terra (viagem xamânica), do fundo universalmente humano de todos os seres, e de uma tecnologia das drogas que embaralha radicalmente a distinção entre natureza e cultura, ao definir uma província da "sobrenatureza", isto é, da natureza pensada enquanto cultura – a Sobrenatureza, o conceito crucialmente escasso nas *Mitológicas*. Progressão e regressão: lembremos da definição irônica, anti--sartreana (id. 1962b: cap. ix) do método estrutural como "método duplamente progressivo-regressivo". Método praticado, aliás, com afinco pelos mitos.[14] Contra o mito do método, o método do mito.

—

Por fim, muito se falou do corpo neste livro. Na verdade, a fase final da obra de Lévi-Strauss é o teatro de uma luta cerrada entre a unidade do espírito humano e a multiplicidade do corpo indígena. O espírito começa com nítida vantagem, na "Abertura" d'*O cru e o cozido*; mas o corpo vai progressivamente dominando a luta, até ganhá-la inequivocamente, ainda que por pontos – por um pequeno *clinamen* que se acentua nitidamente nos *rounds* finais, com *História de Lince*. A psicologia do espírito humano cedeu seu lugar a uma contrassociologia dos corpos indígenas.

E é assim que se realiza, no final do percurso da mitologia estrutural de Lévi-Strauss, precisamente quando dá a im-

14. Veja-se *Do mel às cinzas*: "Em relação ao mito ofaié sobre a origem do mel [...] colocamos em evidência um procedimento progressivo-regressivo e agora vemos que este pertence ao conjunto dos mitos considerados até o momento" (Lévi-Strauss [1967] 2004: 141).

pressão de ter restringido suas ambições a dimensões mais modestas,[15] o que se poderia dizer o destino mais elevado desta empresa teórica: o de restituir o pensamento dos outros em seus próprios termos, praticar aquela "abertura ao Outro" que, em uma impressionante reviravolta, a antropologia descobre ser a atitude que caracteriza esses outros que ela estuda muito mais que nós mesmos, esses outros que antes ela se comprazia em imaginar encerrados em seu intemporal casulo etnocêntrico. A mensagem final de *História de Lince* é que o outro dos outros *é também* Outro: que não há lugar para um "nós" senão o já determinado pela alteridade. E a conclusão mais geral a tirar é que a antropologia não dispõe de outra posição possível que a do estabelecimento de uma coplanaridade de princípio com o pensamento selvagem, o traçar de um plano de imanência comum a seu objeto. Ao definir as *Mitológicas* como o mito da mitologia e o conhecimento antropológico como uma transformação da práxis indígena, a antropologia lévi-straussiana projeta uma "filosofia por vir": *O Anti-Narciso*.

—

No último quarto do século passado, a chamada teoria estruturalista da aliança de casamento, que dominara a cena nos anos 1960, veio a conhecer um crescente desfavor crítico. *O Anti-Édipo* foi um elemento decisivo nesse deslocamento, na medida que exprimiu em uma linguagem parti-

15. *História de Lince* desemboca em seu último capítulo na "ideologia bipartida dos ameríndios" antes que em quaisquer "estruturas elementares da mitologia", explicitamente rejeitadas porque inúteis e vazias.

cularmente vigorosa e eficaz a recusa intransigente de toda concepção *"troquista"* do *socius*. Mas, se é inegável que essa atitude persiste em *Mil platôs*, os termos do problema mudam radicalmente ali. Em *O Anti-Édipo*, a troca era afastada em favor da produção enquanto modelo geral da ação, e a circulação (à qual Deleuze e Guattari assimilavam unilateralmente a troca no sentido de Mauss) se subordinava à inscrição.[16] No *Mil platôs*, como vimos, a produção abre espaço para uma outra relação não representativa, o devir. Se a produção é inerentemente filiativa, o devir mostra uma afinidade com a aliança. O que se passa então com a posição antitroquista, quando se passa da produção ao devir?

É sabido, ainda que muitas vezes convenientemente esquecido, que a produção d'*O Anti-Édipo* não é *exatamente* idêntica ao conceito marxista homônimo. A "produção desejante" de Deleuze e Guattari não deve ser confundida com a "produção necessitada" hegeliano-marxista, dominada pelas noções de falta e de necessidade (1972: 33-ss). A diferença é várias vezes sublinhada: "Nosso problema nunca foi o de uma volta a Marx; ele é muito mais o de um esquecimento, o esquecimento de Marx inclusive. Mas, no esquecimento, pequenos fragmentos sobrenadam" (Deleuze 1973). Acrescente-se que a produção desejante fluente d'*O Anti-Édipo* distingue-se mal de um processo de circulação generalizada; como Lyotard provocativamente sugeriu (1977: 15), "esta configuração do Kapital, a circulação de fluxos, se impõe pela predominância do ponto de vista da circulação sobre o da produção".

---

16. *O Anti-Édipo* repete o clichê histórico-materialista dos anos 1970 sobre uma suposta "redução da reprodução social à esfera da circulação" que oneraria a etnologia de corte maussiano e estruturalista (D. & G. 1972: 222).

A concepção finitista (ou, poderíamos dizer, "finitiva" por oposição a infinitiva) e necessitarista de produção tem ampla liquidez nos círculos antropológicos; é em seu nome e de seus acessórios – dominação, falsa consciência, ideologia – que as posições "troquistas" são, via de regra, criticadas dentro da antropologia. Mas se é desejável, e mesmo necessário, fazer essa distinção entre a produção necessitada da economia política e a produção desejante da economia maquínica, a produção-trabalho e a produção-funcionamento, pode-se argumentar por analogia que seria igualmente interessante distinguirmos entre uma aliança-estrutura e uma aliança-devir, uma troca-contrato e uma troca-metamorfose. Essa distinção permitiria isolar e descartar a concepção contratualista da aliança, ao jogar com a homonímia deliberadamente equívoca entre a aliança intensiva das sociocosmologias amazônicas (por exemplo) e a aliança extensiva das teorias clássicas, estruturalismo inclusive, do parentesco. Naturalmente, em ambos os casos a homonímia é um pouco mais que isso, visto que há uma filiação, mesmo se monstruosa antes que reprodutiva, entre os pares de conceitos respectivamente implicados. A produção d'*O Anti-Édipo* deve muito à produção da economia política, ainda que a subverta. Semelhantemente, a aliança potencial amazônica existe em filigrana ou em contraluz (por assim dizer, virtualmente) na obra lévi-straussiana, cujo potencial antiedipiano, e assim (auto)subversivo precisa ser trazido à superfície.

O problema é, em última análise, o de se imaginar – construir – um conceito não-contratualista e não-dialético de troca: nem interesse racional, nem síntese *a priori* do dom; nem teleologia inconsciente, nem trabalho do significante; nem *fitness* inclusiva, nem desejo do desejo do Outro;

nem contrato, nem conflito – mas um modo de devir-outro.[17] A aliança é o modo de devir-outro próprio ao parentesco.

A lateralidade maquínica e rizomática da aliança está finalmente muito mais próxima da filosofia deleuziana que a verticalidade orgânica e arborescente da filiação. O desafio, então, é o de se retirar a aliança do controle gerencial da (e pela) filiação, liberando assim suas potências "monstruosas", isto é, criativas. No que concerne à noção-gêmea da noção de aliança, a noção de troca, penso que hoje está claro que ela jamais foi realmente posta como o outro da produção, não obstante o dogma corrente. Ao contrário, a troca sempre foi tratada pela antropologia como a forma mais eminente de produção: produção da Sociedade, justamente. A questão portanto não é a de revelar a verdade nua da produção por debaixo do véu hipócrita da troca e da reciprocidade, mas, antes, a de libertar estes conceitos de suas funções equívocas dentro da máquina da produção filiativa e subjetivante, devolvendo-as a seu elemento (contra)natural, o elemento do devir. A troca, ou a circulação infinita de perspectivas – troca de troca, metamorfose de metamorfose, ponto de vista sobre ponto de vista, isto é: devir.

Duplo movimento, portanto, para uma dupla herança que repousa antes de tudo numa aliança monstruosa, núpcias contranatureza: Lévi-Strauss com Deleuze. Esses nomes próprios são intensidades e é por elas que passa, na reserva virtual em que o deixamos, em que o colocamos, *O Anti-Narciso*.

---

17. Se "a expressão 'diferença de intensidade' é uma tautologia" (Deleuze 1968: 287), então "devir-outro" é uma outra, ou talvez a mesma, tautologia.

Bibliografia

AGAMBEN, Giorgio

[2002] 2013. *O aberto: o homem e o animal*, trad. Pedro Mendes, rev. técnica Joel Birman. Rio de Janeiro: Civilização Brasileira.

ALBERT, Bruce

1985. *Temps du Sang, temps des cendres: Représentation de la maladie, système rituel et espace politique chez les Yanomami du Sud-Est (Amazonie brésilienne)*. Tese de doutoramento, Université de Paris X.

ALMEIDA, Mauro William Barbosa de

2008. "A fórmula canônica do mito", in Ruben Caixeta de Queiroz & Renarde Freire Nobre (orgs.). *Lévi-Strauss: Leituras brasileiras*. Belo Horizonte: Editora da UFMG, pp. 147-82.

ANDRADE, Oswald de

1928. "Manifesto antropófago". *Revista de Antropofagia*, ano I, n. I, São Paulo, maio, p. 7.

ANDRELLO, Geraldo

2006. *Cidade do índio: Transformações e cotidiano em Iauaretê*. São Paulo: Edunesp/ISA/NUTI.

ÅRHEM, Kaj

1993. "Ecosofia makuna", in François Correa (org.). *La selva humanizada: Ecología alternativa en el trópico húmedo colombiano*. Bogotá: Instituto Colombiano de Antropología/Fondo FEN Colombia/Fondo Editorial CEREC, pp. 109-26.

ASAD, Talal

1986. "The Concept of Cultural Translation in British Social Anthropology", in J. Clifford & G. Marcus (orgs.). *Writing Culture: The Poetics and Politics of Ethnography*. Berkeley: University of California Press.

BAER, Gerhard

1994. *Cosmología y shamanismo de los Matsiguenga*. Quito: Abya-Yala.

BATESON, Gregory

[1936] 1958. *Naven: A Survey of the Problems Suggested by a Composite*

Picture of the Culture of a New Guinea Tribe Drawn from Three Points of View, 2ª ed. Stanford: Stanford University Press [ed. bras. *Naven: Um exame dos problemas sugeridos por um retrato compósito da cultura de uma tribo da Nova Guiné, desenhado a partir de três perspectivas*, trad. Magda Lopes, Juliana Alfonso Coelho. São Paulo: Edusp, 2008].

CARNEIRO DA CUNHA, Manuela

1978. *Os mortos e os outros: Uma análise do sistema funerário e da noção de pessoa entre os índios Krahó*. São Paulo: Hucitec.

[1998] 2017. "Pontos de vista sobre a floresta amazônica: Xamanismo e tradução", in *Cultura com aspas*. São Paulo: Ubu Editora.

CARTRY, Michel & Alfred ADLER

1971. "La Transgression et sa dérision". *L'Homme*, v. 11, n. 3, pp. 5-63.

CHAKRABARTY, Dipesh.

[2000] 2007. Provincializing Europe: Postcolonial Thought and Historical Difference. Princeton: Princeton University Press.

CHAUMEIL, Jean-Pierre

1985. "Échange d'énergie: Guerre, identité et reproduction sociale chez les Yagua de l'Amazonie péruvienne". *Journal de la Société des Américanistes*, t. 71, pp. 143-57.

CLASTRES, Hélène

1968. "Rites funéraires Guayaki". *Journal de la Société des Américanistes*, t. 57, pp. 63-72.

1972. "Les Beaux-frères ennemis. À propos du cannibalisme Tupinamba". *Nouvelle Revue de Psychanalyse*, n. 6, Destins du cannibalisme, pp. 71-82.

CLASTRES, Pierre

[1962] 2017. "Troca e poder: Filosofia da chefia indígena", in *A sociedade contra o Estado*, trad. Theo Santiago. São Paulo: Ubu Editora.

[1977] 2004. "Arqueologia da violência: A guerra nas sociedades primitivas", in *Arqueologia da violência*, trad. Paulo Neves. São Paulo: Cosac Naify, 2004.

CLASTRES, Pierre & Lucien SEBAG

1963. "Cannibalisme et mort chez les Guayakis". *Revista do Museu Paulista*, v. XIV, pp. 174-81.

CONKLIN, Beth A.

2001. *Consuming Grief: Compassionate Canibalism in an Amazonian Society*. Austin: University of Texas Press.

CUSSET, François

2005. *French theory: Foucault, Derrida, Deleuze & Cie et les mutations de la vie intellectuelle aux États-Unis* (com posfácio inédito do autor). Paris: La Découverte (poche).

DELANDA, Manuel

2002. *Intensive Science and Virtual Philosophy*. Londres: Continuum.

2003. "1000 Years of War: CTheory Interview with Manuel DeLanda", entrevista com Don Ihde, Casper Bruun Jensen, Jari Friis Jorgensen, Srikanth Mallavarapu, Eduardo Mendieta, John Mix, John Protevi, and Evan Selinger. *CTheory, a127* [disponível na internet: <www.ctheory.net>].

2006. *A New Philosophy of Society*. Londres/Nova York: Continuum.

DELEUZE, Gilles

1962. *Nietzsche et la Philosophie*. Paris: PUF [ed. bras.: *Nietzsche e a filosofia*, trad. Edmundo Fernandes Dias e Ruth Joffily Dias. Rio de Janeiro: Editora Rio, 1976].

1966. *Le Bergsonisme*. Paris: PUF [ed. bras.: *Bergsonismo*, trad. Luiz Orlandi. São Paulo: Editora 34, 1999].

1968. *Différence et répétition*. Paris: PUF [ed. bras.: *Diferença e repetição*, trad. Luiz Orlandi e Roberto Machado. Rio de Janeiro: Graal, 1988].

1969a. "Michel Tournier et le monde sans autrui", in *Logique du sens*. Paris: Minuit, pp. 350-72 [ed. bras.: "Michel Tournier e o mundo sem outrem", in *Lógica do sentido*, trad. Luiz Roberto Salinas Fortes. São Paulo: Perspectiva, 1974].

1969b. "Platon et le simulacre", in *Logique du sens*. Paris: Minuit, pp. 292-307 [ed. bras.: "Platão e o simulacro", in *Lógica do sentido*, trad. Luiz Roberto Salinas Fortes. São Paulo: Perspectiva, 1974].

1969c. "Klossowski ou les corps-langage", in *Logique du sens*. Paris: Minuit, pp. 325-50 [ed. bras.: "Klossowski ou o corpo-linguagem", in *Lógica do sentido*, trad. Luiz Roberto Salinas Fortes. São Paulo: Perspectiva, 1974].

1969d. *Logique du sens*. Paris: Minuit [ed. bras.: *Lógica do sentido*, trad. Luiz Roberto Salinas Fortes. São Paulo: Perspectiva, 1974].

1972. "À quoi reconnaît-on le structuralisme?", in David Lapoujade (org.). *L'Île déserte et autres textes: Textes et entretiens, 1953-1974*. Paris: Minuit, 2002 [ed. bras.: "Em que se pode reconhecer o estruturalismo?", trad. Hilton F. Japiassú, in David Lapoujade & Luiz B. L. Orlandi (orgs.). *A ilha deserta e outros textos*. São Paulo: Iluminuras, 2006].

1973. "Anti-Œdipe et Mille plateaux", curso em Vincennes, 28 maio 1973 [disponível na internet: <www.webdeleuze.com>].
1974. "Anti-Œdipe et Mille plateaux", curso em Vincennes, 14 jan. 1974 [disponível na internet: <www.webdeleuze.com>].
1983. "Image mouvement image temps", curso em Vincennes-Saint-Denis, 12 abr. 1983 [disponível na internet: <www.webdeleuze.com>].
1988. *Le Pli. Leibniz et le baroque*. Paris: Minuit [ed. bras.: *A dobra. Leibniz e o barroco*, trad. Luiz B. L. Orlandi. Campinas: Papirus, 1991].
1993. "Bartleby, ou la formule", in *Critique et clinique*. Paris: Minuit, pp. 89-114 [ed. bras.: "Bartleby, ou a fórmula", in *Crítica e clínica*, trad. Peter Pál Pelbart. São Paulo: Editora 34, 1997].

DELEUZE, Gilles & Félix GUATTARI

1972. *L'Anti-Œdipe. Capitalisme et schizophrénie*. Paris: Minuit [ed. bras.: *O anti-Édipo. Capitalismo e esquizofrenia 1*, trad. Luiz B. L. Orlandi. São Paulo: Editora 34, 2010].
1975. *Kafka. Pour une littérature mineure*. Paris: Minuit [ed. bras.: *Kafka: Por uma literatura menor*, trad. Júlio Castañon Guimarães. Rio de Janeiro: Imago, 1977].
1980. *Mille Plateaux. Capitalisme et schizophrénie 2*. Paris: Minuit [ed. bras.: *Mil platôs. Capitalismo e esquizofrenia 2*, v. 1, trad. Ana Lúcia de Oliveira, Aurélio Guerra Neto e Celia Pinto Costa. São Paulo: Editora 34, 1995; *Mil platôs. Capitalismo e esquizofrenia 2*, v. 2, trad. Ana Lúcia de Oliveira e Lúcia Cláudia Leão. São Paulo: Editora 34, 1995; *Mil platôs. Capitalismo e esquizofrenia 2*, v. 3, trad. Aurélio Guerra Neto, Ana Lúcia de Oliveira, Lúcia Cláudia Leão e Suely Rolnik. São Paulo: Editora 34, 1996; *Mil platôs. Capitalismo e esquizofrenia 2*, v. 4, trad. Suely Rolnik. São Paulo: Editora 34, 1997; *Mil platôs. Capitalismo e esquizofrenia 2*, v. 5, trad. Peter Pál Pelbart e Janice Caiafa. São Paulo: Editora 34, 1997].
1984. "Mai 68 n'a pas eu lieu", in David Lapoujade (org.). *Deux régimes de fous: Textes et entretiens, 1975-1995*. Paris: Minuit, pp. 215-17 [ed. bras.: "Maio de 68 não ocorreu", in David Lapoujade (org.), *Dois regimes de loucos*, trad. Guilherme Ivo. São Paulo: Editora 34, 2016].
[1987] 2003. "Préface pour l'édition italienne de *Mille Plateau*", in David Lapoujade (org.). *Deux Régimes de fous: Textes et entretiens, 1975-1995*. Paris: Minuit, pp. 288-90 [ed. bras.: "Prefácio para a edição italiana de *Mil Platôs*", in David Lapoujade (org.), *Dois regimes de loucos*, trad. Guilherme Ivo. São Paulo: Editora 34, 2016].

1991. *Qu'est-ce que la philosophie?*. Paris: Minuit [ed. bras.: *O que é a filosofia?*, 2ª ed., trad. Bento Prado Jr. e Alberto S. Muñoz. São Paulo: Editora 34, (1992) 1997].

DELEUZE, Gilles & Claire PARNET

[1977] 1996. *Dialogues*. Paris: Flammarion [ed. bras.: *Diálogos*, trad. Eloisa Araújo Ribeiro. São Paulo: Escuta, 1988].

DENNETT, Daniel C.

1978. *Brainstorms: Philosophical Essays on Mind and Psychology*. Harmondsworth: Penguin.

DERRIDA, Jacques

2006. *L'Animal que donc je suis*. Paris: Galilée [ed. bras.: *O animal que logo sou*, trad. Fábio Landa. São Paulo: Editora Unesp, 2002].

DESCOLA, Philippe

1992. "Societies of Nature and the Nature of Society", in Adam Kuper (org.). *Conceptualizing Society*. Londres: Routledge, pp. 107-26.

1996. "Constructing Natures: Symbolic Ecology and Social Practice", in Philippe Descola & Gisli Pálsson (orgs.). *Nature and Society: Anthropological Perspectives*. Londres: Routledge, pp. 82-102.

2005. *Par-delà Nature et Culture*. Paris: Gallimard.

DETIENNE, Marcel

[1967] 1981. *Les Maîtres de vérité en Grèce archaïque*. Paris: François Maspero [ed. bras.: *Mestres da verdade na Grécia arcaica*, trad. Ivone C. Benedetti. São Paulo: WMF Martins Fontes, 2013].

DONZELOT, Jacques

1977. "An Anti-Sociology". *Sémiotext(e)*, v. 2, n. 3, pp. 27-44.

DUFFY, Simon (org.)

2006. *Virtual Mathematics: The Logic of Difference*. Bolton: Clinamen Press.

DUMONT, Louis

1971. *Introduction à deux théories d'anthropologie sociale. Groupes de filiation et alliance de mariage*. Paris: Mouton.

DURIE, Robin

2006. "Problems in the Relation Between Maths and Philosophy", in Simon Duffy (org.). *Virtual Mathematics: The Logic of Difference*. Bolton: Clinamen Press, pp. 169-186.

ENGLUND, Harri & James LEACH

2000. "Ethnography and the Meta-Narratives of Modernity". *Current Anthropology*, v. 41, n. 2, abr., pp. 225-48.

ERIKSON, Philippe

1986. "Altérité, tatouage et anthropophagie chez les Pano: La belliqueuse quête de soi". *Journal de la Société des Américanistes*, t. 72, pp. 185-210.

FABIAN, Johannes

1983. *Time and the Other: How Anthropology Makes Its Object*. Nova York: Columbia University Press [ed. bras.: *O tempo e o outro: Como a antropologia estabelece seu objeto*. Petrópolis: Vozes, 2013].

FAVRET-SAADA, Jeanne

2000. "La-pensée-Lévi-Strauss". *Journal des Anthropologues*, v. 82-83, Antropologie des Sexualités, pp. 53-70.

FERNANDES, Florestan

[1952] 1970. *A função social da guerra na sociedade Tupinambá*, 2ª ed. São Paulo: Pioneira/Edusp.

FORTES, Meyer

1969. *Kinship and the Social Order: The Legacy of Lewis Henry Morgan*. Londres: Routledge & Kegan Paul.

1983. *Rules and the Emergence of Society*. Londres: Royal Anthropological Institute of Great Britain and Ireland.

FOUCAULT, Michel

[1966] 1981. *As palavras e as coisas: Uma arqueologia das ciências humanas*, trad. Salma Tannus Muchail. São Paulo: Martins Fontes.

FREUD, Sigmund

[1913] 2012. *Totem e tabu, contribuição à história do movimento psicanalítico e outros textos (1912-1914)*, trad. Paulo César de Souza. São Paulo: Companhia das Letras (Obras Completas, v. 11).

GELL, Alfred

1998. *Art and Agency: An Anthropological Theory*. Oxford: Clarendon.

1999. "Strathernograms, or, the Semiotics of Mixed Metaphors", in Eric Hirsch (org.). *The Art of Anthropology: Essays and Diagrams*. Londres: Athlone, pp. 29-75.

GOLDMAN, Marcio

2005. "Formas do saber e modos do ser: Observações sobre multiplicidade e ontologia no candomblé". *Religião e Sociedade*, v. 25, n. 2, pp. 102-20.

GOLDMAN, Irving

1963. *The Cubeo: Indians of the Northwest Amazon*. Urbana: The University of Illinois Press.

GREGORY, Chris

1982. *Gifts and Commodities*. Londres: Academic Press.

GRIAULE, Marcel & Germaine DIETERLEN

1965. *Le Renard pâle*. Paris: Institut d'Ethnologie.

HALLOWELL, Alfred Irving

1960. "Ojibwa Ontology, Behavior, and World View", in Stanley Diamond (org.). *Culture in History: Essays in Honor of Paul Radin*. Nova York: Columbia University Press, pp. 49-82.

HAMBERGER, Klaus

2004. "La Pensée objectivée", in Michel Izard (org.). *Claude Lévi-Strauss*. Paris: Éditions de L'Herne, pp. 339-46.

HÉRITIER, Françoise

1981. *L'Exercice de la parenté*. Paris: Gallimard/Le Seuil.

HERZFELD, Michael

2001. *"Orientations: Anthropology as a Practice of Theory"*, *in* Michael Herzfeld (org.), *Anthropology Theoretical Practice in Culture and Society*. Londres: Blackwell/Unesco, pp. 1-20.

2003. "The Unspeakable in Pursuit of the Ineffable: Representations of Untranslability in Ethnographic Discourse", in Paula G. Rubel & Abraham Rosman (orgs.). *Translating Cultures. Perspectives on Translation and Anthropology*. Oxford/Nova York: Berg, pp. 109-34.

HOLBRAAD, Martin

2003. "Estimando a necessidade: Os oráculos de Ifá e a verdade em Havana". *Mana*, v. 9, n. 2, pp. 39-77.

HOLBRAAD, Martin & Rane WILLERSLEV

2007. "(Afterword) Transcendental Perspectivism: Anonymous Viewpoints from Inner Asia". *Inner Asia*, v. 9, n. 2, Perspectivism, pp. 311-28.

HORTON, Robin

1993. *Patterns of Thought in Africa and the West: Essays on Magic, Religion and Science.* Cambridge: Cambridge University Press.

HUBERT, Henri & Marcel MAUSS

[1899] 1969. "Essai sur la Nature et fonction du sacrifice", in Marcel Mauss, *Œuvres* I. Paris: Minuit, pp. 193-307 [ed. bras.: *Sobre o sacrifício*, trad. Paulo Neves. São Paulo: Ubu Editora, 2017].

[1902-03] 1950. "Esquisse d'une théorie générale de la magie", in Marcel Mauss, *Sociologie et anthropologie.* Paris: PUF [ed. bras.: "Esboço

de uma teoria geral da magia", in Marcel Mauss. *Sociologia e antropologia*, trad. Paulo Neves. São Paulo: Ubu Editora, 2017].

HUGH-JONES, Stephen

1979. *The Palm and the Pleiades. Initiation and Cosmology in North-West Amazonia*. Cambridge: Cambridge University Press.

1996. "Shamans, Prophets, Priests and Pastors", in Nicholas Thomas & Caroline Humphrey (orgs.). *Shamanism, History, and the State*. Ann Arbor: University of Michigan Press, pp. 32-75.

INGOLD, Tim

1991. "Becoming Persons: Consciousness and Sociality in Human Evolution". *Cultural Dynamics*, v. 4, n. 3, pp. 355-78.

1992. "Editorial". MAN, v. 27, n. 4, pp. 693-96.

2000. *The Perception of the Environment. Essays on Livelihood, Dwelling and Skill*. Londres: Routledge.

JAMESON, Frederic

1997. "Marxism and Dualism in Deleuze". *The South Atlantic Quarterly*, v. 96, n. 3, pp. 393-416.

JENSEN, Casper Bruun

2003. "Latour and Pickering: Post-human Perspectives on Science, Becoming, and Normativity", in Don Ihde & Evan Selinger (orgs.). *Chasing Technoscience: Matrix for Materiality*. Bloomington/Indianapolis: Indiana University Press, pp. 225-40.

2004. "A Nonhumanist Disposition: On Performativity, Practical Ontology, and Intervention". *Configurations*, v. 12, pp. 229-61.

JULLIEN, François

2008. *De l'Universel, de l'uniforme, du commun et du dialogue entre les cultures*. Paris: Fayard.

JULLIEN, François & Thierry MARCHAISSE

2000. *Penser d'un dehors (La Chine). Entretiens d'Extrême-Occident*. Paris: Le Seuil.

KOHN, Eduardo

2002. *Natural Engagements and Ecological æsthetics Among the Ávila Runa of Amazonian Ecuador*. Tese de doutoramento, University of Wisconsin-Madison.

2005. "Runa Realism: Upper Amazonian Attitudes to Nature Knowing". *Ethnos*, v. 70, n. 2, jun., pp. 171-96.

KUPER, Adam

2003. "The Return of the Native". *Current Anthropology*, v. 44, n. 3, jun., pp. 389-402.

KWA, Chunglin

2002. "Romantic and Baroque Conceptions of Complex Wholes in the Sciences", in John Law & Annemarie Mol (orgs.). *Complexities: Social Studies of Knowledge Practices*. Durham/Londres: Duke University Press, pp. 23-52.

LAMBEK, Michael

1998. "Body and Mind in Mind, Body and Mind in Body: Some Anthropological Interventions in a Long Conversation", in Andrew Strathern e Michael Lambek (orgs.). *Bodies and Persons: Comparative Perspectives from Africa and Melanesia*. Cambridge: Cambridge University Press, pp. 103-22.

LAPOUJADE, David

2006. "Le Structuralisme dissident de Deleuze", in Ali Akay *et al.* (orgs.). *Gilles Deleuze için = Pour Gilles Deleuze*. Istambul: Akbank Sanat, pp. 27-36.

LATOUR, Bruno

[1991] 1994. *Jamais fomos modernos*, trad. Carlos Irineu da Costa. São Paulo: Editora 34.

1993. "An Interview with Bruno Latour", entrevista com T. H. Crawford. *Configurations*, v. 1, n. 2, pp. 247-68.

1996a. "Not the Question". *Anthropology Newsletter*, v. 37, n. 3, mar., pp. 1, 5.

1996b. *Petite Réflexion sur le culte moderne des dieux faitiches*. Paris: Synthélabo (Les Empêcheurs de penser en rond) [ed. bras.: *Pequena reflexão sobre o culto moderno dos deuses fe(i)tiches*, trad. Sandra Moreira. Bauru: Edusc, 2002].

1999. *Politiques de la nature: Comment faire entrer les sciences en démocratie*. Paris: La Découverte [ed. bras.: *Políticas da natureza: Como fazer ciência na democracia*, trad. Carlos Aurélio Mota de Souza. Bauru: Edusc, 2004].

2002. *War of the Worlds: What about Peace?* Chicago: Prickly Paradigm Press.

2005. *Reassembling the Social. An Introduction to Actor-Network Theory*. Oxford: Oxford University Press [ed. bras.: *Reagregando o social: Uma introdução à Teoria do Ator-Rede*, trad. Gilson César Cardoso de Sousa. Salvador/Bauru: Edufba/Edusc, 2012].

LAWLOR, Leonard

2003. "The Beginnings of Thought: The Fundamental Experience in Derrida and Deleuze", in Paul Patton & John Protevi (orgs.). *Between Deleuze and Derrida*. Londres/Nova York: Continuum, pp. 67-83.

LEACH, Edmund

[1951] 1961. "Rethinking Anthropology". *Rethinking Anthropology*. Londres: Athlone, pp. 1-27 [ed. bras.: *Repensando a antropologia*, trad. José Luís dos Santos. São Paulo: Perspectiva, 1974].

LÉVI-STRAUSS, Claude

1943. "The Social Use of Kinship Terms Among Brazilian Indians". *American Anthropologist*, v. 45, n. 3, pp. 398-409.

[1949] 1967. *Les Structures élémentaires de la parenté*, 2ª ed. Paris: Mouton [ed. bras.: *As estruturas elementares do parentesco*, trad. Mariano Ferreira. Petrópolis: Vozes, 1982].

[1950] 2003. "Introduction à l'œuvre de Marcel Mauss", in Marcel Mauss. *Sociologie et anthropologie*. Paris: PUF [ed. bras.: "Introdução à obra de Marcel Mauss", in *Sociologia e antropologia*, trad. Paulo Neves. São Paulo: Ubu Editora, 2017].

[1952] 1958. "La Notion de structure en ethnologie" [ed. bras.: "A noção de estrutura em etnologia"], in Lévi-Strauss [1958] 2017.

[1952] 1973. "Race et histoire" [ed. bras.: "Raça e história"], in Lévi--Strauss [1973] 2017.

[1954] 1958. "Place de l'anthropologie dans les sciences sociales et problèmes posés par son enseignement" [ed. bras.: "Lugar da antropologia nas ciências sociais e problemas levantados por seu ensino"], in Lévi-Strauss [1958] 2017.

1955a. *Tristes tropiques*. Paris: Plon [ed. bras.: *Tristes trópicos*, trad. Rosa Freire d'Aguiar. São Paulo: Companhia das Letras, 1996].

[1955b] 1958. "La Structure des mythes" [ed. bras.: "A estrutura dos mitos"], in Lévi-Strauss [1958] 2017.

[1958] 2017. *Anthropologie structurale*. Paris: Plon [ed. bras.: *Antropologia estrutural*, trad. Beatriz Perrone-Moisés. São Paulo: Ubu Editora, 2017].

[1960] 1973. "Le Champ de l'anthropologie" [ed. bras.: "O campo da antropologia"], in Lévi-Strauss [1973] 2017.

1962a. *Le Totémisme aujourd'hui*. Paris: PUF [ed. port.: *O totemismo hoje*, trad. José Antonio Braga Fernandes Dias. Lisboa: Edições 70, 1986].

1962b. *La Pensée sauvage*. Paris: Plon [ed. bras.: *O pensamento *selvagem*, trad. Tânia Pellegrini. São Paulo: Papirus, 1997].

[1964a] 1973. "Critères scientifiques dans les disciplines sociales et humaines" [ed. bras.: "Critérios científicos nas disciplinas sociais e humanas"], in Lévi-Strauss [1973] 2017.

[1964b] 2004. *Mythologiques* I: *Le Cru et le cuit*. Paris: Plon [ed. bras.: *Mitológicas* I: *O cru e o cozido*, trad. Beatriz Perrone-Moisés. São Paulo: Cosac Naify, 2004].

[1967] 2004. *Mythologiques* II: *Du Miel aux cendres*. Paris: Plon [ed. bras.: *Mitológicas* II: *Do mel às cinzas,* trad. Carlos Eugênio Marcondes de Moura. São Paulo: Cosac Naify, 2004].

[1968] 2006. *Mythologiques* III: *L'Origine des manières de table*. Paris: Plon [ed. bras.: *Mitológicas* III: *A origem dos modos à mesa,* trad. Beatriz Perrone-Moisés. São Paulo: Cosac Naify, 2006].

[1971] 2011. *Mythologiques* IV: *L'Homme nu*. Paris: Plon [ed. bras.: *Mitológicas* IV: *O homem nu*, trad. Beatriz Perrone-Moisés. São Paulo: Cosac Naify, 2011].

[1973] 2017. *Anthropologie structurale deux*. Paris: Plon [ed. bras.: *Antropologia estrutural dois*, trad. Beatriz Perrone-Moisés. São Paulo: Ubu Editora, 2017].

1979. *La Voie des masques*, ed. rev., amp. e acrescida de três excursões. Paris: Plon [ed. port.: *A via das máscaras,* trad. Manuel Ruas. Lisboa: Editorial Presença, 1979].

1984. *Paroles Données*. Paris: Plon [ed. bras.: *Minhas palavras,* trad. Carlos Nelson Coutinho. São Paulo: Brasiliense, 1991].

1985. *La Potière jalouse*. Paris: Plon [ed. bras.: *A oleira ciumenta*, trad. Beatriz Perrone-Moisés. São Paulo: Brasiliense, 1986].

1991. *Histoire de Lynx*. Paris: Plon [ed. bras.: *História de Lince*, trad. Beatriz Perrone-Moisés. São Paulo: Companhia das Letras, 1993].

2000. "Postface". *L'Homme*, v. 154-55, abr.-set., pp. 713-20.

2001. "Hourglass configurations", in Pierre Maranda (org.). *The Double Twist: From Ethnography to Morphodynamics*. Toronto: University of Toronto Press, pp. 15-32.

2004. "Pensée mythique et pensée scientifique", in Michel Izard (org.). *Claude Lévi-Strauss*. Paris: Éditions de L'Herne, pp. 40-42.

2008. *Œuvres*. Paris: Gallimard (Bibliothèque de la Pléiade, n. 543).

LÉVI-STRAUSS, Claude & Georges CHARBONNIER

1961. *Entretiens avec Claude Lévi-Strauss*. Paris: UGE (10/18).

LÉVI-STRAUSS, Claude & Didier ERIBON

1988. *De près et de loin*. Paris: Odile Jacob [ed. bras.: *De perto e de longe – entrevista com Claude Lévi-Strauss*, trad. Julieta Leite e Léa Mello. São Paulo: Cosac Naify, 2005].

LIENHARDT, Godfrey

1961. *Divinity and Experience: The Religion of the Dinka.* Oxford: Oxford University Press.

LIMA, Tânia Stolze

1996. "O dois e seu múltiplo: reflexões sobre o perspectivismo em uma cosmologia Tupi". *Mana*, v. 2, n. 2, 1996, pp. 21-47.

2005. *Um peixe olhou para mim: O povo Yudjá e a perspectiva.* São Paulo: Editora Unesp/NuTI/ISA.

LYOTARD, Jean-François

1977. "Energumen Capitalism". *Semiotext(e)*, v. 2, n. 3, pp. 11-26.

MANIGLIER, Patrice

2000. "L'Humanisme interminable de Lévi-Strauss". *Les Temps Modernes*, n. 609, pp. 216-41.

2005a. "Des us et des Signes. Lévi-Strauss: philosophie pratique". *Revue de Métaphysique et de Morale*, n. 1, pp. 89-108.

2005b. "La Parenté des autres (à propos de Maurice Godelier: *Métamorphoses de la parenté*)". *Critique*, n. 701, out., pp. 758-74.

2006. *La Vie énigmatique des signes. Saussure et la naissance du structuralisme.* Paris: Léo Scheer.

2009. "The Structuralist Legacy", in Alan Schrift & Rosi Braidotti (orgs.). *History of Continental Philosophiy – Post-Poststructuralism (1980-1995)*, v. 7. Durham: Acumen, 2010, pp. 55-82.

MAUSS, Marcel

1925. "Essai sur le don: Forme et raison de l'échange dans les sociétés archaïques" [ed. bras.: "*Ensaio sobre a dádiva*: Forma e razão da troca nas sociedades arcaicas"], in Mauss [1950] 2017.

[1950] 2017. *Sociologie et anthropologie.* Paris: PUF [ed. bras.: *Sociologia e antropologia*, trad. Paulo Neves. São Paulo: Ubu Editora, 2017].

MENGET, Patrick

1985a. "Guerres, sociétés et vision du monde dans les basses terres de l'Amérique du sud" [dossiê]. *Journal de la Société des Américanistes*, t. 71, pp. 129-208.

1985b. "Jalons pour une étude comparative". *Journal de la Société des Américanistes*, t. 71, pp. 131-41.

1988. "Note sur l'adoption chez les Txicão du Brésil central". *Anthropologie et Sociétés*, v. 12, n. 2, pp. 63-72.

MERLEAU-PONTY, Maurice

[1956] 1995. *La Nature: Notes et cours du Collège de France, suivi des Résumés des cours correspondants de Maurice Merleau-Ponty*. Paris: Le Seuil [ed. bras.: *A natureza,* trad. Álvaro Cabral. São Paulo: Martins Fontes, 2006].

MONTESQUIEU

[1721] 2009. *Cartas persas*. São Paulo: WMF Martins Fontes.

MUNN, Nancy

[1986] 1992. *The Fame of Gawa: A Symbolic Study of Value Transformation in a Massim (Papua New Guinea) Society*. Durham/Londres: Duke University Press.

NADAUD, Stéphane

2004. "Les Amours d'une guêpe et d'une orchidée", in Félix Guattari, *Écrits pour l'Anti-Œdipe (textes agencés par Stéphane Nadaud)*. Paris: Lignes et Manifestes, pp. 7-27.

NAGEL, Thomas

[1974] 1979. "What it is Like to be a Bat?", in *Mortal Questions*. Cambridge: Cambridge University Press, pp. 165-80.

NIETZSCHE, Friedrich

[1887] 1998. *Genealogia da moral: Uma polêmica*, trad. Paulo César de Souza. São Paulo: Companhia das Letras.

OBEYESEKERE, Gananath

[1992] 1997. *The Apotheosis of Captain Cook: European Mythmaking in the Pacific*. Princeton: Princeton University Press.

OVERING, Joanna

1983. "Elementary Structures of Reciprocity: A Comparative Note on Guianese, Central Brazilian, and North-West Amazon Sociopolitical Thought". *Antropológica*, v. 59-62, pp. 331-48.

1984. "Dualism as an Expression of Differences and Danger: Marriage Exchange and Reciprocity Among the Piaroa of Venezuela", in Kenneth M. Kensinger (org.). *Marriage Practices in Lowland South America*. Urbana/Chicago: University of Illinois Press, pp. 127-55.

PAGDEN, Anthony

1982. *The Fall of Natural Man: The American Indian and the Origins of Comparative Ethnology*. Cambridge: Cambridge University Press.

PEDERSEN, Morten A.

2001. "Totemism, Animism and North Asian Indigenous Ontologies". *Journal of the Royal Anhtropological Institute*, v. 7, n. 3, set., pp. 411-27.

PETITOT, Jean

1999. "La Généalogie morphologique du structuralisme". *Critique*, v. 55, n. 620-21, pp. 97-122.

PIGNARRE, Philippe & Isabelle STENGERS

2005. *La Sorcellerie capitaliste. Pratiques de désenvoûtement*. Paris: La Découverte.

PLOTNITSKY, Arkady

2006. "Manifolds: on the Concept of Space in Riemann and Deleuze", in Simon Duffy (org.). *Virtual Mathematics: The Logic of Difference*. Bolton: Clinamen Press, pp. 187-208.

POUILLON, Jean

1980. "La Fonction mythique", in *Le Temps de la Réflexion*, n. 1. Paris: Gallimard, pp. 83-98.

RICHIR, Marc

1994. "Qu'est-ce qu'un dieu? Mythologie et question de la pensée", in Friedrich-Wilhelm Schelling. *Philosophie de la mythologie*. Paris: Jérôme Millon, pp. 7-85.

RIVIÈRE, Peter

1984. *Individual and Society in Guiana: A Comparative Study of Amerindian Social Organization*. Cambridge: Cambridge University Press.

RODGERS, David

2002. "A soma anômala: A questão do suplemento no xamanismo e menstruação ikpeng". *Mana*, v. 8, n. 2, out., pp. 91-125.

2004. *Foil*, MS inédito.

SAHLINS, Marshall

1985. *Islands of History*. Chicago: The University of Chicago Press [ed. bras.: *Ilhas de história*, trad. Barbara Sette. Rio de Janeiro: Zahar, 1990].

1995. *How "Natives" think: About Captain Cook, for Example*. Chicago: The University of Chicago Press [ed. bras.: *Como pensam os nativos: Sobre o capitão Cook, por exemplo*, trad. Sandra Vasconcelos. São

Paulo: Edusp, 2001].

2000. "What is Anthropological Enlightenment? Some Lessons from the Twentieth Century", in *Culture in Practice: Selected Essays*. Nova York: Zone Books, pp. 501-26 [ed. bras.: "O que é iluminismo antropológico? Algumas lições do século xx", in *Cultura na prática*, trad. Vera Ribeiro. Rio de Janeiro: Editora UFRJ, 2004].

SCHREMPP, Gregory

1992. *Magical Arrows: The Maori, the Greeks, and the Folklore of the Universe*. Madison: University of Wisconsin Press.

SEEGER, Anthony; Roberto DAMATTA & Eduardo VIVEIROS DE CASTRO

1979. "A construção da pessoa nas sociedades indígenas brasileiras". *Boletim do Museu Nacional*, n. 32, pp. 2-19.

SLOTERDIJK, Peter

2000. *La Domestication de l'Être*. Paris: Mille et Une Nuits.

SMITH, David W.

2006. "Axiomatics and Problematics as Two Modes of Formalisation: Deleuze's Epistemology of Mathematics", in Simon Duffy (org.). *Virtual Mathematics: The Logic of Difference*. Bolton: Clinamen Press, pp. 145-68.

SOARES DE SOUZA, Gabriel

[1587] 1971. *Tratado descritivo do Brasil em 1587*, 4ª ed. São Paulo: Cia. Editora Nacional/Edusp.

STASCH, Rupert

2009. *Society of Others: Kinship and Mourning in a West Papuan Place*. Berkeley: University of California Press.

STENGERS, Isabelle

[1996] 2003. *Cosmopolitiques*. Paris: La Découverte/Les Empêcheurs de penser en rond.

2002. *Penser avec Whitehead*. Paris: Le Seuil.

STRATHERN, Marilyn

1987. "The Limits of Auto-Anthropology", in Anthony Jackson (org.). *Anthropology at Home*. Londres: Tavistock, pp. 59-67 [ed. bras.: "Os limites da autoantropologia", in Strathern 2017].

1988. *The Gender of the Gift: Problems with Women and Problems with Society in Melanesia*. Berkeley: University of California Press [ed. bras.: *O gênero da dádiva*, trad. André Villalobos. Campinas: Editora da Unicamp, 2006].

1991. *Partial Connections*. Savage: Rowman & Littlefield.

1992a. *After Nature: English Kinship in the Late Twentieth Century*. Cambridge: Cambridge University Press.

1992b. "Parts and Wholes: Refiguring Relationships in a Post-Plural World", in *Reproducing the Future: Anthropology, Kinship, and the New Reproductive Technologies*. Nova York: Routledge, pp. 90-116 [ed. bras.: "Partes e todos: Refigurando relações", in Strathern 2017].

1992c. "Future kinship and the study of culture", in *Reproducing the Future: Anthropology, Kinship, and the New Reproductive Technology*. Nova York: Routledge, pp. 43-63.

1995. "The Nice Thing About Culture is That Everyone Has It", in *Shifting Contexts: Transformations in Anthropological Knowledge*. Londres/Nova York: Routledge, pp. 153-76.

1996. "Cutting the Network". *Journal of the Royal Anthropological Institute*, v. 2, n. 3, set., pp. 517-35 [ed. bras.: "Cortando a rede", in Strathern 2017].

1999. *Property, Substance and Effect: Anthropological Essays on Persons and Things*. Londres: Athlone [ver Strathern 2017, caps. 10, 11 e 12]

2001. "Same-Sex and Cross-Sex Relations: Some Internal Comparisons", in Thomas Gregor & Donald Tuzin (orgs.). *Gender in Amazonia and Melanesia. An Exploration of the Comparative Method*. Berkeley: University of California Press, pp. 221-44.

2005. *Kinship, Law and the Unexpected. Relatives Are Always a Surprise*. Cambridge: Cambridge University Press. [ed. bras.: *Parentesco, direito e o inesperado*, trad. Stella Zagatto Paterniani. São Paulo: Unesp, 2015.]

2017. *O efeito etnográfico*, trad. Iracema Dulley, Jamille Pinheiro e Luísa Valentini. São Paulo: Ubu Editora.

STRATHERN, Marilyn; James D. Y. PEEL; Cristina TOREN & Jonathan SPENCER

[1989] 1996. "The Concept of Society is Theoretically Obsolete", in Tim Ingold (org.). *Key Debates in Anthropology*. Londres: Routledge, pp. 55-98 [ed. bras.: "O conceito de sociedade está teoricamente obsolete?", in Strathern 2017].

SZTUTMAN, Renato

2012. *O profeta e o principal: A ação política ameríndia e seus personagens*. São Paulo: Edusp.

TARDE, Gabriel

[1895] 1999. *Œuvres de Gabriel Tarde*: *Monadologie et sociologie*, v. 1.

Le Plessis-Robinson: Institut Synthélabo [ed. bras.: *Monadologia e sociologia*, trad. Eduardo Viana Vargas. São Paulo: Cosac Naify, 2007].

TAYLOR, Anne-Christine

1985. "L'Art de la reduction". *Journal de la Société des Américanistes*, t. 71, pp. 159-73.

1993. "Les Bons ennemis et les mauvais parents: Le traitement symbolique de l'alliance dans les rituels de chasse aux têtes des Jivaros de l'Equateur", in Elisabeth Copet & Françoise Héritier-Augé (orgs.). *Les Complexités de l'alliance: Économie, politique et fondements symboliques de l'alliance*, v. IV. Paris: Archives Contemporaines, pp. 73-105.

2000. "Le Sexe de la proie: Représentations jivaro du lien de parenté". *L'Homme*, v. 154-55, abr.-set., pp. 309-34.

2004. "Don Quichotte en Amérique", in Michel Izard (org.). *Claude Lévi-Strauss*. Paris: Éditions de L'Herne, pp. 92-98.

2009. *Corps, sexe et parenté: Une perspective amazonienne,* Manuscrito inédito.

TAYLOR, Anne-Christine & Eduardo VIVEIROS DE CASTRO

2006. "Un corps fait de regards", in Stéphane Breton, Jean-Marie Schaeffer, Michael Houseman, Anne-Christine Taylor & Eduardo Viveiros de Castro (orgs.). *Qu'est-ce qu'un corps? (Afrique de l'Ouest/ Europe occidentale/Nouvelle-Guinée/Amazonie)*. Paris: Musée du Quai-Branly/Flammarion, pp. 148-99.

THEVET, André

[1575] 1953. *Le Brésil et les Brésiliens. Les Français en Amérique pendant la deuxième moitié du XVI e siècle (corresponde a La Cosmographie Universelle)*. Paris: Presses Universitaires de France.

VERNANT, Jean-Pierre

[1966] 1996. "Raisons d'hier et d'aujourd'hui", in *Entre Mythe et politique*. Paris: Le Seuil, pp. 229-36.

VIVEIROS DE CASTRO, Eduardo

1986. *Araweté: Os deuses canibais*. Rio de Janeiro: Jorge Zahar Editor/ Anpocs.

1990. "Princípios e parâmetros: Um comentário a L'Exercice de la parenté". Comunicação do PPGAS, v. 17, pp. 1-106.

1996. "Os pronomes cosmológicos e o perspectivismo ameríndio". *Mana*, v. 2, n. 2, pp. 115-44.

[1998] 2012. *Cosmological Perspectivism in Amazonia and Elsewhere. Four Lectures Given in the Departament of Social Antropology, Cambridge University, February-March 1998*. Manchester: HAU Network of Ethnographic Theory.

2001a. "A propriedade do conceito: sobre o plano de imanência ameríndio", xxv Encontro Anual da Anpocs, 16 a 20 out., Caxambu, MG.

2001b. "GUT Feelings about Amazonia: Potential Affinity and the Construction of Sociality", in Laura M. Rival & Alfred North Whitehead (orgs.). *Beyond the Visible and the Material: The Amerindianization of Society in the Work of Peter Rivière*. Oxford: Oxford University Press, pp. 19-43.

[2002] 2017 *A inconstância da alma selvagem*. São Paulo: Ubu Editora.

2002a. "Perspectivismo e multinaturalismo na América indígena", in Viveiros de Castro [2002] 2017.

2002b. "O problema da afinidade na Amazônia", in Viveiros de Castro [2002] 2017.

2003. "And". *Manchester Papers in Social Anthropology*, n. 7, pp. 1-20.

2004a. "Perspectival Anthropology and the Method of Controlled Equivocation". *Tipití – Journal of Society for Anthropology of Lowland South America*, v. 2, n. 1, pp. 3-22.

2004b. "Exchanging Perspectives: The Transformation of Objects into Subjects in Amerindian Ontologies". *Common Knowledge*, v. 10, n. 3, pp. 463-84.

2006. "Une Figure humaine peut cacher une affection-jaguar. Réponse à une question de Didier Muguet". *Multitudes*, n. 24, pp. 41-52.

2007. "Filiação intensiva e aliança demoníaca". *Novos Estudos* – Cebrap, n. 77, mar., pp. 91-126.

2008a. "The Gift and the Given: Three nano-essays on kinship and magic", in Sandra Bamford & James Leach (orgs.). *Kinship and Beyond: The Genealogical Model Reconsidered*. Oxford: Berghahn Books, pp. 237-68.

2008b. "Immanence and Fear, or, the Enemy First", *Keynote Address* na Conferência "Indigeneities and Cosmopolitanisms", Canadian Anthropological Society and American Ethnological Society, 9-12 maio, Toronto.

2008c. "Xamanismo transversal: Lévi-Strauss e a cosmopolítica amazônica", in Ruben Caixeta de Queiroz & Renarde Freire Nobre (orgs.). *Lévi-Strauss: leituras brasileiras*. Belo Horizonte: Editora da UFMG, pp. 79-124.

WAGNER, Roy

1972. "Incest and Identity: A Critique and Theory on the Subject of Exogamy and Incest Prohibition". MAN, v. 7, n. 4, pp. 601-13.

[1975] 1981. *The Invention of Culture*, 2ª ed. Chicago: The University of Chicago Press [ed. bras.: *A invenção da cultura,* trad. Marcela Coelho de Souza e Alexandre Morales. São Paulo: Ubu Editora, 2017].

1977. "Analogic Kinship: A Daribi Example". *American Ethnologist*, v. 4, n. 4, nov., pp. 623-42.

1978. *Lethal Speech: Daribi Myth as Symbolic Obviation*. Ithaca: Cornell University Press.

1986. *Symbols that Stand for Themselves*. Chicago: The University of Chicago Press.

1991. "The Fractal Person", in Mauricie Godelier & Marilyn Strathern (orgs.). *Big Men and Great Men: Personification of Power in Melanesia*. Cambridge: Cambridge University Press, pp. 159-73.

WEISS, Gerald

1972. "Campa Cosmology", *Ethnology*, v. 11, n. 2, pp. 157-72.

WILLERSLEV, Rane

2004. "Not Animal, Not *Not*-animal: Hunting, Imitation and Empathetic Knowledge among the Siberian Yukaghirs", *Journal of the Royal Anthropological Institute*, v. 10, n. 3, set., pp. 629-52.

WOLFF, Francis

2000. *L'Être, l'homme, le disciple*. Paris: PUF (Quadrige).

ZOURABICHVILI, François

[1994] 2004. "Deleuze. Une philosophie de l'événement", in François Zourabichvili; Anne de Sauvargnargues & Paola Marrati (orgs.). *La Philosophie de Deleuze*. Paris: PUF, pp. 1-116.

2003. *Le Vocabulaire de Deleuze*. Paris: Ellipses [ed. bras.: *O vocabulário de Deleuze*, trad. André Telles. Rio de Janeiro: Relume Dumará, 2004].

Sobre o autor

EDUARDO BATALHA VIVEIROS DE CASTRO nasceu em 19 de abril de 1951, no Rio de Janeiro. Cursou a graduação em ciências sociais na PUC-RJ. Em 1974, ingressou no Programa de Pós-graduação do Museu Nacional (UFRJ) com um projeto de mestrado em antropologia urbana. Em 1976, uma breve visita a um povo indígena, os Yawalapíti, desviou-o para a etnologia indígena. Terminou seu mestrado em 1977, sob orientação de Roberto DaMatta, com uma dissertação sobre esse povo aruaque do Alto Xingu. Em 1978, tornou-se docente do Museu Nacional, onde é hoje professor-adjunto de etnologia. Obteve seu doutorado na mesma instituição, em 1984, com uma tese sobre a cosmologia dos Araweté, um povo tupi-guarani do Pará, junto a quem residiu em 1981-1982 e com o qual mantém contato. A tese, premiada pela Associação Nacional de Pós-graduação e Pesquisa em Ciências Sociais (Anpocs), foi publicada em 1986 no Brasil e em 1992 nos Estados Unidos.

Seu trabalho posterior versou sobre temas etnológicos como parentesco, corporalidade, cosmologia e guerra, abordados em uma série de artigos, entre os quais se destacam "Alguns aspectos da afinidade no dravidianato amazônico" (1993), que teve grande impacto nos estudos de parentesco dessa região, e, sobretudo, "Os pronomes cosmológicos e o perspectivismo ameríndio" (1996), cujo insight teórico influenciou a reflexão antropológica em todo o mundo, sendo traduzido para diversas línguas.

O autor foi professor visitante nas universidades de Chicago (1991) e de Manchester (1994). Em 1997-1998, ocupou a Cátedra Simón Bolívar de Estudos Latino-Americanos da Universidade de Cambridge, quando tornou-se também *Fellow* do King's College. Entre 1999 e 2001, trabalhou como diretor de pesquisa do Centre National de la Recherche Scientifique (CNRS, Paris), junto à Equipe de Recherche en Ethnologie Amérindienne, que o elegeu membro permanente. Foi também professor e pesquisador-visitante na Universidade de Paris X (Nanterre), na École Pratique des Hautes Etudes, na École des Hautes Etudes en Sciences Sociales e na Universidade de São Paulo. Em 1998, recebeu o Prix de la Francophonie da Academia Francesa, e, em 2004, o prêmio Érico Vanucci Mendes do CNPq. Recebeu ainda, em 2008, a Ordem Nacional do Mérito Científico, concedida pela Presidência da República e pelo Ministério de Ciências e Tecnologia, o título de Doutor *honoris causa* da Universidade de Nanterre, em 2014 e da Universidade de Córdoba, em 2019. É membro da Academia Brasileira de Ciências.

Eduardo Viveiros de Castro é casado com Déborah Danowski, com quem tem uma filha, Irene.

LIVROS

Araweté: Os deuses canibais. Rio de Janeiro: Jorge Zahar Editor/ Anpocs, 1986. [republicado como *From the Enemy's Point of View: Humanity and Divinity in an Amazonian Society*. Chicago: The University of Chicago Press, trad. de Catherine Howard, 1992.]

Araweté: O povo do Ipixuna. São Paulo: Cedi, 1992.

Amazônia: Etnologia e história indígena [organizador em colaboração com Manuela Carneiro da Cunha]. São Paulo: NHII-USP/Fapesp, 1993.

Antropologia do parentesco: Estudos ameríndios (org.). Rio de
Janeiro: Editora da UFRJ, 1995.

A inconstância da alma selvagem [2002]. São Paulo: Ubu Editora, 2017.

*Qu'est-ce qu'un corps? (Afrique de l'Ouest/Europe
occidentale/Nouvelle-Guinée /Amazonie).* Paris: Musée du
Quai Branly/Flammarion, 2006. [organizador em
colaboração com S. Breton, J.-M. Schaeffer, M. Houseman e
A.-C. Taylor].

Encontros: Eduardo Viveiros de Castro (org. Renato Sztutman).
Rio de Janeiro: Azougue Editorial, 2008.

Métaphysiques cannibales. Lignes d'anthropologie post-structurale.
Paris: PUF, 2009.

Há mundo por vir? [com Déborah Danowski]. Florianópolis:
Cultura e Barbárie, 2014.

Variações do corpo selvagem. Catálogo de exposição. Curadoria
Eduardo Sterzi e Veronica Stigger, Sesc São Paulo, 2017.

© Presses Universitaires de France, 2009

Imagem de capa: Flor de Narciso. Alabama Plant Atlas/
 Troy University Herbarium/col. A. R. Diamond

UBU EDITORA
COORDENAÇÃO EDITORIAL Florencia Ferrari
ASSISTENTES EDITORIAIS Isabela Sanches
PREPARAÇÃO Gabrielly Silva
REVISÃO Humberto Amaral e Mariana Delfini
PRODUÇÃO GRÁFICA Marina Ambrasas

N-1 EDIÇÕES
COORDENAÇÃO EDITORIAL Peter Pál Pelbart e Ricardo Muniz Fernandes
PROJETO GRÁFICO Érico Peretta
CAPA Isabela Sanches

*Nesta edição, respeitou-se o novo Acordo Ortográfico da
Língua Portuguesa, com exceções exigidas pelo autor.*

*Cet ouvrage a bénéficié du soutien des Programmes
d'aide à la publication de l'Institut français.*

3ª reimpressão, 2024

Dados Internacionais de Catalogação na Publicação (CIP)

Viveiros de Castro, Eduardo [1951–]
 Metafísicas canibais: Elementos para uma antropologia
 pós-estrutural: Eduardo Viveiros de Castro. São Paulo:
 Ubu Editora, n-1 edições, 2018. 288 pp.

ISBN 978-85-92886-06-6   [UBU EDITORA]
ISBN 978-85-66943-17-7   [N-1 EDIÇÕES]   CDD-301

Índices para catálogo sistemático:
1. Antropologia Social 2. Etnologia ameríndia
3. Teoria antropológica l. Título

UBU EDITORA
Largo do Arouche 161 sobreloja 2
01219 011 São Paulo SP
ubueditora.com.br

N-1 EDIÇÕES
rua Frei Caneca, 322, cj. 52
01307 000 São Paulo SP
n-1edicoes.org

FONTE Calluna e Franklin Gothic
PAPEL Pólen natural 80 g/m²
IMPRESSÃO Margraf